CLAUDIA LAERMANN

GANZ IN SCHWARZ

MODE UND ACCESSOIRES STRICKEN IN DER EDELSTEN FARBE DER WELT

INHALT

Das kleine Schwarze

Seite 18

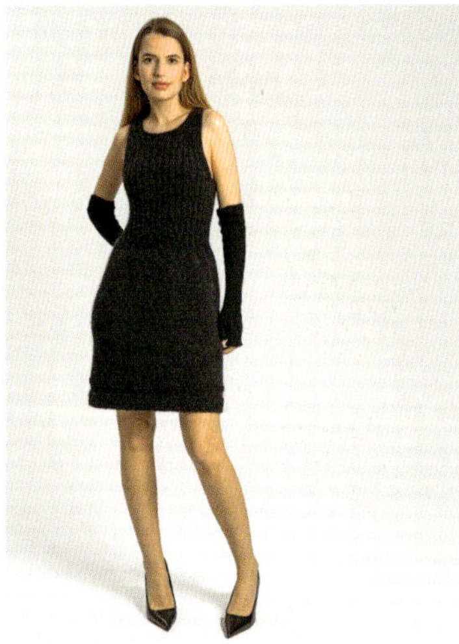

Vorwort Seite 10
Über die Autorin Seite 12
Mode in Schwarz Seite 48
Das „kleine Schwarze“ Seite 88
Die Farbe Schwarz Seite 104
Schwarz ist cool Seite 126
Stricken in Schwarz Seite 142
Techniken Seite 182
Abkürzungen Seite 187
Danke! Seite 188
Impressum Seite 189

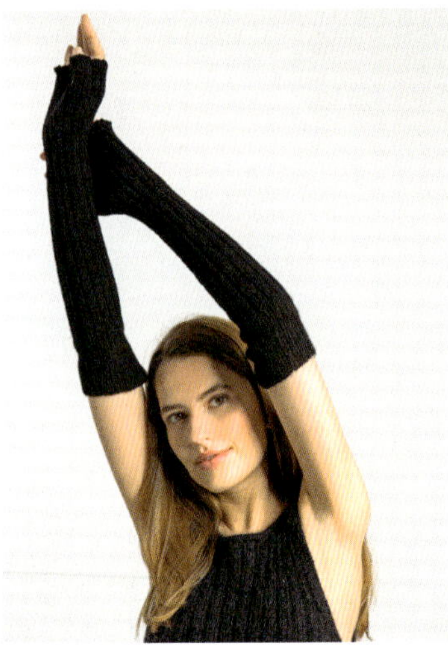

Seite 28

Lange Armstulpen

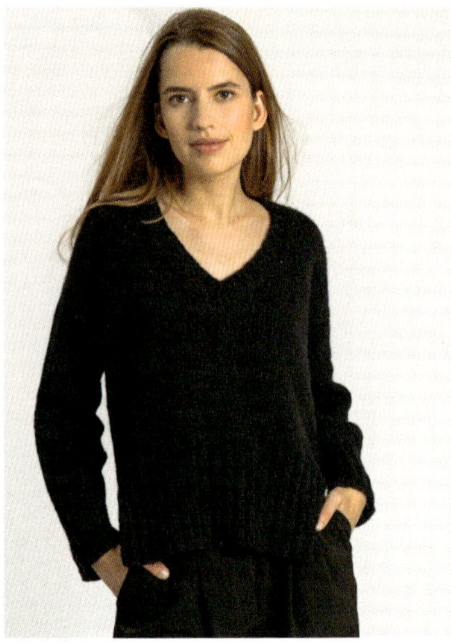

Seite 34

V-Ausschnitt-Pullover

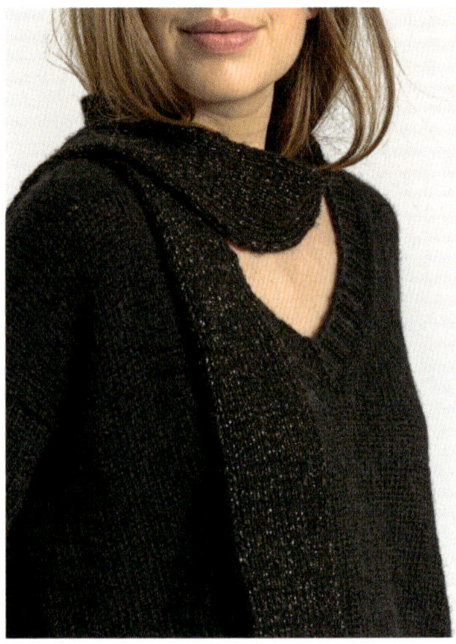

Seite 42

Schmaler Schal

Raglanjacke im Halbpatent mit Kragen
Seite 52

Beanie
Seite 60

Rippensocken
Seite 64

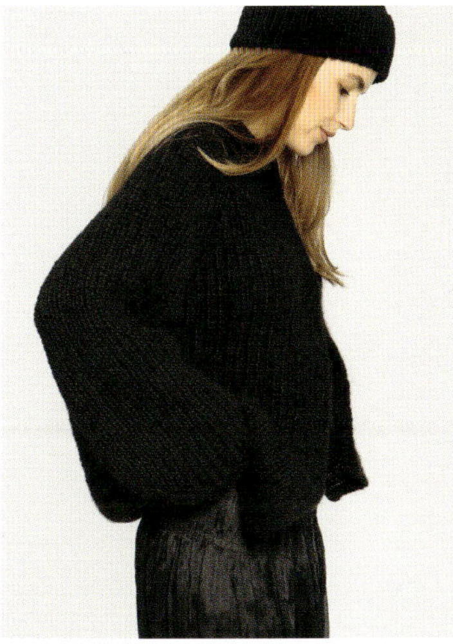
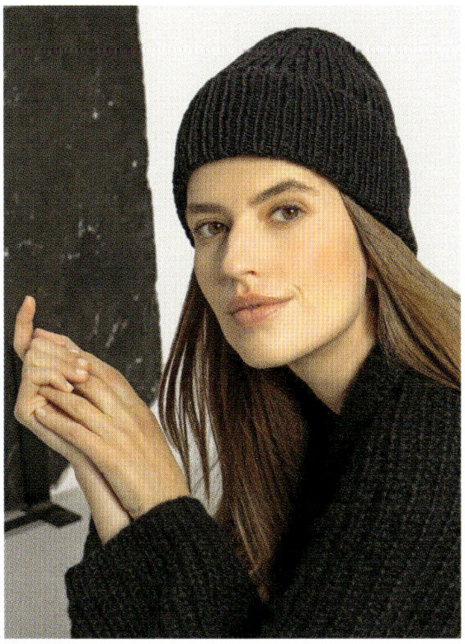
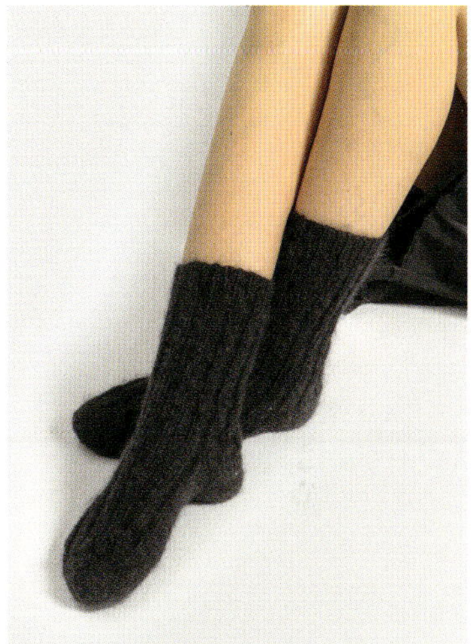
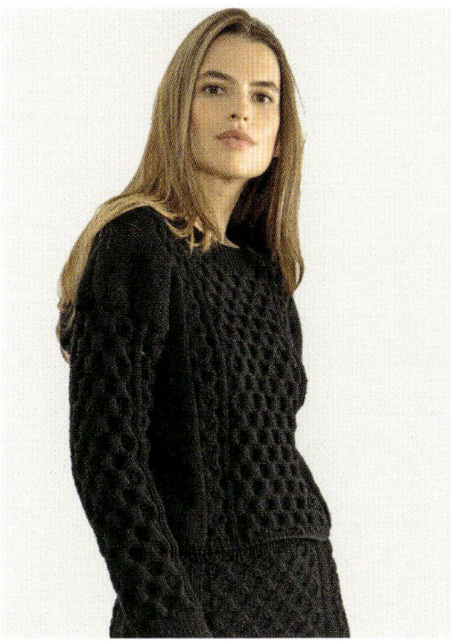
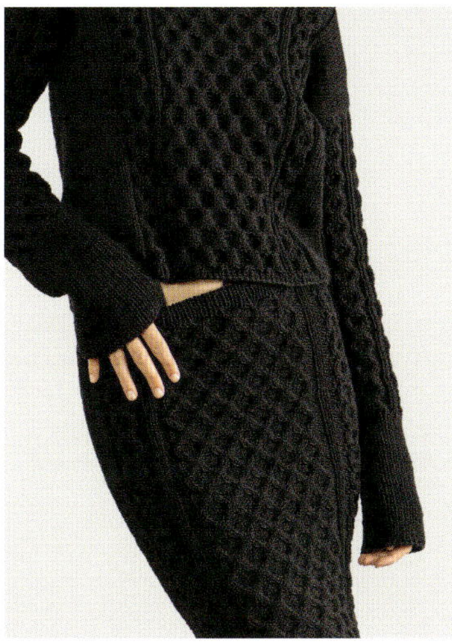
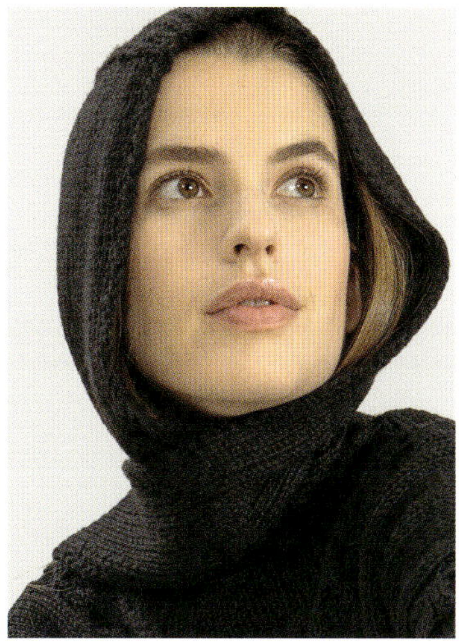

Seite 72
Kurzer Pullover mit Waben- und Zopfmuster

Seite 78
Schmaler Rock mit Waben- und Zopfmuster

Seite 82
Kapuzenschal

Kleiner Cardigan

Seite 92

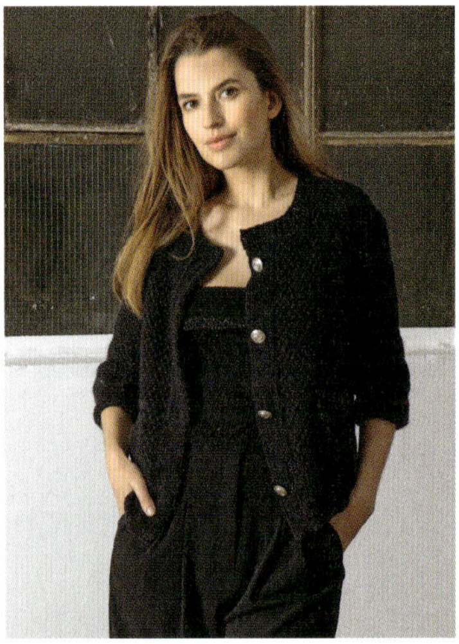

Bustier

Seite 98

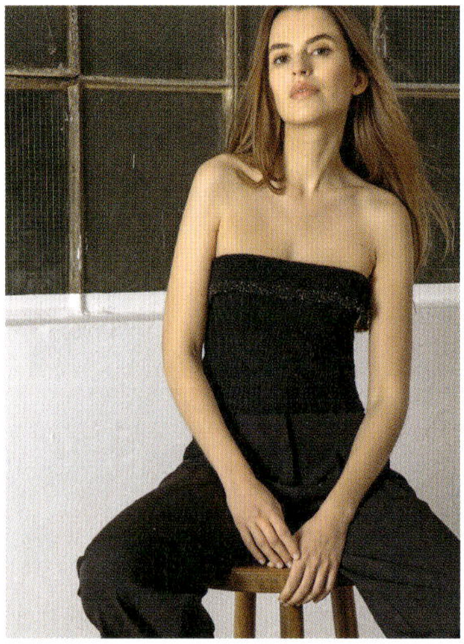

Angora-Pullover mit Keulenärmeln

Seite 110

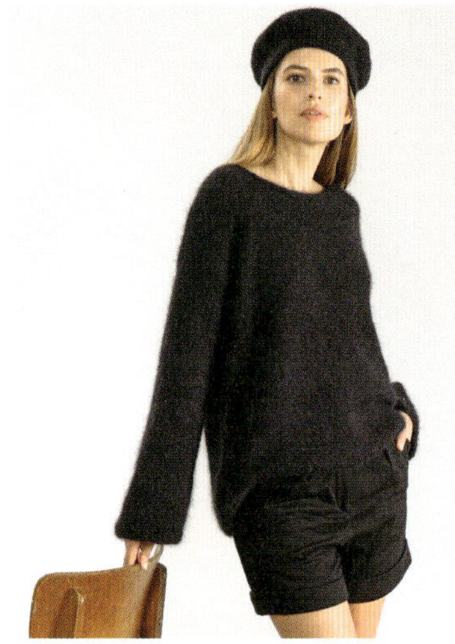

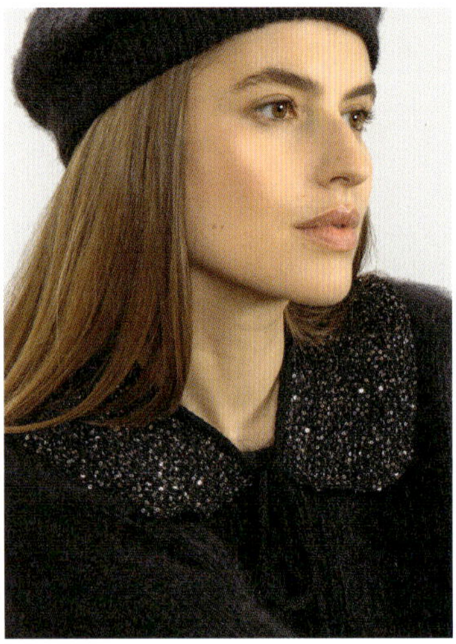

Seite 116

Zierkragen mit Pailletten

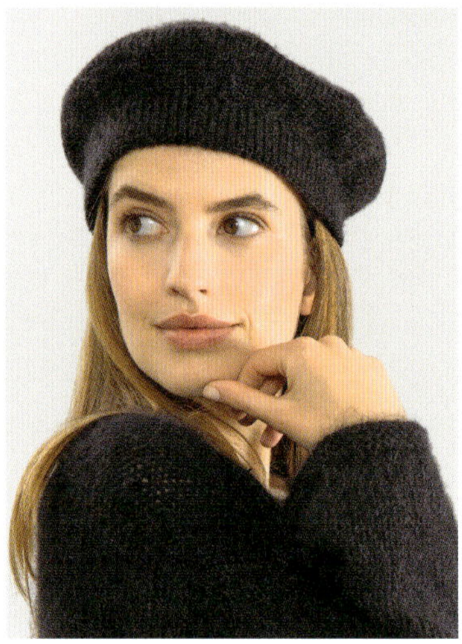

Seite 120

Baskenmütze

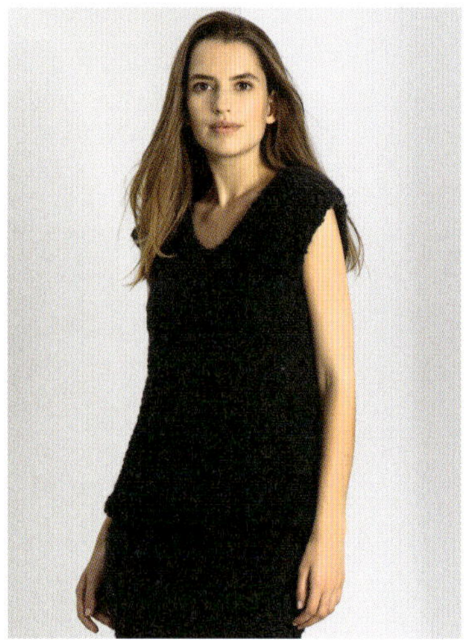

Seite 130

Top mit überschnittenen Schultern

INHALT

Bouclé-Rock

Seite 134

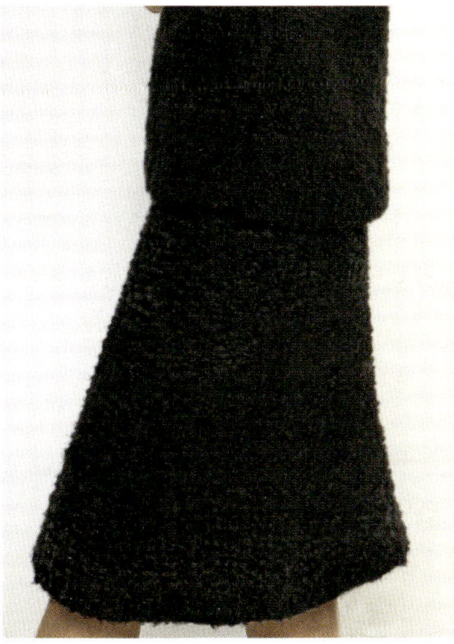

Pulloverkleid mit Schlitz

Seite 146

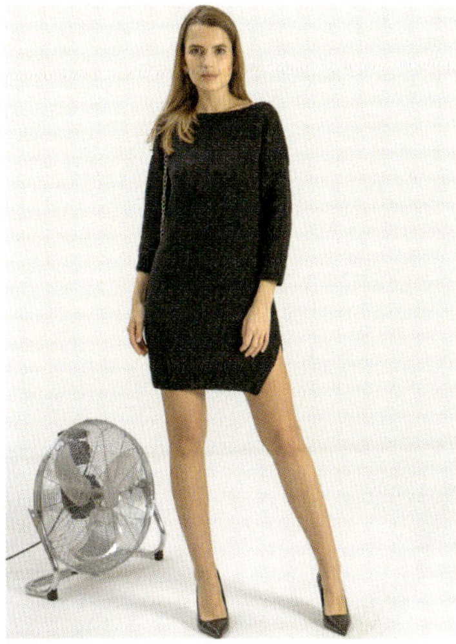

Kleine Schultertasche

Seite 152

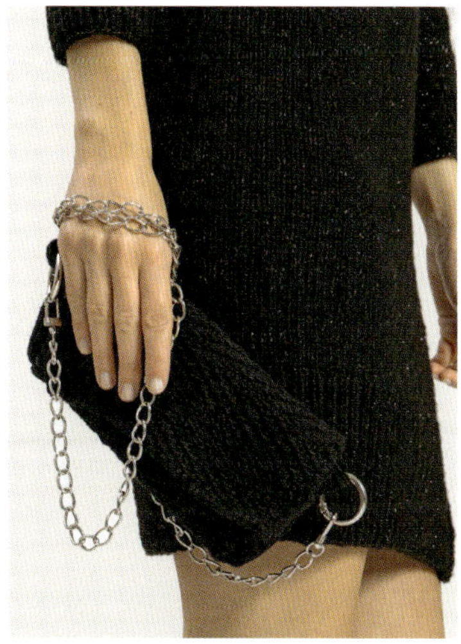

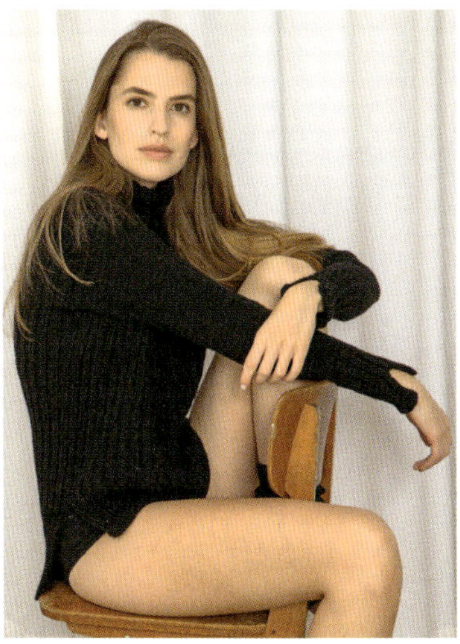

Seite 160

Rippenpullover Top Down mit Rollkragen

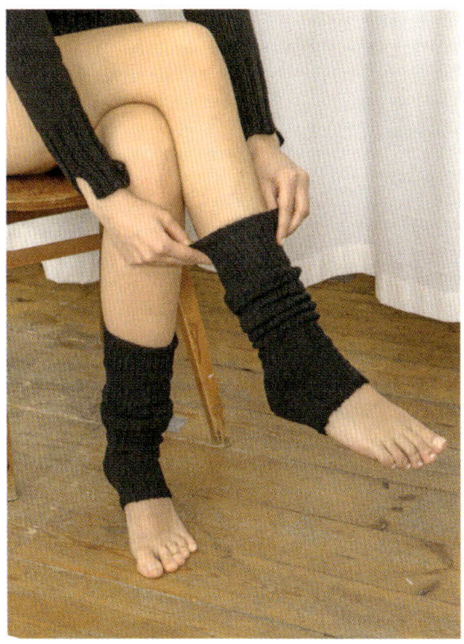

Seite 170

Kniestrumpfstulpen

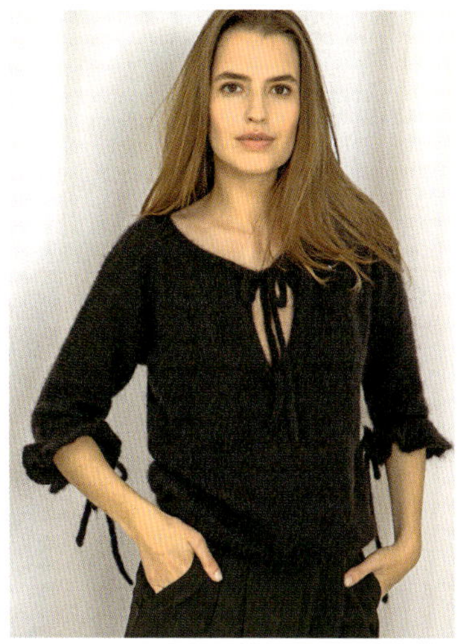

Seite 176

Bluse

VORWORT

Ganz in Schwarz

Als ich mit der Arbeit an diesem Buch begann, kamen mir als erste Inspirationen das kleine Schwarze von Coco Chanel und Audrey Hepburn als Holly Golightly in „Frühstück bei Tiffany" in den Sinn. Dann dachte ich an den französischen Existentialismus und die Kreationen japanischer Designer, die in den 90er-Jahren die Laufstege eroberten, und an die zeitlos ästhetischen Fotos von Peter Lindbergh. Und nicht zuletzt hatte ich auch meinen eigenen Kleiderschrank vor Augen aus der Zeit, als ich anfing, mich in der Modewelt zu bewegen. Letzteres hatte auch pragmatische Gründe: Den schwarzen Kleidungsstücken sah man nicht direkt an, aus welcher Saison sie stammten, sie waren gut und immer wieder neu zu kombinieren. Die Farbe Schwarz schützte davor, bei neuen Trends danebenzuliegen oder auch den eigenen (modischen) Ansprüchen hinterherzulaufen.

Zwischenzeitlich ist der Inhalt meines Kleiderschranks zwar deutlich farbenfroher geworden, dennoch ist Schwarz daraus nicht wegzudenken. Gerade nach oder zwischen farbintensiven Phasen greife ich immer wieder gerne auf Schwarz zurück, von Basics bis zu extravaganten Teilen. Schwarz gekleidet kann ich mich seriös fühlen, mysteriös, glamourös oder clean chic – manchmal auch traurig. Es beruhigt mich, verleiht mir Sicherheit und schafft gleichzeitig Distanz, wie es keine andere Farbe vermag.

„Strick verkauft man wie Eiscreme – nach Farben", habe ich einmal gehört, und tatsächlich sind die bunten Knäulchen beim Handstricken wunderschön anzusehen und einfach verführerisch. Mit der Konzentration auf Schwarz lag bei der Gestaltung und der Zusammenstellung der Modelle der Fokus noch mehr als sonst auf den Garnen, auf der Haptik und der Struktur der Materialien.

Sehr gerne möchte ich mit diesem Buch die Lust und die Freude daran wecken, Ihre persönlichen Lieblingsstücke in der edelsten und zeitlosesten Farbe der Welt zu stricken – falls Sie nicht ohnehin schon zu den begeisterten „Schwarz-Fans" gehören. Sie werden mir zustimmen, dass Schwarz viele Facetten und Nuancen hat, denn „Schwarz ist nicht gleich Schwarz"!

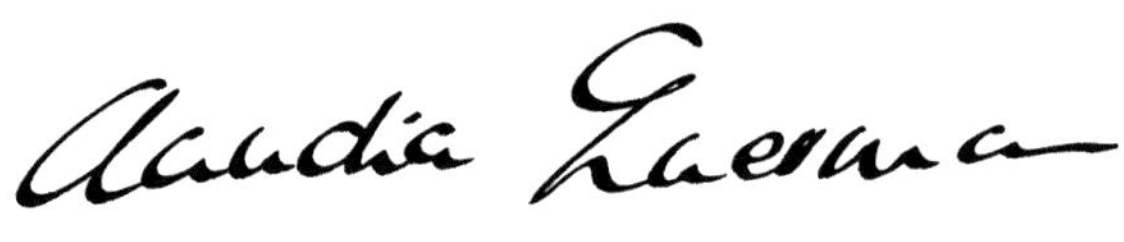

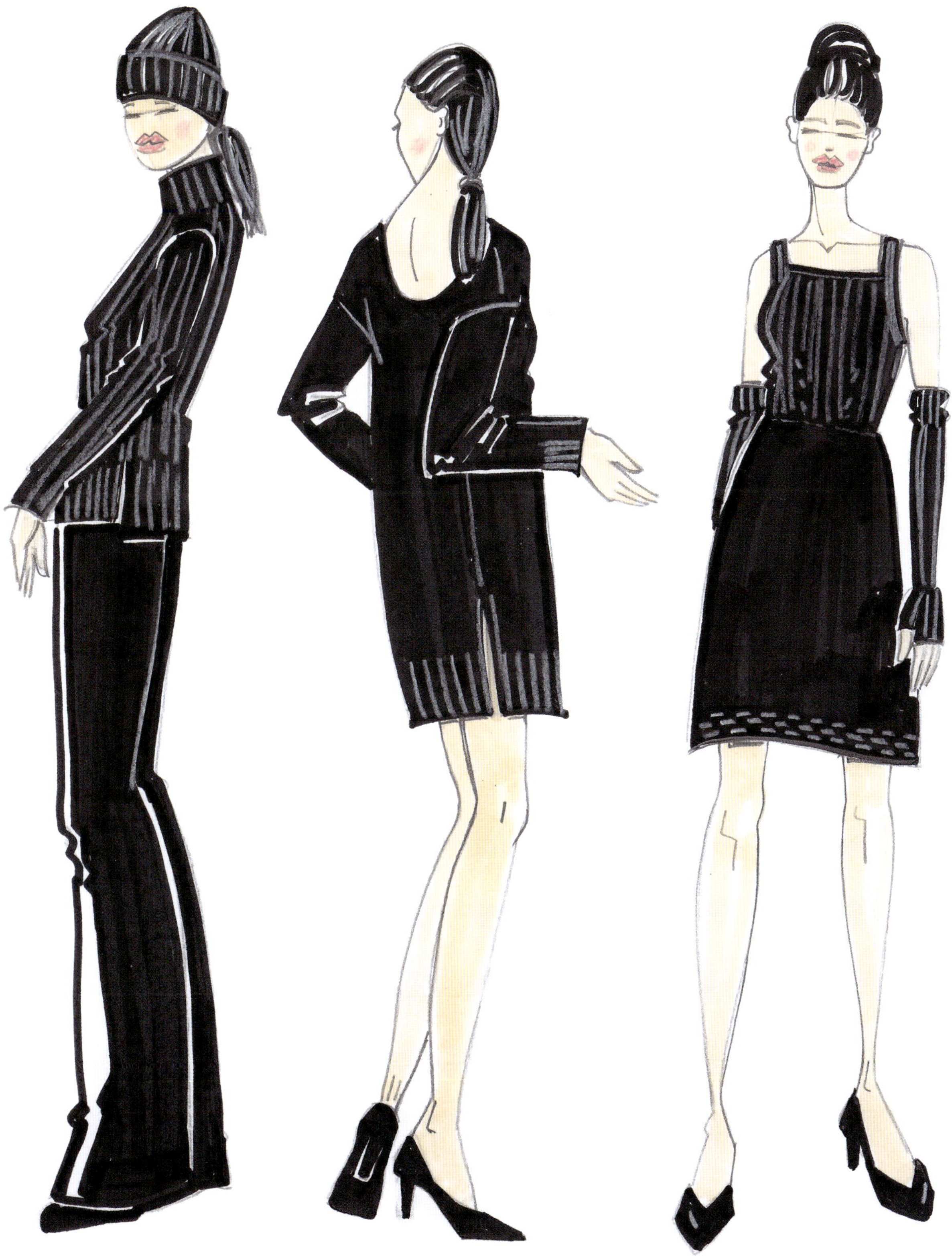

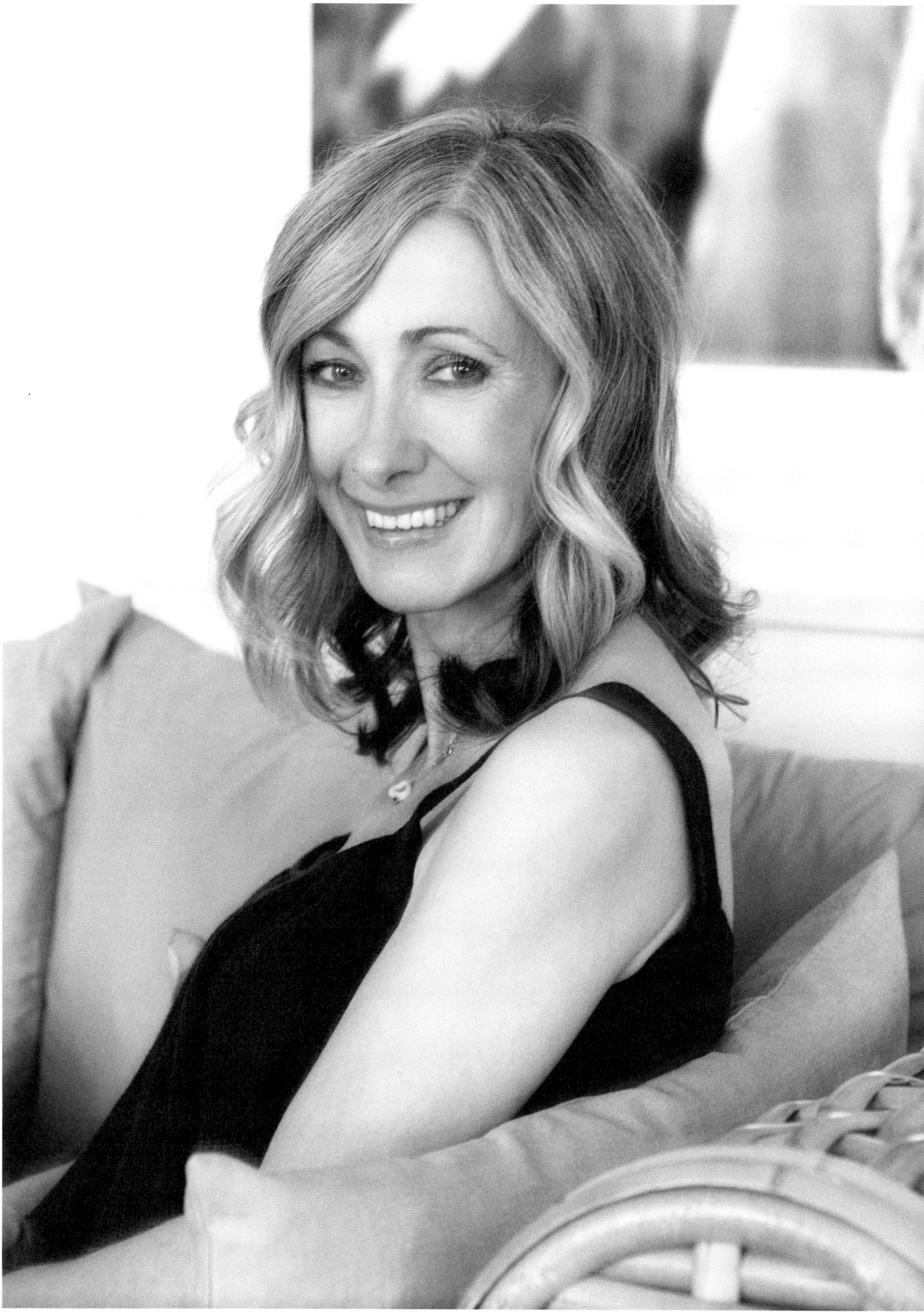

ÜBER DIE AUTORIN

Wie sind Sie zum Strickdesign gekommen?

Claudia Laermann Übers Zeichnen kam ich zur Mode und von dort zum Strickdesign. Ich habe schon als Teenager viel gestrickt, denn ich war zierlich, meine Größe gab es praktisch nur in der Kinderabteilung. Mir gefielen aber die Looks, die in Modezeitschriften wie *Brigitte* gezeigt wurden, und die habe ich mir dann auf den Leib gestrickt. Aus dieser Zeit stammt meine Liebe zu Garn und Nadeln, mein Fokus war aber das Zeichnen und Fashion. Deshalb studierte ich Modedesign in Hamburg, im Nebenjob hatte ich jedoch schon mit Handarbeit zu tun: Für die Kreativ-Zeitschrift *Nicole* fertigte ich die Modezeichnungen für den Anleitungsteil anhand der fertigen Modelle, da kam mir meine Handstrickerfahrung zugute. Nach dem Studium fing ich bei Jil Sander als Assistentin an, in dem damals noch kleinen Team war ich vor allem für Modezeichnungen zuständig. Dann fragte mich Jil Sander, ob ich mir Gedanken über Strick machen wollte. High Fashion mit sehr hohem Qualitätsanspruch, maschinell aus superhochwertigen Materialien gestrickt, gehörte danach für viele Jahre zu meinem Job. Als der Hamburger Standort der Marke aufgelöst wurde, habe ich mich selbstständig gemacht, für Labels wie Wunderkind von Wolfgang Joop, Iris von Arnim oder Prada als freie Designerin gearbeitet und auch eine eigene Kollektion vorgestellt. Als die Redaktion von *Brigitte* wieder mehr zum Thema Handstrick gemacht hat, habe ich dort eigene Designs angeboten. Das hat sich nach und nach weiterentwickelt, und heute beschäftige ich mich überwiegend mit Entwürfen für Garnfirmen, Handarbeitszeitschriften und eigene Strickbücher.

Was macht für Sie gutes Handstrickdesign aus?

Claudia Laermann Es müssen wertige Kleidungsstücke dabei herauskommen, die man gern und viel trägt und in denen man sich wohl- und gut gekleidet fühlt. Um solche viel getragenen Lieblingsstücke zu kreieren, muss die Kombination von Garn, Muster, Schnitt und die daraus resultierende Passform stimmig sein. Mein Ziel ist alltagstaugliche, gut sitzende Mode, tragbar und gleichzeitig interessant und up to date.

Wie beschreiben Sie Ihren Stil?

Claudia Laermann Natürlich hat mich meine Zeit mit Jil Sander geprägt, auch bei mir steht nicht das Muster im Vordergrund, sondern das Modell, dessen Aussage, Verarbeitung und Passform. Ein hoher Qualitätsanspruch und die minimalistische Ausprägung sind geblieben, wobei ich glaube, dass meine Entwürfe ein klein wenig femininer sind, und natürlich kommt der Charakter des Handgestrickten dazu. Außerdem bin ich nicht mehr so extrem perfektionistisch, das bringt das Selberstricken mit sich. Ich denke noch immer eher in Kollektionen als in Einzelstücken. Die Zusammenstellung der Modelle genauso wie jeder einzelne Look sind mir wichtig, daher gibt es in diesem Buch auch viele Accessoires, die ein Outfit ergänzen.

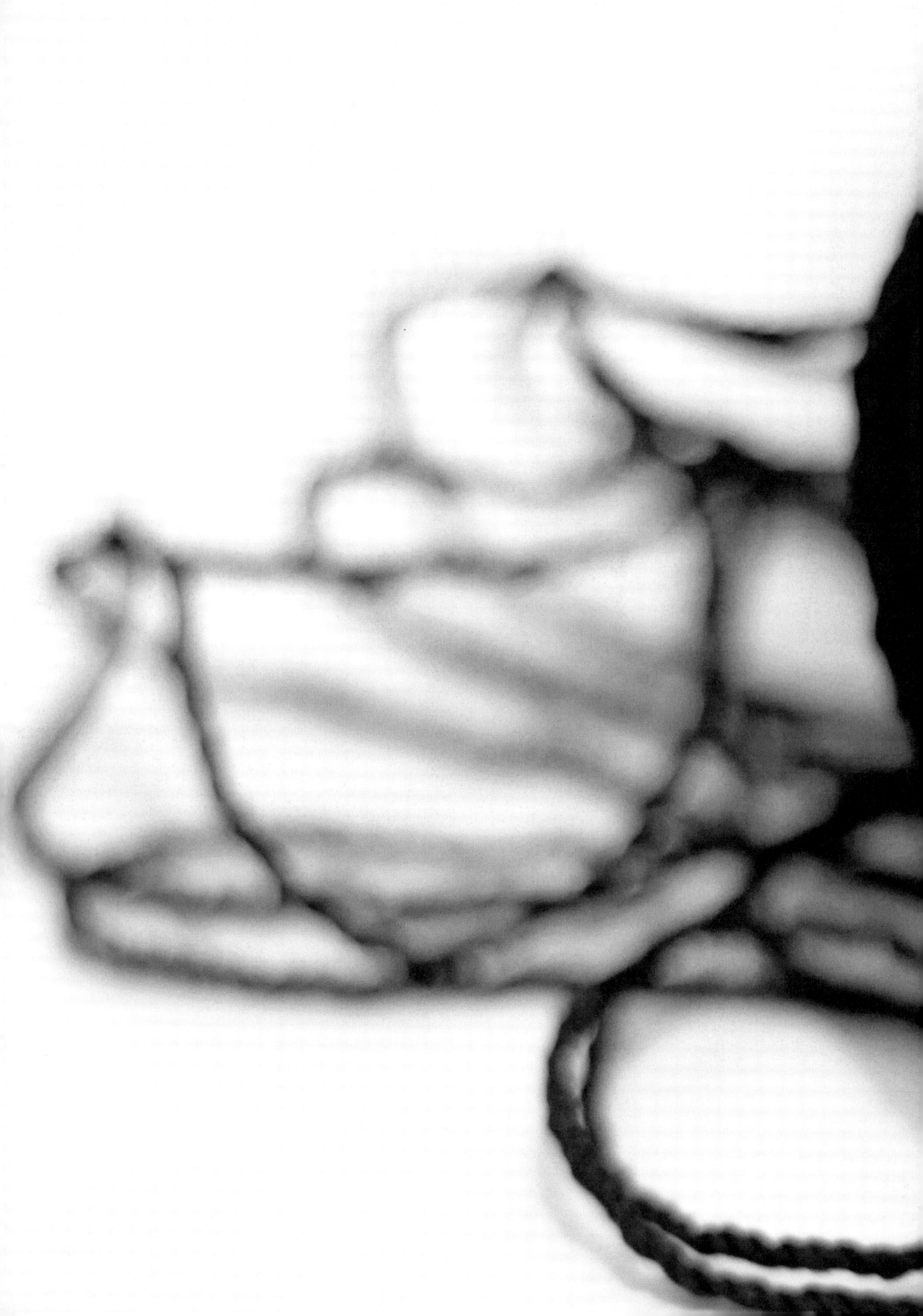

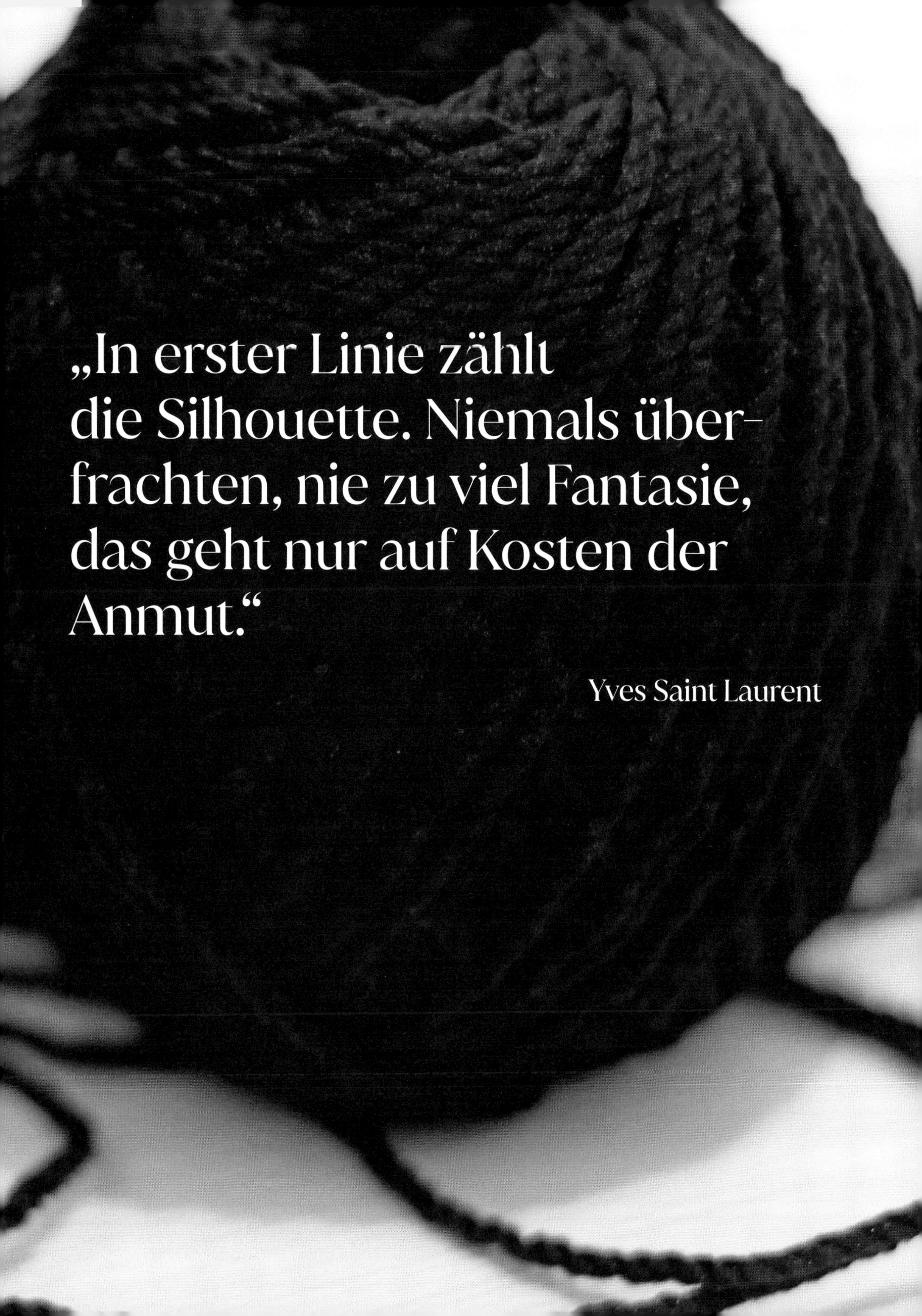

„In erster Linie zählt die Silhouette. Niemals überfrachten, nie zu viel Fantasie, das geht nur auf Kosten der Anmut."

Yves Saint Laurent

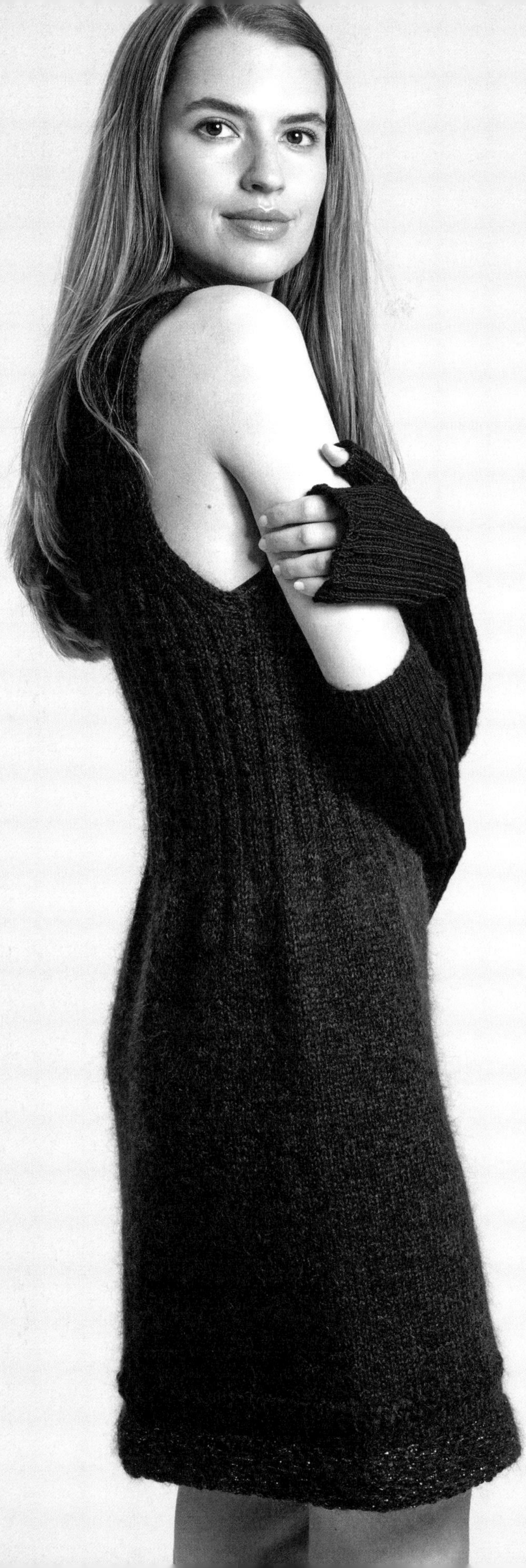

EIN SCHMALES ETUIKLEID MIT RIPPENOBERTEIL UND EINER HÜBSCHEN SAUM-BETONUNG – DEN AUFTAKT MACHT NATÜRLICH EIN KLEINES SCHWARZES! ARM-STULPEN RUNDEN DEN LOOK AB.

Das kleine Schwarze

34/36, 38/40 und 42/44

Die Angaben für die kleinste Größe stehen vor der Klammer, die für die beiden größeren Größen aufsteigend in den Klammern. Einzelne Angaben gelten für alle Größen.

Schwierigkeitsgrad

anspruchsvoll

Material

Lana Grossa Cool Wool
100 % Merino
LL = 160 g/50 g
350 (400/450) g Schwarz (Fb 433)

und

Lana Grossa Silkhair
70 % Mohair, 30 % Seide
LL = 210 m/25 g
125 (150/175) g Schwarz (Fb 014)

und

Lana Grossa Brillino
83 % Viskose, 17 % metallische Faser
LL = 200 m/25 g
25 (25/25) g Schwarz/Silber (Fb 013)

Rundstricknadel 5 mm und 6 mm
kurze Rundstricknadel 4,5 mm
eine Nadel eines Nadelspiels 4,5 mm
Maschenmarkierer

Maschenproben

Rippenmuster mit Nadel 5 mm:
20 Maschen und 24 Reihen = 10 cm x 10 cm

Glatt rechts mit Nadel 6 mm:
17 Maschen und 24 Reihen = 10 cm x 10 cm

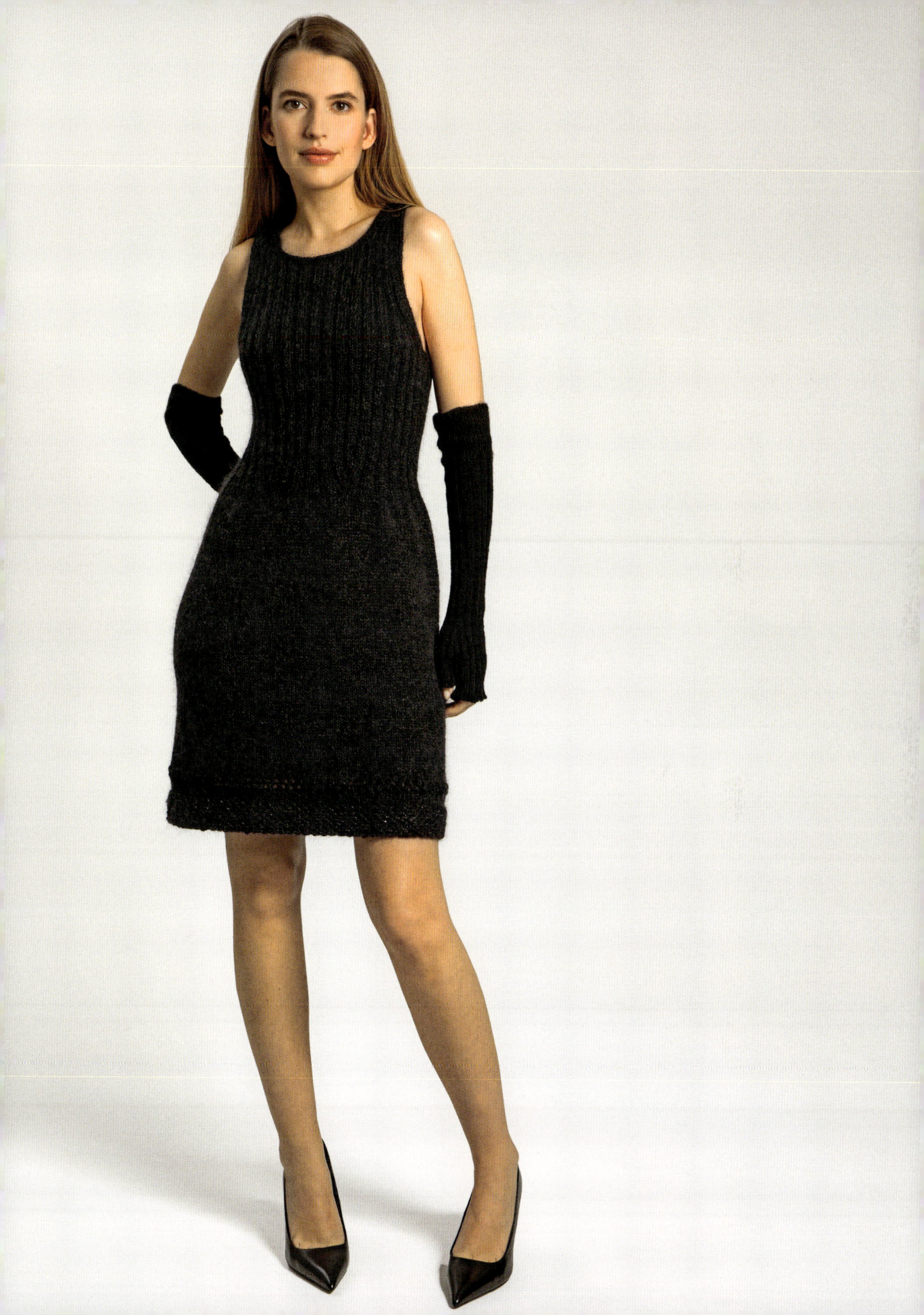

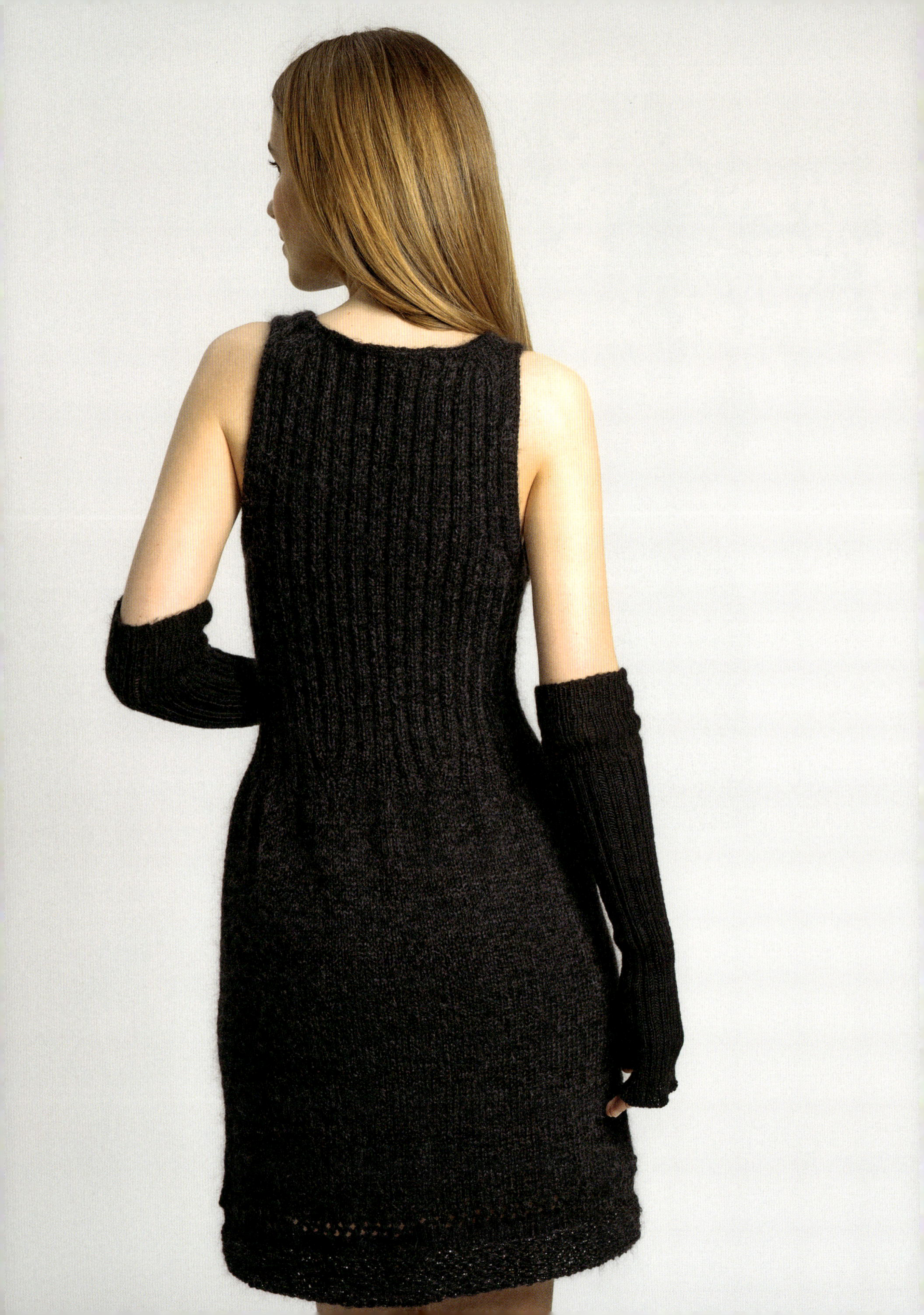

Muster und Maschen

Rippenmuster

2 M rechts, 2 M links im Wechsel stricken.

Glatt rechts

In Hinreihen rechte M, in Rückreihen linke M stricken. In Runden stets rechte M stricken.

Rechtsgeneigte Zunahmen
(siehe Seite 184)

1 rechte M rechtsgeneigt zunehmen: Den Querfaden zwischen 2 M von hinten nach vorne aufnehmen und rechts stricken.

1 linke M rechtsgeneigt zunehmen: Den Querfaden zwischen 2 M von hinten nach vorne aufnehmen und links stricken.

Linksgeneigte Zunahmen
(siehe Seite 184)

1 rechte M linksgeneigt zunehmen: Den Querfaden zwischen 2 M von vorne nach hinten aufnehmen und rechts verschränkt stricken.

1 linke M linksgeneigt zunehmen: Den Querfaden zwischen 2 M von vorne nach hinten aufnehmen und hinten links verschränkt stricken.

Saumabschluss

Der Saumabschluss wird dreifädig mit je 1 Faden Cool Wool, Silkhair und Brillino 3-fädig gearbeitet.

1. Runde: * 1 M mit dem Faden vor der Arbeit links abheben, 1 M links; ab * wiederholen.

2. Runde: Rechte M stricken.

3. Runde: * 1 M links, 1 M mit dem Faden vor der Arbeit links abheben, ab * wiederholen.

4. Runde: Rechte M stricken.

5. – 16. Runde: Diese 1. – 4. Runde noch 3x wiederholen.

So wird's gemacht

Das Kleid wird von oben nach unten gestrickt. Dazu werden Maschen für den hinteren Halsausschnitt angeschlagen, dann wird Reihe für Reihe an beiden Seiten für die Schultern zugenommen. Das Rückenteil wird zunächst gerade gestrickt, dann werden für die untere Ausformung der Armausschnitte Maschen zugenommen. Am Ende der Armausschnitte werden die Maschen auf einem Hilfsfaden stillgelegt. Für beide vorderen Schultern werden Maschen aus den Schultermaschen des Rückenteils aufgenommen, dann wird ebenfalls Reihe für Reihe für den vorderen Halsausschnitt zugenommen, bis die Vorderteile unter dem vorderen Halsausschnitt zusammengefügt werden. Die Ausformung der Armausschnitte wird wie beim Rückenteil gearbeitet. Unter den Armausschnitten werden die Maschen von Vorder- und Rückenteil zusammen auf eine lange Rundstricknadel genommen und in Runden weitergearbeitet.

Hinweis: Bis auf den Saumabschluss wird stets zweifädig mit je 1 Faden Cool Wool und Silkhair gestrickt.

Hinweis: Wenn in Hin- und Rückreihen zugenommen wird, werden an jeder Zunahmestelle abwechselnd rechts- und linksgeneigte Zunahmen gearbeitet. Dies ergibt im Rippenmuster ein schönes Maschenbild.

Für das **Rückenteil** 44 (48/52) M mit je 1 Faden beider Garne mit Nadel 5 mm anschlagen.

1. Reihe (Rückreihe): Randm, 6 M im Rippenmuster (= 2 M links, 2 M rechts, 2 M links), 1 MM auf die rechte Nadel setzen, 30 (30/34) M weiter im Rippenmuster, 1 MM setzen, 6 M weiter im Rippenmuster, Randm.

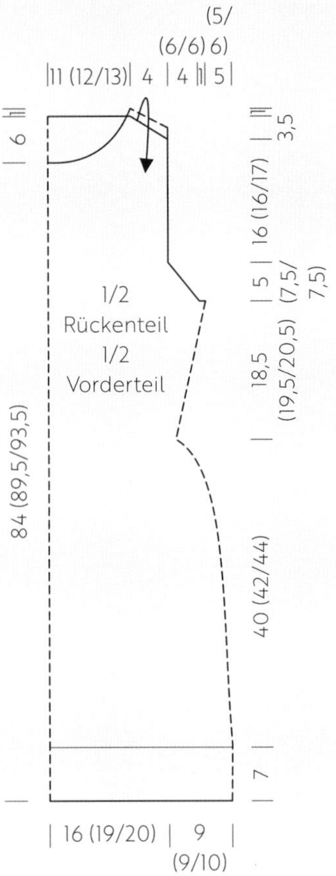

Nun weiter im Rippenmuster arbeiten, dabei an beiden Seiten jeweils nach den ersten 6 M und vor den letzten 6 M für die Schultern zunehmen und über die neu hinzukommenden M zwischen den MM das Rippenmuster entsprechend erweitern:

2. Reihe (Hinreihe): 6 M im Rippenmuster, den MM abheben, 1 rechte M rechtsgeneigt zunehmen, bis zum 2. MM im Rippenmuster, 1 rechte M linksgeneigt zunehmen, dann erst den MM abheben, 6 M im Rippenmuster = 2 Zunahmen.

3. Reihe (Rückreihe): 6 M im Rippenmuster, den MM abheben, 1 linke M rechtsgeneigt zunehmen, bis zum 2. MM im Rippenmuster, 1 linke M linksgeneigt zunehmen, dann erst den MM abheben, 6 M im Rippenmuster = 2 Zunahmen.

4. Reihe: 6 M im Rippenmuster, den MM abheben, 1 linke M rechtsgeneigt zunehmen, bis zum 2. MM im Rippenmuster, 1 linke M linksgeneigt zunehmen, dann erst den MM abheben, 6 M im Rippenmuster = 2 Zunahmen.

5. Reihe: 6 M im Rippenmuster, den MM abheben, 1 rechte M rechtsgeneigt zunehmen, bis zum 2. MM im Rippenmuster, 1 rechte M linksgeneigt zunehmen = 2 Zunahmen.

Die 2. – 5. Reihe noch 1x wiederholen = 60 (64/68) M.

Weiter im Rippenmuster ohne Zunahmen stricken. In einer Höhe von 16 (16/17) cm ab äußerer Schulterkante (äußere Schulterkante = 9. Reihen ab Anschlag) für die Ausformung der Armausschnitte folgende Zunahmereihen arbeiten: nach den ersten 5 M (1 Randm, 2 M rechts, 2 M links) und vor den letzten 5 M (2 M links, 2 M rechts, 1 Randm) jeweils 1 MM setzen.

1. Zunahmereihe (Hinreihe): 5 M mustergemäß stricken, vor dem 1. MM 1 rechte M rechtsgeneigt zunehmen, nach dem 2. MM eine 1 rechte M linksgeneigt zunehmen, 5 M mustergemäß stricken = 2 Zunahmen.

2. Zunahmereihe (Rückreihe): 6 M mustergemäß stricken, vor dem 1. MM 1 linke M rechtsgeneigt zunehmen, nach dem 2. MM 1 linke M linksgeneigt, 6 M mustergemäß stricken = 2 Zunahmen.

3. Zunahmereihe: 7 M mustergemäß stricken, vor dem 1. MM 1 linke M rechtsgeneigt zunehmen, nach dem 2. MM 1 linke M linksgeneigt zunehmen = 2 Zunahmen.

4. Zunahmereihe (Rückreihe): 8 M mustergemäß, vor dem 1. MM 1 rechte M rechtsgeneigt zunehmen, nach dem 2. MM 1 rechte M linksgeneigt zunehmen = 2 Zunahmen.

5. – 6. Reihe: Im Rippenmuster ohne Zunahmen arbeiten, dabei in der 6. Reihe die MM wieder in die Anfangsposition setzen: 1 MM hinter die 5. M und 1 MM vor die letzten 5 M setzen.

Diese 6 Reihen noch 1x (2x/2x) wiederholen = 76 (88/92) M. Nach der letzten Rückreihe die M stilllegen.

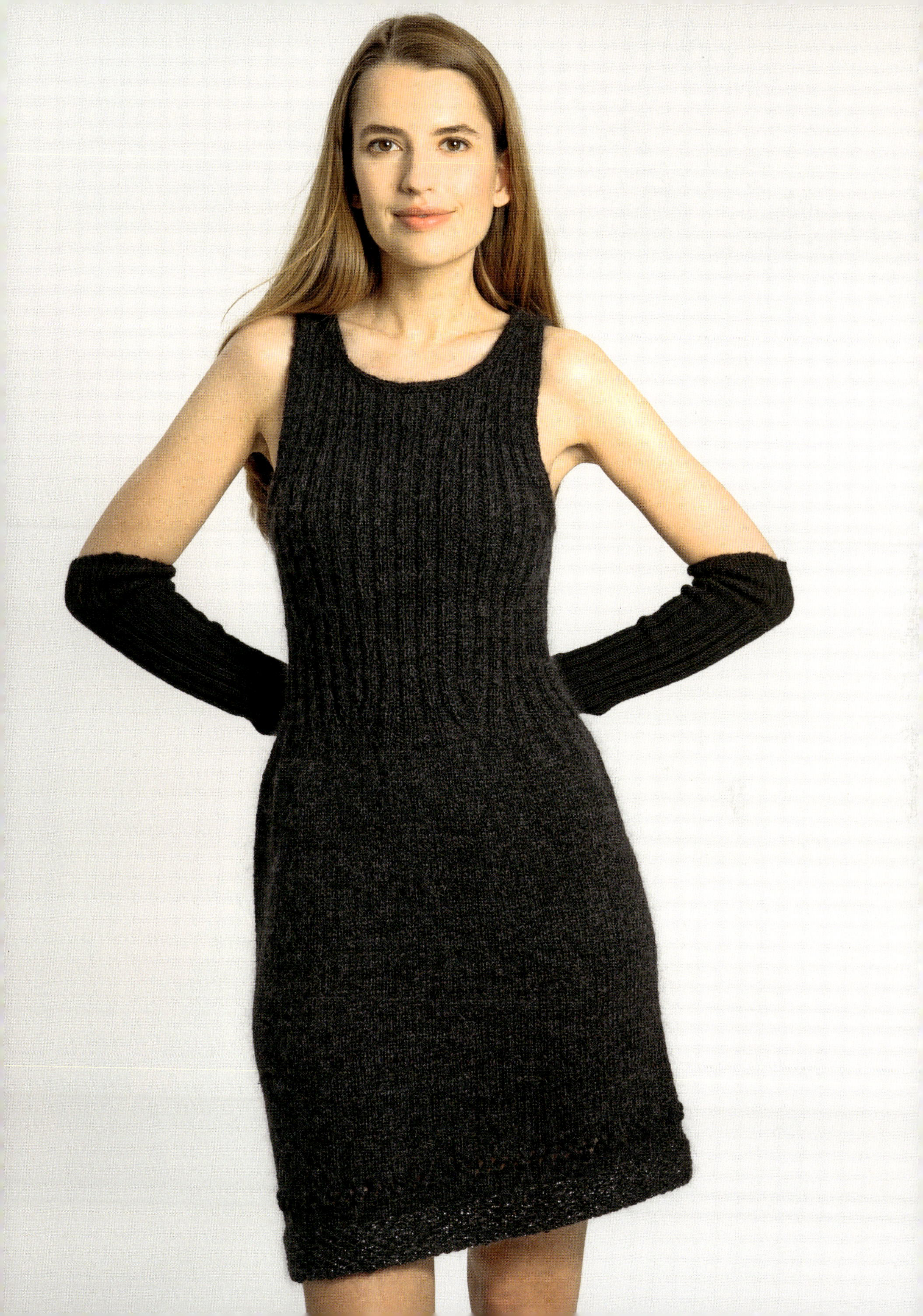

Für die **linke vordere Schulter** aus den linken Schulter-M des Rückenteils mit je 1 Faden beider Garne 8 M herausstricken.

1. Reihe (Rückreihe): Randm, 2 M links, 2 M rechts, 2 M links, Randm.

2. Reihe (Hinreihe): Randm, 2 M rechts, 2 M links, 2 M rechts, Randm.

3. – 9. Reihe: Diese beiden Reihen stets wiederholen. Die letzte Reihe ist eine Rückreihe.

In der folgenden Hinreihe mit den Zunahmen für den Halsausschnitt beginnen:

1. Zunahmereihe (Hinreihe): Randm, 2 M rechts, 2 M links, 1 MM auf die rechte Nadel setzen (in den folgenden Reihen den MM an dieser Stelle abheben), 1 rechte M rechtsgeneigt zunehmen, 2 M rechts, 1 Randm.

2. Zunahmereihe (Rückreihe): Randm, 2 M links, 1 linke M linksgeneigt zunehmen, 1 M links, 2 M rechts, 2 M links, Randm.

3. Zunahmereihe (Hinreihe): Randm, 2 M rechts, 2 M links, 2 M rechts, den MM abheben, 1 linke M rechtsgeneigt zunehmen, 2 M rechts, Randm.

4. Zunahmereihe (Rückreihe): Randm, 2 M links, 1 rechte M linksgeneigt zunehmen, dann erst den MM abheben, 1 M rechts, 2 M links, 2 M rechts, 2 M links, 1 Randm.

Diese 4 Zunahmereihen noch 1x (1x/2x) wiederholen, dabei vor jeder Wiederholung den MM wieder an die Ausgangsposition setzen: Randm, 2 M rechts, 2 M links, 1 MM setzen.

Wenn 16 (16/20) M auf der Nadel liegen und 17 (17/21) Reihen ab Schulternaht gestrickt wurden, die M stilllegen.

Die **rechte vordere Schulter** gegengleich arbeiten. Dazu das Muster in der **1. Reihe (Rückreihe)** wie folgt einteilen: Randm, 2 M links, 1 MM setzen, 2 M rechts, 2 M links, Randm. Die Zunahmen werden dabei jeweils zur anderen Seite geneigt gestrickt und vor dem MM (Hinreihe) bzw. nach dem MM (Rückreihe) gearbeitet.

Für das **Vorderteil** in der folgenden Hinreihe zunächst die (16/16/20) M der rechten vorderen Schulter mustergemäß stricken, dabei die letzte Randm als linke M abstricken, 28 (32/28) M neu dazu anschlagen, dann die 16 (16/20) M der linken vorderen Schulter mustergemäß stricken, dabei die 1. Randm als linke M abstricken = 60 (64/68) M. Über alle M weiter gerade hochstricken, zwischen den Randm das Rippenmuster stricken und dieses auch über die neu angeschlagenen M fortführen.

In einer Höhe von 18 (18/19) cm ab äußerer Schulterkante (die Schulternaht wird dadurch leicht nach hinten verlegt) die Zunahmen für die Armausschnitte wie beim Rückenteil arbeiten = 76 (88/92) M. Mit einer Rückreihe enden.

In der folgenden Hinreihe die M des Vorderteils mit den M des Rückenteils verbinden, dabei unter den Armen jeweils 4 M neu dazu anschlagen = 160 (184/192) M und im Rippenmuster in Runden weiterstricken. Die Seitennähte mit einem MM markieren (jeweils zwischen 2 rechten M).

Nach 15 (16/17) cm ab der unteren Kante des Armausschnitts für die Taillierung wie folgt in jeder Runde abnehmen:

1. Abnahmerunde: Nach 25 (25/27) M ab Seitennaht (nach 2 rechten M) 1 MM auf die rechte Nadel hängen, 2 M links zusammenstricken, 26 (28/28) M im Muster, 1 linker Überzug (= 1 M abheben, 1 M links stricken, dann die abgehobene M über die gestrickte M ziehen), 1 MM einhängen, 50 (50/54) M im Muster, 1 MM einhängen, 2 M links zusammenstricken, 26 (28/28) M im Muster, 1 linker Überzug, 25 M im Muster.

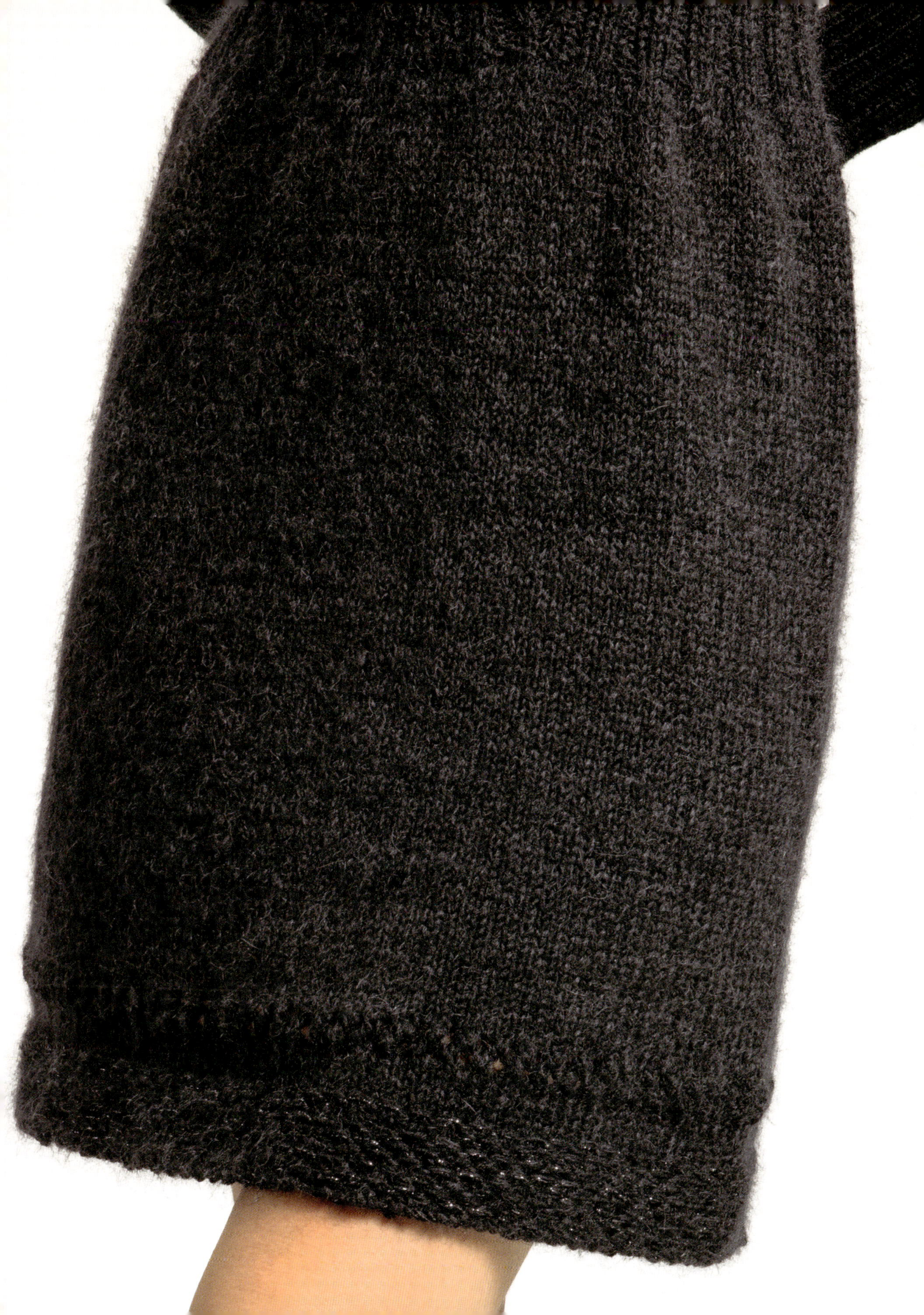

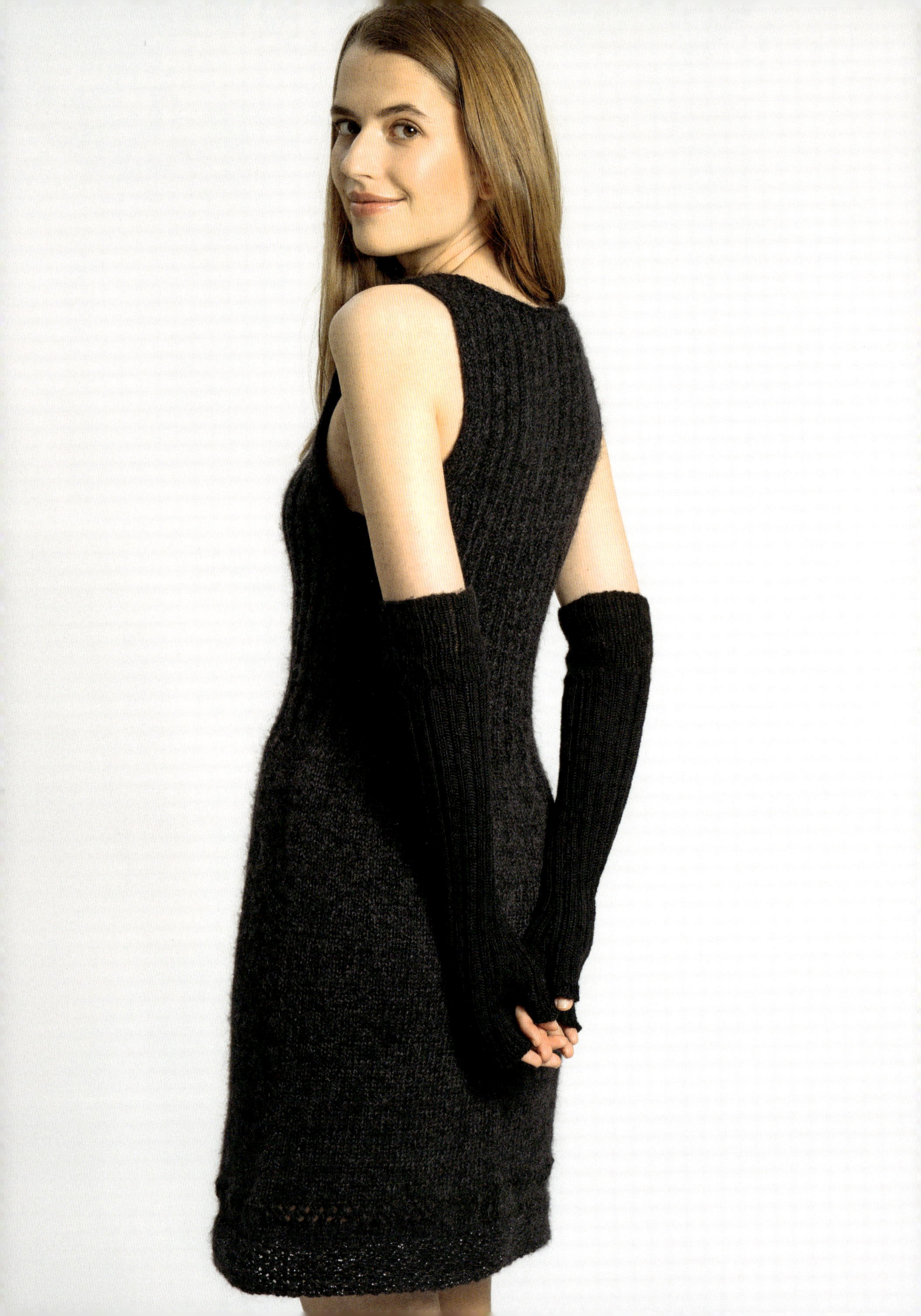

2. Abnahmerunde: Nach dem 1. und 3. MM 1 linke M mit der folgenden rechten M rechts zusammenstricken, vor dem 2. und 4. MM 1 M wie zum Rechtsstricken abheben, 1 linke M links stricken, die abgehobene M überziehen.

3. Abnahmerunde: Nach dem 1. und 3. MM 2 M rechts zusammenstricken, vor dem 2. und 4. MM 1 M wie zum Rechtsstricken abheben, 1 M rechts stricken, die abgehobene M überziehen.

4. Abnahmerunde: Nach dem 1. und 3. MM 1 rechte M vor dem MM mit der folgenden rechten M zusammenstricken, den MM nach den 2 M (an der Ausgangsposition ab Seitennaht) wieder einhängen. Vor dem 2. und 4. MM 1 M wie zum Rechtsstricken abheben, die rechte M nach dem MM rechts stricken, die abgehobene M überziehen und den MM vor den beiden rechten M wieder einhängen.

Diese 4 Abnahmerunden noch 1x wiederholen = 128 (152/160) M.

Dann 2 Runden ohne Abnahmen im Rippenmuster arbeiten. Zu der Rundstricknadel 6 mm wechseln und in Runden glatt rechts weiterarbeiten, dabei den Rundenanfang in die hintere Mitte verlegen. In der 2. Runde wie folgt 36 (40/44) M zunehmen: ab Rundenanfang 9x nach jeder 3. M 1 M aus dem Querfaden herausstricken, 5 (6/7) M im Muster, Seitennaht, 5 (6/7) M im Muster, 18x nach jeder 3. M 1 M aus dem Querfaden herausstricken, 5 (6/7) M rechts, Seitennaht, 5 (6/7) M rechts, 9x nach jeder 3. M 1 M aus dem Querfaden herausstricken = 164 (192/204) M.

In Runden glatt rechts weiterarbeiten. Nach 40 (42/44) cm glatt rechts 4 Runden im Lochmuster arbeiten:

1. Runde: * 1 Umschlag, 1 Überzug (1 M wie zum Rechtsstricken abheben, 1 M rechts, dann die abgehobene M über die gestrickte M ziehen), ab * wiederholen.

2. Runde: Alle M rechts stricken.

3. Runde: * 1 Überzug, 1 Umschlag, ab * wiederholen.

4. Runde: Alle M rechts stricken.

Noch 4 Runden glatt rechts, dann den Saumabschluss wie beschrieben arbeiten.

Anschließend die M wie folgt abketten: die ersten 2 M locker rechts zusammenstricken, * die entstandene M zurück auf die linke Nadel heben und wieder 2 M locker rechts zusammenstricken, ab * stets wiederholen, bis noch 1 M übrig ist. Den Faden abschneiden und durch die letzte M ziehen.

Fertigstellen

An Arm- und Ausschnittblenden wie folgt einen I-Cord-Abschluss arbeiten: Aus Cool Wool und Silkhair zusammen jeweils ein Fadenstück abwickeln, das ca. 3x so lang wie das Armloch bzw. wie der Halsausschnitt ist, einen Laufknoten anfertigen und zunächst aus dem Armausschnitt, beginnend am unteren Armloch an der Seitennaht, mit dem Fadenstück 106 (110/114) M aufnehmen. Am Rundenbeginn mit dem langen Faden 3 M anschlingen, * mit einer Nadel des Nadelspiels 2 M rechts, die folgende M mit einer aufgenommenen M zusammenstricken, die M wieder auf die Rundstricknadel heben, wieder 2 M rechts, die folgende M mit der folgenden aufgenommenen M rechts zusammenstricken, ab * wiederholen, bis alle M aufgebraucht sind. Die letzten 3 M abketten und den Anfang und das Ende der I-Cord zusammennähen.

Für den Halsausschnitt nach demselben Prinzip 106 (114/122) M aufnehmen und wie beschrieben arbeiten. Der Rundenbeginn ist die linke hintere Schulter.

Lange Armstulpen

45 cm lang

Schwierigkeitsgrad

leicht/mittel

Material

Lana Grossa Ecopuno
72 % Baumwolle, 17 % Schurwolle, 11 % Alpaka
LL = 215 m/50 g
50 g in Schwarz (Fb 016)

und

Lana Grossa Cool Wool
100 % Schurwolle
LL = 160 m/50 g
100 g in Schwarz (Fb 433)

Nadelspiel 3,5 mm
Maschenmarkierer

Maschenproben

Rippenmuster 2
in Cool Wool mit Nadel 3,5 mm:
leicht gedehnt gemessen
24 Maschen und 34 Runden = 10 cm x 10 cm

Rippenmuster 1
in Ecopuno mit Nadel 3,5 mm:
30 Maschen und 38 Runden = 10 cm x 10 cm

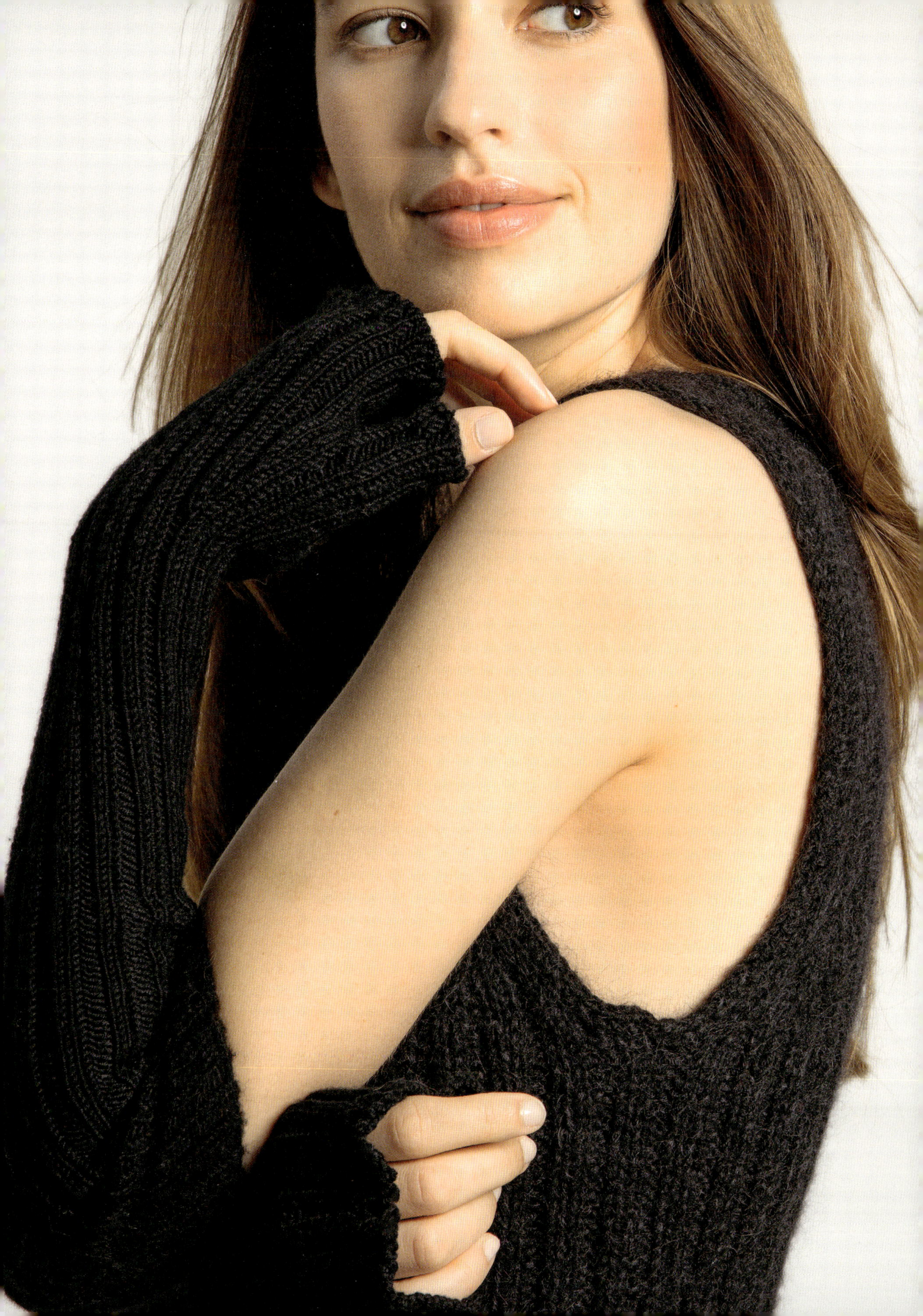

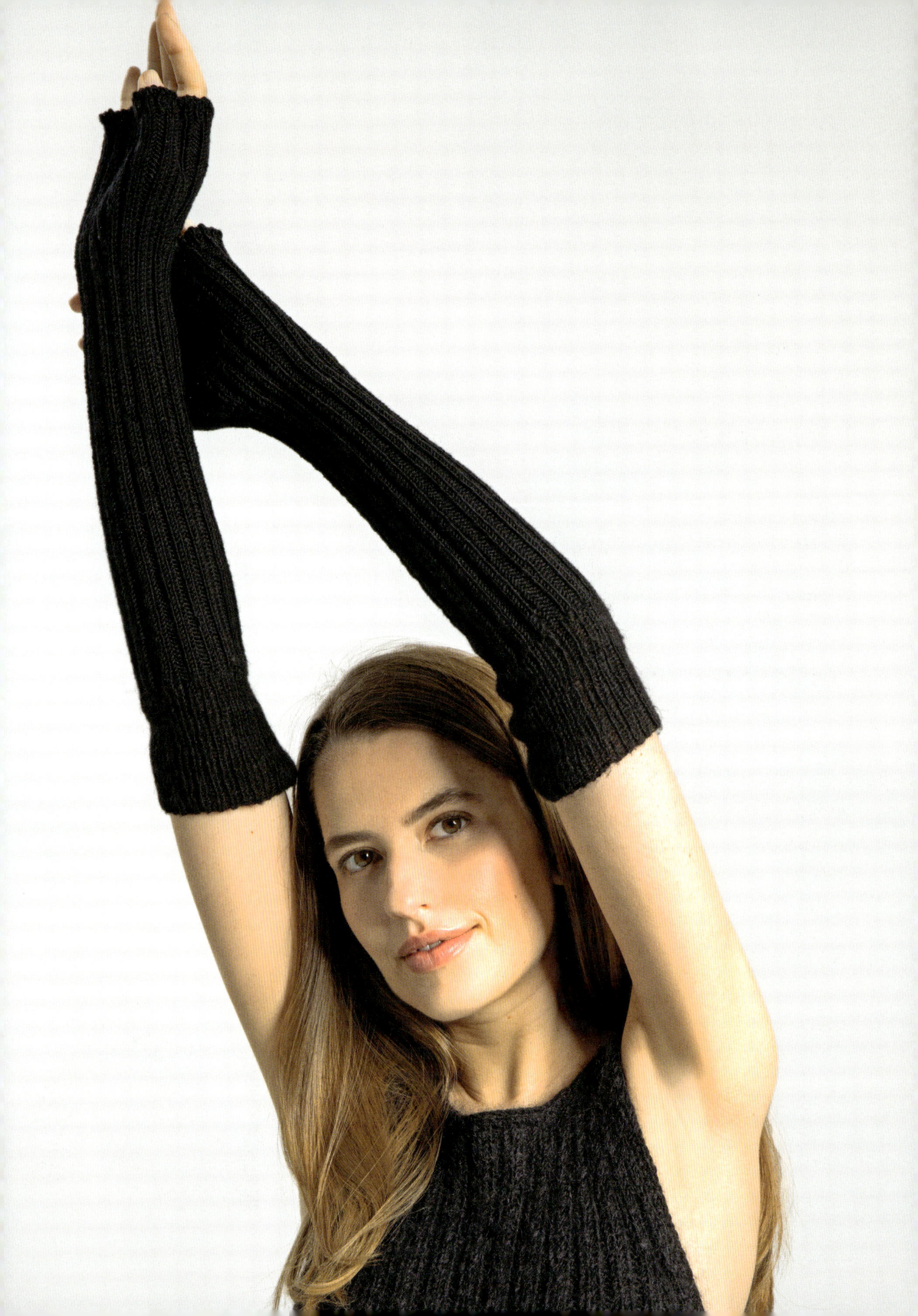

Muster und Maschen

Rippenmuster 1: 1 M rechts, 1 M links im Wechsel stricken.

Rippenmuster 2: 2 M rechts, 2 M links im Wechsel stricken.

Rechtsgeneigte Zunahmen

(siehe Seite 184)

1 rechte M rechtsgeneigt zunehmen: Den Querfaden zwischen 2 M von hinten nach vorne aufnehmen und rechts stricken.

1 linke M rechtsgeneigt zunehmen: Den Querfaden zwischen 2 M von hinten nach vorne aufnehmen und links stricken.

Linksgeneigte Zunahmen

(siehe Seite 184)

1 rechte M linksgeneigt zunehmen: Den Querfaden zwischen 2 M von vorne nach hinten aufnehmen und rechts verschränkt stricken.

1 linke M linksgeneigt zunehmen: Den Querfaden zwischen 2 M von vorne nach hinten aufnehmen und hinten links verschränkt stricken.

So wird's gemacht

Linke Stulpe: 60 M mit Ecopuno auf 1 Spielnadel italienisch anschlagen (siehe Seite 182) und 2 Übergangsreihen stricken. Dann die M auf 4 Nadeln des Nadelspiels verteilen (15 M pro Nadel), zur Runde schließen und im Rippenmuster 1 arbeiten. Nach 9 cm zu Cool Wool wechseln und im Rippenmuster 2 weiterarbeiten.

In einer Höhe von 34 cm ab Anschlag und 25 cm mit Cool Wool mit den Zunahmen für den Daumenkeil beginnen, dazu vor der 9. M und nach der 22. M je 1 MM setzen. **Vor dem 1. MM** in jeder 2. Runde 2x je 1 rechte M rechtsgeneigt und 2x je 1 linke M rechtsgeneigt zunehmen, **nach dem 2. MM** in jeder 2. Runde 2x je 1 rechte M linksgeneigt und 2x je 1 linke M linksgeneigt zunehmen.

Diese 4 Zunahmerunden (= 8 Runden) noch 1x wiederholen = 76 M.

Noch 4 Runden über alle M bis zu einer Höhe von ca. 40 cm ohne Zunahmen stricken, dann die 14 M für den Daumen stilllegen und über die übrigen 62 M in Runden stricken. Oberhalb des Daumens befinden sich 4 linke M. In der folgenden 2. Runde dort jeweils 2 M links zusammenstricken = 60 M.

In einer Höhe von 4 cm ab **Daumen** weitere 4 Runden im Rippenmuster 1 stricken, dann die M elastisch abketten: die 2 M rechts verschränkt zusammenstricken, die M von der rechten auf die linke Nadel heben, ab * wiederholen, bis noch 1 M übrig ist. Den Faden abschneiden und durch die letzte M ziehen.

Die 14 M für den Daumen aufnehmen und aus dem Steg zwischen Daumen und Hand 4 M herausstricken. Diese 4 M im Folgenden links stricken. In der nächsten Runde dort jeweils 2 M links zusammenstricken. Über die 16 M 3 cm im Rippenmuster 2, dann weitere 4 Runden im Rippenmuster 1 stricken. Anschließend die M elastisch abketten.

Die **rechte Stulpe** wie die linke Stulpe arbeiten, für den Daumenkeil je 1 MM vor die 40. M und hinter die 54. M setzen und die Zunahmen wie zuvor beschrieben arbeiten.

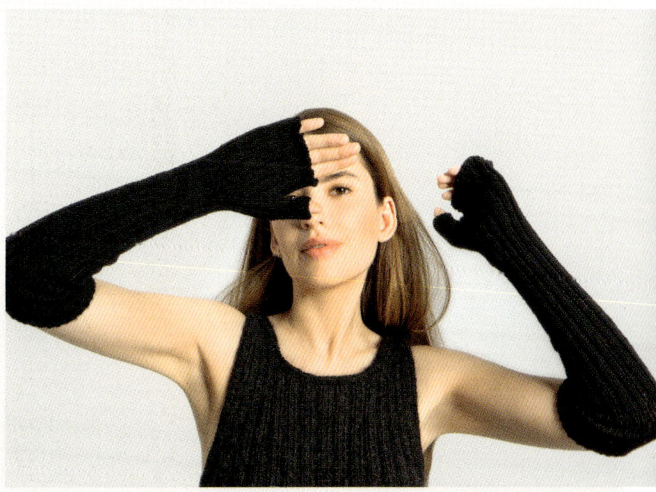

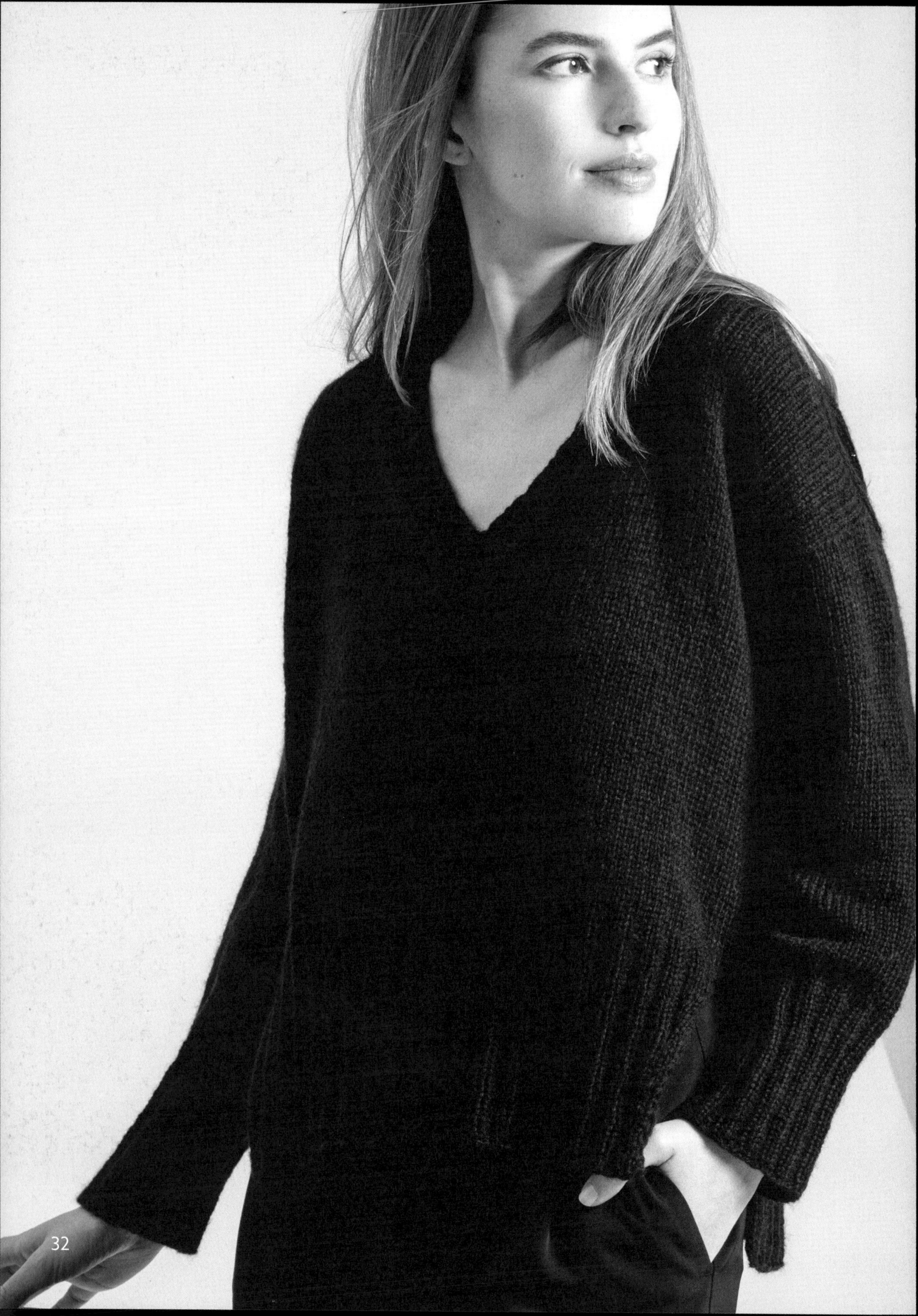

SCHLICHT, MODERN, ZEITLOS CHIC: SO EIN FEMININER V-AUSSCHNITT-PULLOVER, HINTEN ETWAS LÄNGER, NAHTLOS MIT ANGESCHRÄGTEN SEITENSCHLITZEN, IST EIN MODISCHES MUST-HAVE!

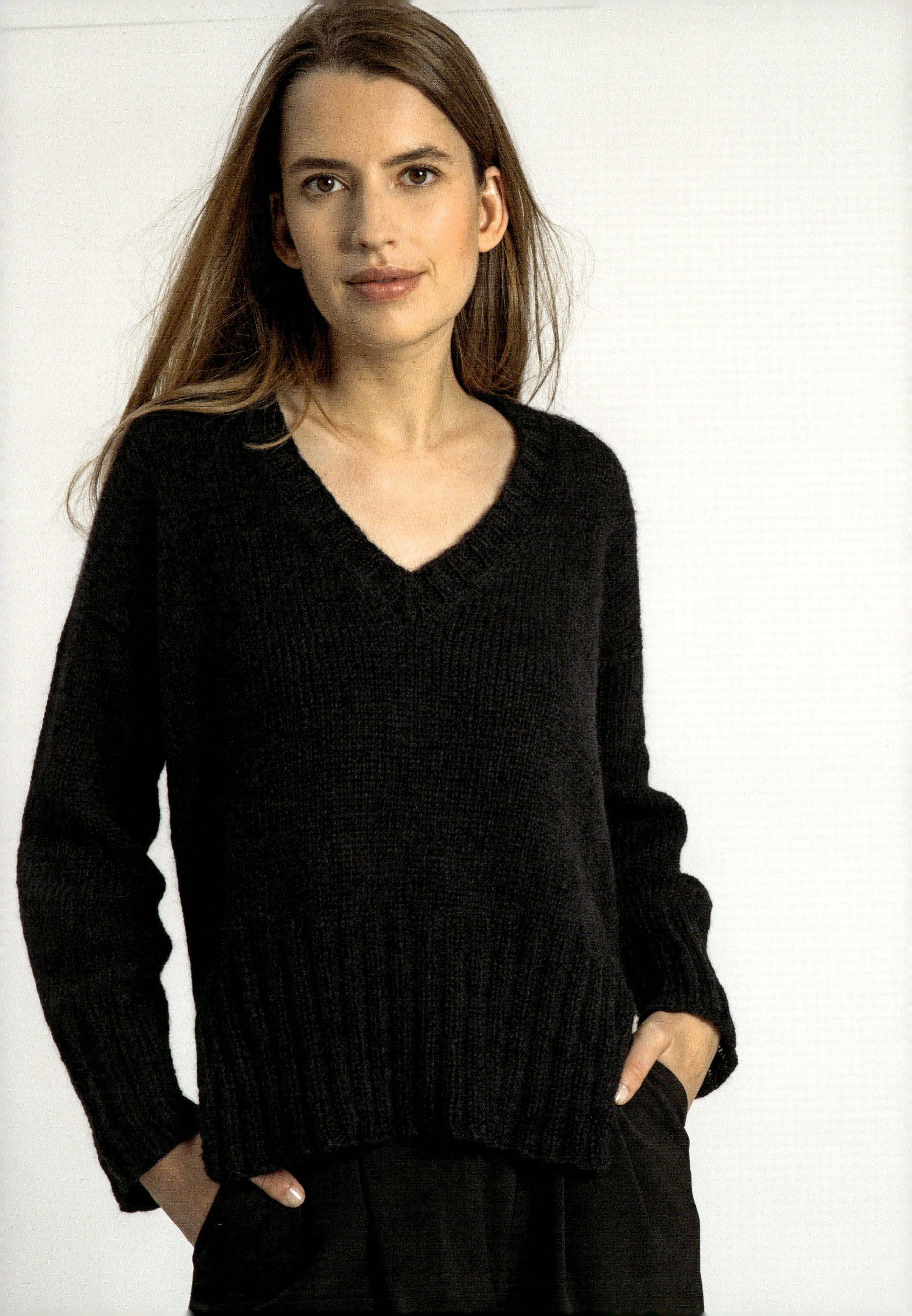

V-Ausschnitt-Pullover

34/36, 38/40, 42/44 und 46/48

Die Angaben für die kleinste Größe stehen vor der Klammer, die für die größeren Größen aufsteigend in den Klammern. Einzelne Angaben gelten für alle Größen.

Schwierigkeitsgrad

mittel

Material

Schulana Lanalpaco fine
56 % Baumwolle, 27 % Schurwolle, 17 % Alpaka
LL = 170 m/50 g
300 (350/400/450) g Schwarz (Fb 10)

Rundstricknadel 4,5 mm und 5 mm

Maschenproben

Glatt rechts mit Nadel 5 mm:
18 Maschen und 24 Reihen = 10 cm x 10 cm

Rippenmuster mit Nadel 4,5 mm:
20 Maschen und 28 Reihen = 10 cm x 10 cm

Muster und Maschen

Glatt rechts In Hinreihen rechte M, in Rückreihen linke M stricken.

Rippenmuster 2 M rechts, 2 M links im Wechsel stricken.

Rechtsgeneigte Zunahmen

(siehe Seite 184)

1 rechte M rechtsgeneigt zunehmen: Den Querfaden zwischen 2 M von hinten nach vorne aufnehmen und rechts stricken.

1 linke M rechtsgeneigt zunehmen: Den Querfaden zwischen 2 M von hinten nach vorne aufnehmen und links stricken.

Linksgeneigte Zunahmen

(siehe Seite 184)

1 rechte M linksgeneigt zunehmen: Den Querfaden zwischen 2 M von vorne nach hinten aufnehmen und rechts verschränkt stricken.

1 linke M linksgeneigt zunehmen: Den Querfaden zwischen 2 M von vorne nach hinten aufnehmen und hinten links verschränkt stricken.

Hinweis zum Schnitt auf Seite 39: Da sich die Maschen durch die Schulterzunahmen für die zurückverlagerten, angeschrägten Schulternähte im oberen Rückenteil seitlich verziehen, werden keine Höhen für Rückenteilmitte und Schulterschrägen angegeben. Alle Längen werden beim Stricken des Modells stets am äußeren Strickrand ab Schulternaht oder ab Ärmelausschnitt gemessen. Zur besseren Übersicht ist auch der Schnitt des Vorderteils noch einmal separat gezeichnet.

So wird's gemacht

Der Pullover wird nahtlos von oben nach unten gestrickt. Es werden zunächst Maschen im Nacken angeschlagen, für die Schultern werden an beiden Seiten Reihe für Reihe Maschen zugenommen. Das Rückenteil wird bis unter die Ärmel gestrickt und dann auf einer Hilfsnadel stillgelegt. Die Schulternaht ist leicht nach hinten verlegt, daher wird das rückwärtige Armloch etwas kürzer gestrickt. Im Anschluss werden Maschen aus jeder Schulter für das linke und rechte Vorderteil aufgenommen, die zunächst getrennt gestrickt werden. Für den Halsausschnitt werden erst Maschen abgenommen und dann für den V-Ausschnitt zugenommen, bis die Vorderteile wieder zusammen bis unter die Ärmel gestrickt werden. Ab hier werden die Maschen von Rücken- und Vorderteil zur Runde geschlossen und bis zum Bündchen gestrickt. Dann werden Rücken- und Vorderteil für die Schlitze getrennt zu Ende gestrickt. Anschließend werden aus den Armlöchern Maschen aufgenommen und die Ärmel in Runden von oben nach unten gestrickt.

26 (28/30/32) M mit Nadel 5 mm anschlagen und eine Rückreihe links stricken. In der nächsten Hinreihe mit den Zunahmen für die Schultern beginnen:

1. Reihe (Hinreihe): 1 Randm, 2 M rechts, 1 rechte M rechtsgeneigt zunehmen, bis zu den letzten 3 M stricken, 1 rechte M linksgeneigt zunehmen, 2 M rechts, Randm = 2 M zugenommen.

2. Reihe (Rückreihe): Randm, 2 M links, 1 linke M rechtsgeneigt zunehmen, bis zu den letzten 3 M stricken, 1 linke M linksgeneigt zunehmen, 2 M links, Randm = 2 M zugenommen.

Diese beiden Reihen noch 16x (17x/18x/19x) wiederholen = 94 (100/106/112) M.

Anschließend glatt rechts stricken, bis das Armloch an der äußeren Schulterkante 15 (15,5/16,5/17,5) cm misst. Mit einer Rückreihe enden und die 94 (100/106/112) M stilllegen.

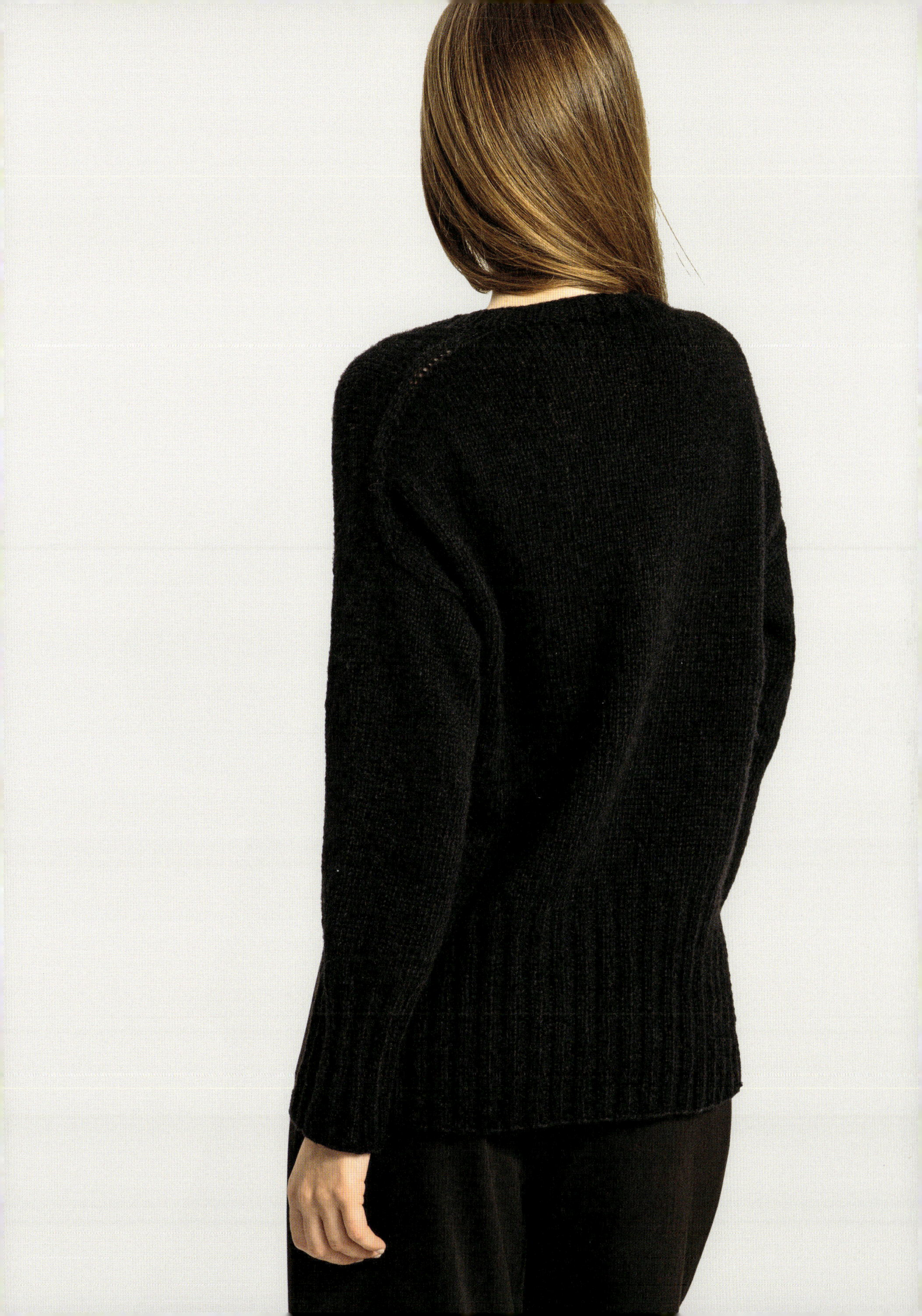

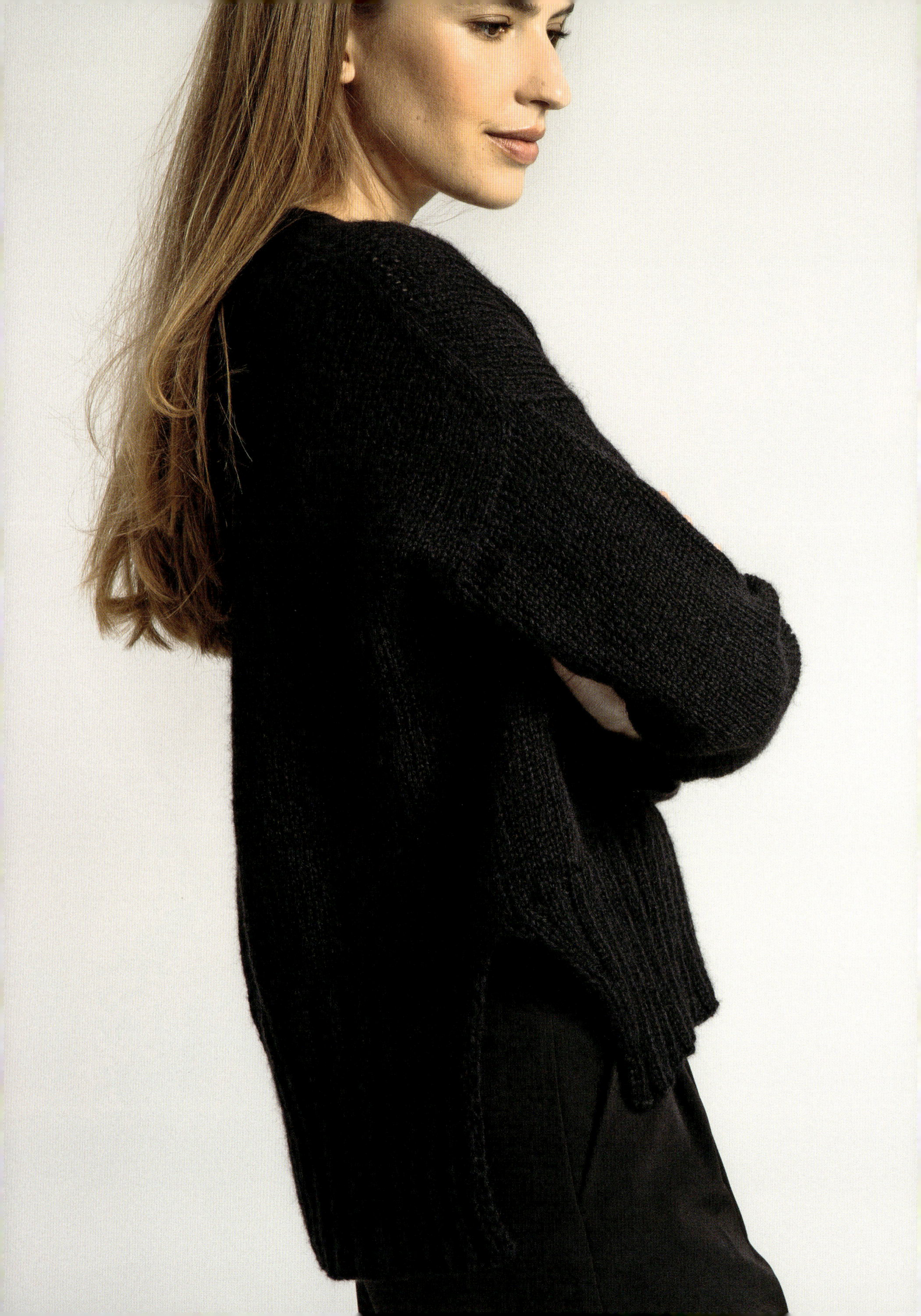

Für das rechte Vorderteil entlang der rechten Schulter 34 (36/38/40) M auffassen und eine Rückreihe links stricken.

In der folgenden Hinreihe wie folgt mit den Abnahmen für den **hinteren Halsausschnitt** beginnen: Bis zu den letzten 5 M stricken, 2 M rechts zusammenstricken, 2 M rechts, Randm. Diese Abnahme noch 2x in jeder 2. Reihe wiederholen = 31 (33/35/37) M.

Anschließend 2 Reihen glatt rechts stricken, dann wie folgt M für den **vorderen Halsausschnitt** zunehmen: Bis zu den letzten 3 M stricken, 1 rechte M rechtsgeneigt zunehmen, 2 M rechts, Randm. Diese Zunahme 5x in jeder 4. Reihe und 10x (11x/12x/13x) in jeder 2. Reihe wiederholen.

Gleichzeitig in einer Höhe von 19 (19,5/20/20,5) cm ab äußerer Schulterkante (es sind bereits 14 (14/15/15) Zunahmen für den vorderen Halsausschnitt gestrickt, es fehlen also noch 2 (3/3/4) Zunahmen) die 45 (47/50/52) M nach einer Rückreihe zunächst stilllegen und das rechte Vorderteil gegengleich arbeiten.

Für das **linke Vorderteil** entlang der linken Schulter 34 (36/38/40) M auffassen und eine Rückreihe links stricken.

In der nächsten Hinreihe wie folgt mit den Abnahmen für den **hinteren Halsausschnitt** beginnen: 1 Randm, 2 M rechts, 1 Überzug (= 1 M wie zum Rechtsstricken abheben, 1 M rechts stricken, die abgehobene M über die gestrickte M ziehen), dann die Reihe zu Ende stricken. Diese Abnahme noch 2x in jeder 2. Reihe wiederholen = 31 (33/35/37) M.

Anschließend 2 Reihen glatt rechts stricken, dann wie folgt M für den **vorderen Halsausschnitt** zunehmen: 1 Randm, 2 M rechts, 1 rechte M linksgeneigt zunehmen, dann die Reihe zu Ende stricken. Diese Zunahme noch 5x in jeder 4. Reihe und 10x (11x/12x/13x) in jeder 2. Reihe wiederholen.

Gleichzeitig in einer Höhe von 19 (19,5/20/20,5) cm ab äußerer Schulterkante (es sind bereits 14 (14/15/15) Zunahmen für den vorderen Halsausschnitt gestrickt, es fehlen also noch 2 (3/3/4) Zunahmen) mit einer Rückreihe enden = 45 (47/50/52) M.

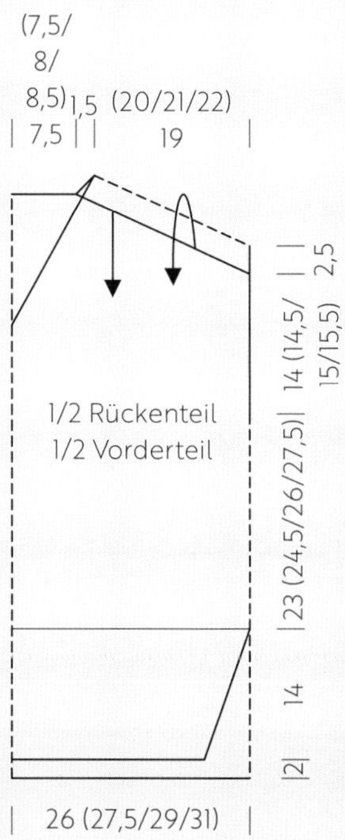

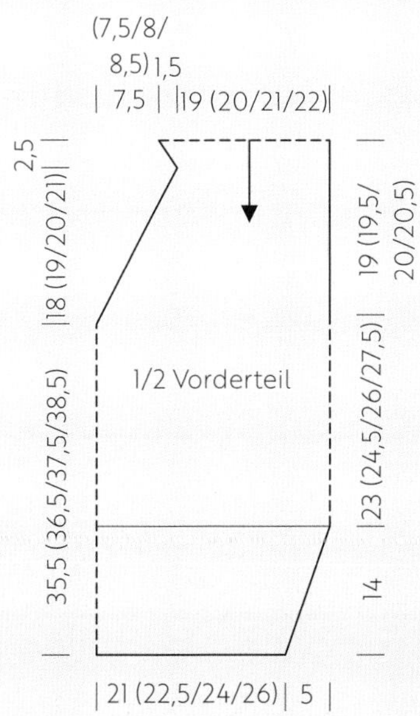

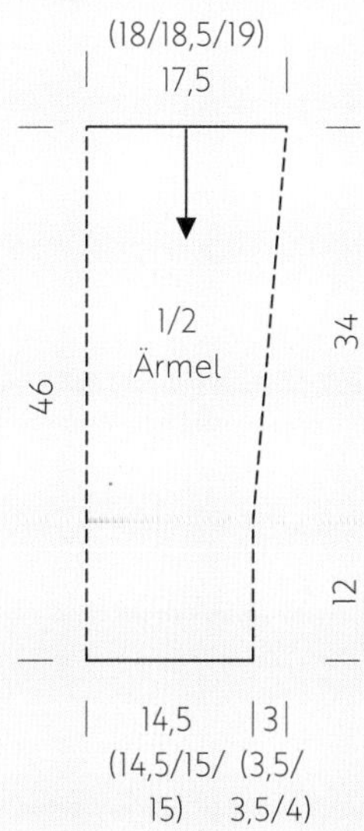

In der folgenden Hinreihe die **M aller Teile zusammenfassen:** zunächst die 45 (47/50/52) M des linken Vorderteils, dann die stillgelegten 94 (100/106/112) M des Rückenteils und schließlich die 45 (47/50/52) M des rechten Vorderteils stricken = 184 (194/206/216) M. Über alle M weiter in Reihen arbeiten, dabei noch die übrigen je 2 (3/3/4) Zunahmen für den Halsausschnitt an beiden Seiten wie beschrieben beenden = 188 (200/212/224) M. Anschließend die M zur Runde schließen und glatt rechts weiterarbeiten.

In einer Höhe von 23 (24,5/26/27,5) cm ab unterem Armloch die Arbeit teilen und zunächst das Rückenteil beenden = je 94 (100/106/112) M für Vorder- und Rückenteil.

Zur Nadel 4,5 mm wechseln und die M des **Rückenteils** im Rippenmuster weiterstricken: 1 Randm (für den Schlitz), 2 M rechts, 2 M links im Wechsel stricken, enden mit 2 M rechts, Randm, dabei in der 1. Reihe am Anfang und am Ende der Reihe jeweils 1 (0/1/0) M abnehmen = 92 (100/104/112) M. Nach 16 cm im Rippenmuster alle M abketten.

Dann das **Vorderteil** beenden, dabei die M in der 1. Reihe wie beim Rückenteil einteilen und abnehmen. In der 3. Reihe mit den **Abnahmen für die Schlitze** beginnen: 1 Randm, 2 M rechts, 1 Überzug (= 1 M wie zum Rechtsstricken abheben, 1 M rechts stricken, dann die abgehobene M über die gestrickte M ziehen), bis zu den letzten 5 M im Rippenmuster, 2 M links (später mustergemäß) zusammenstricken, 2 M rechts, Randm. Diese Abnahmen noch 7x in jeder 4. Reihe wiederholen = 76 (84/88/96) M. Nach 14 cm Höhe die M abketten.

Für den **Ärmel** aus der Ärmelkante ab der Seitennaht mittig unter dem Ärmel 62 (64/66/68) M mit der kurzen Rundstricknadel 5 mm aufnehmen und in Runden stricken. Nach 8 Runden für die Armschrägen an beiden Seiten je 1 M abnehmen: nach dem Rundenanfang 1 Überzug (= 1 M wie zum Rechtsstricken abheben, 1 M rechts stricken, dann die abgehobene M über die gestrickte M ziehen), bis 3 M vor Rundenende stricken, 2 M rechts zusammenstricken, 1 M rechts. Diese Abnahmen noch 4x in jeder 16. Runde (6x in jeder 12. Runde/5x in jeder 14. Runde /6x in jeder 12. Runde) wiederholen = 52 (52/56/56) M. In 34 cm Höhe zur Nadel 4,5 mm wechseln und im Rippenmuster stricken. Nach 12 cm im Rippenmuster die M locker abketten. Den **2. Ärmel** ebenso arbeiten.

Fertigstellen

Aus dem Halsausschnitt mit der Rundstricknadel 4,5 mm 119 (123/ 127/131) M aufnehmen (M-Zahl teilbar durch 4 + 2 M + 1 M), dazu an der rechten Seite des Nackens beginnen und in der vorderen Mitte für die Ausschnittspitze zwischen dem rechten und linken Vorderteil 1 M markieren.

1. Runde: * Bis 2 M vor der markierten M 2 M rechts, 2 M links im Wechsel stricken, 2 M links, die markierte M rechts, 2 M links, 2 M rechts im Wechsel stricken.

2. Runde: Wie folgt mittig vorne abnehmen: im Rippenmuster bis 1 M vor der markierten M stricken, 2 M zusammen wie zum Rechtsstricken abheben, 1 M rechts, die abgehobenen M überziehen. Diese Abnahmen in jeder 2. Runde wiederholen. In einer Höhe von 2,5 cm die M locker abketten.

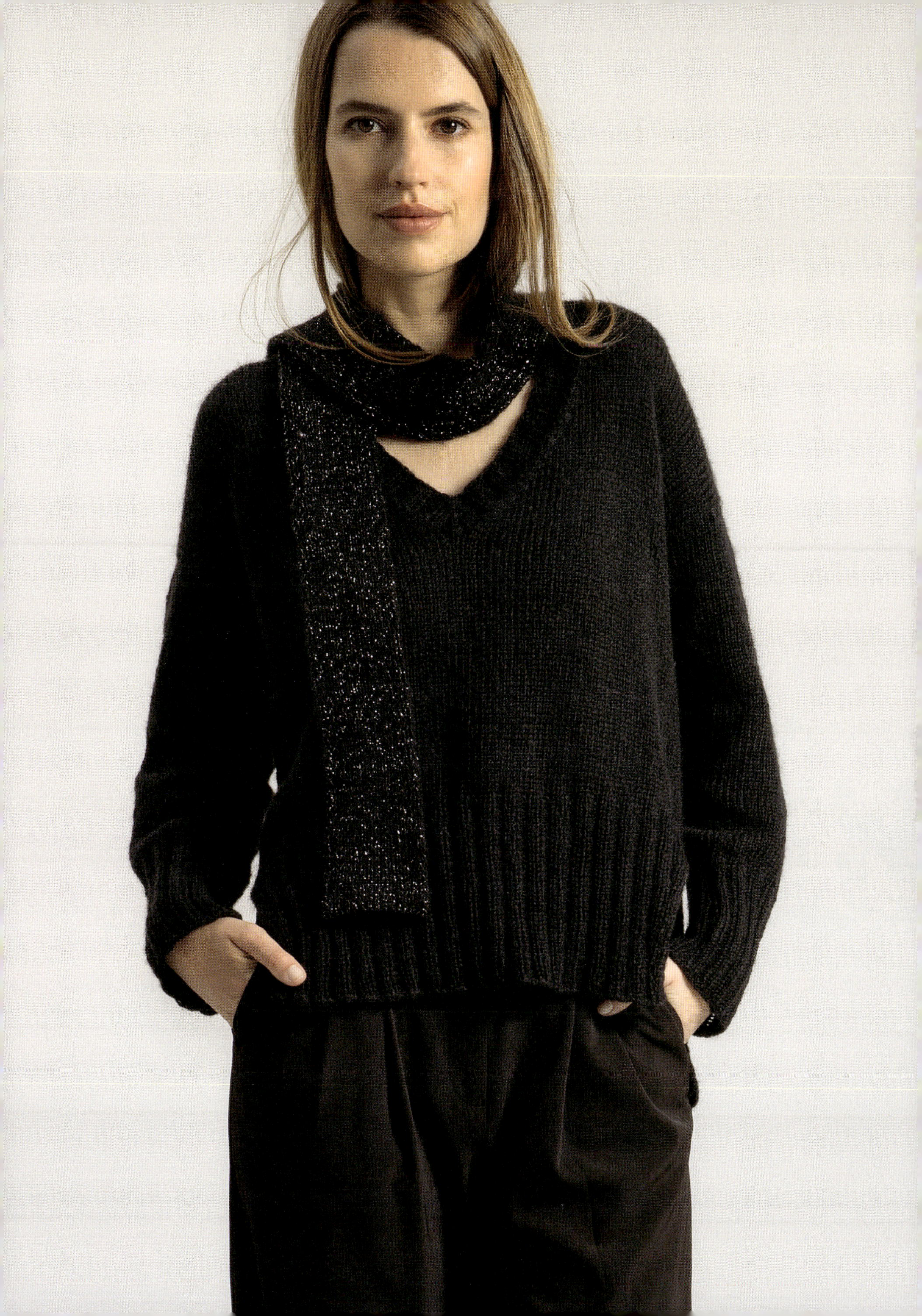

Schmaler Schal

7,5 cm x 160 cm

Schwierigkeitsgrad

leicht

Maschenprobe

Tunnelpatent mit Nadel 5 mm:
20 Maschen und 26 Reihen = 10 cm x 10 cm

Material

Lana Grossa Ecopuno
72 % Baumwolle, 17 % Baumwolle, 11 % Alpaka
LL = 215 m/50 g
50 g Schwarz (Fb 016)

und

Lana Grossa Brillino
83 % Viskose, 17 % Viskose
LL = 200 m/25 g
50 g Schwarz/Silber (Fb 013)
3 Nadeln eines Nadelspiels 5 mm

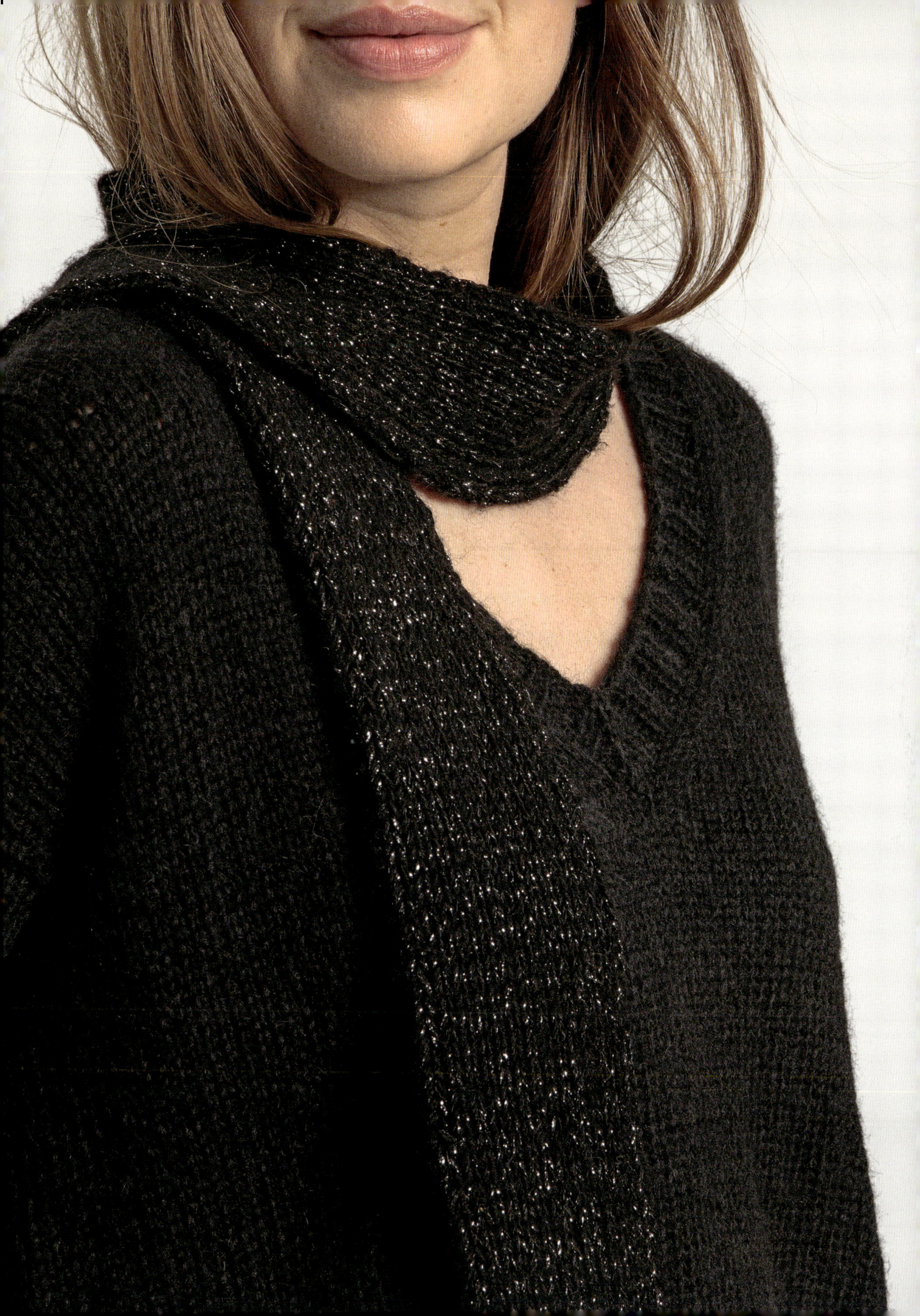

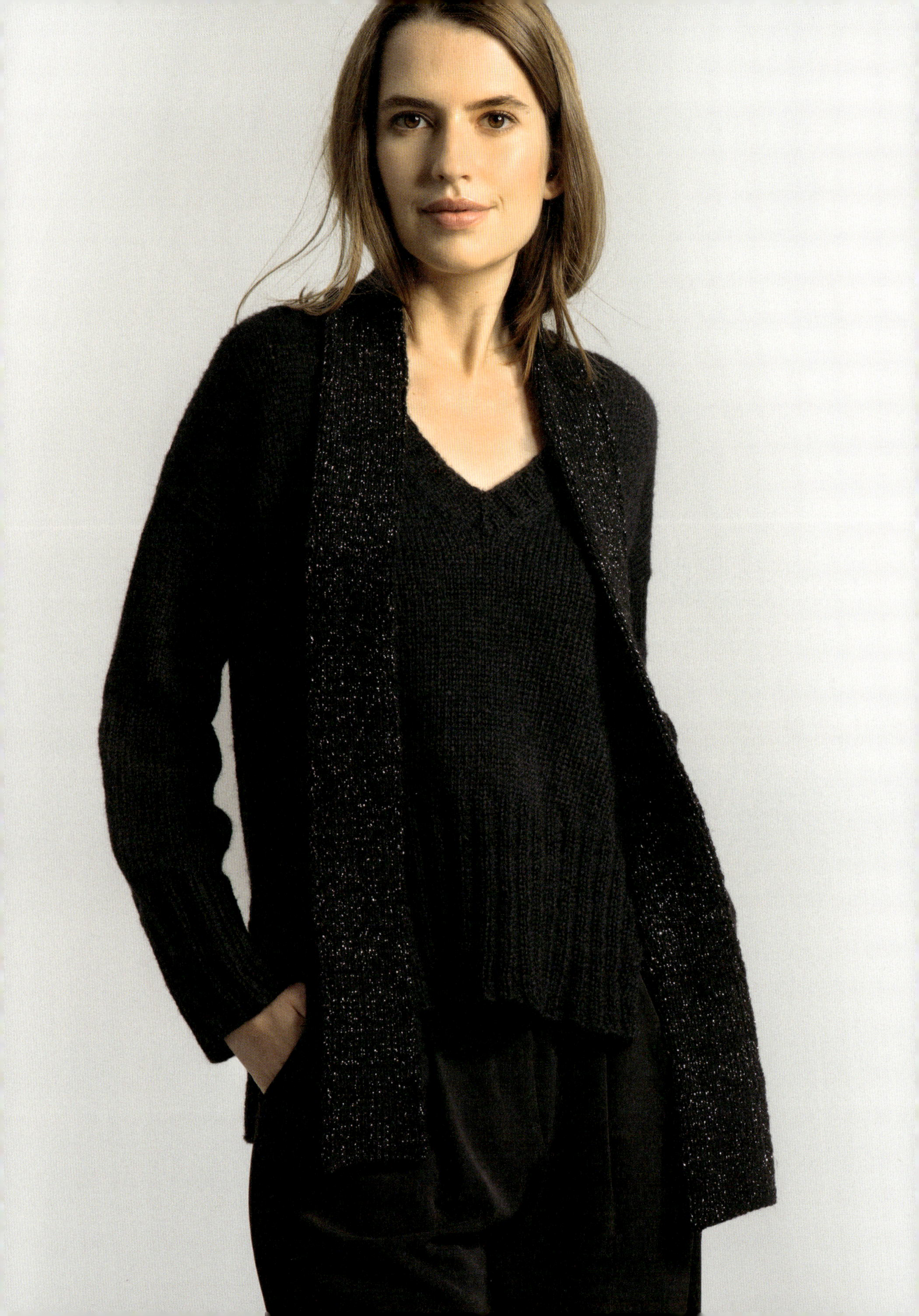

Muster und Maschen

Tunnelpatent

1. Reihe (Hinreihe): * 1 M rechts, 1 M mit dem Faden vor der Arbeit links abheben, ab * stets wiederholen.

2. Reihe (Rückreihe): * 1 M rechts, 1 M mit dem Faden vor der Arbeit links abheben, ab * stets wiederholen.

So wird's gemacht

28 M mit je 1 Faden beider Garne italienisch anschlagen (siehe Seite 182) und 160 cm im Tunnelpatent stricken. Die M wie folgt auf 2 Nadeln verteilen, dazu 2 Nadeln des Nadelspiels parallel halten und die M abwechselnd links abheben: jede rechte M auf die vordere Nadel, jede linke M auf die hintere Nadel. Nun befinden sich auf beiden Nadeln jeweils 14 M. Dann die M im Maschenstich (siehe Seite 186) abnähen.

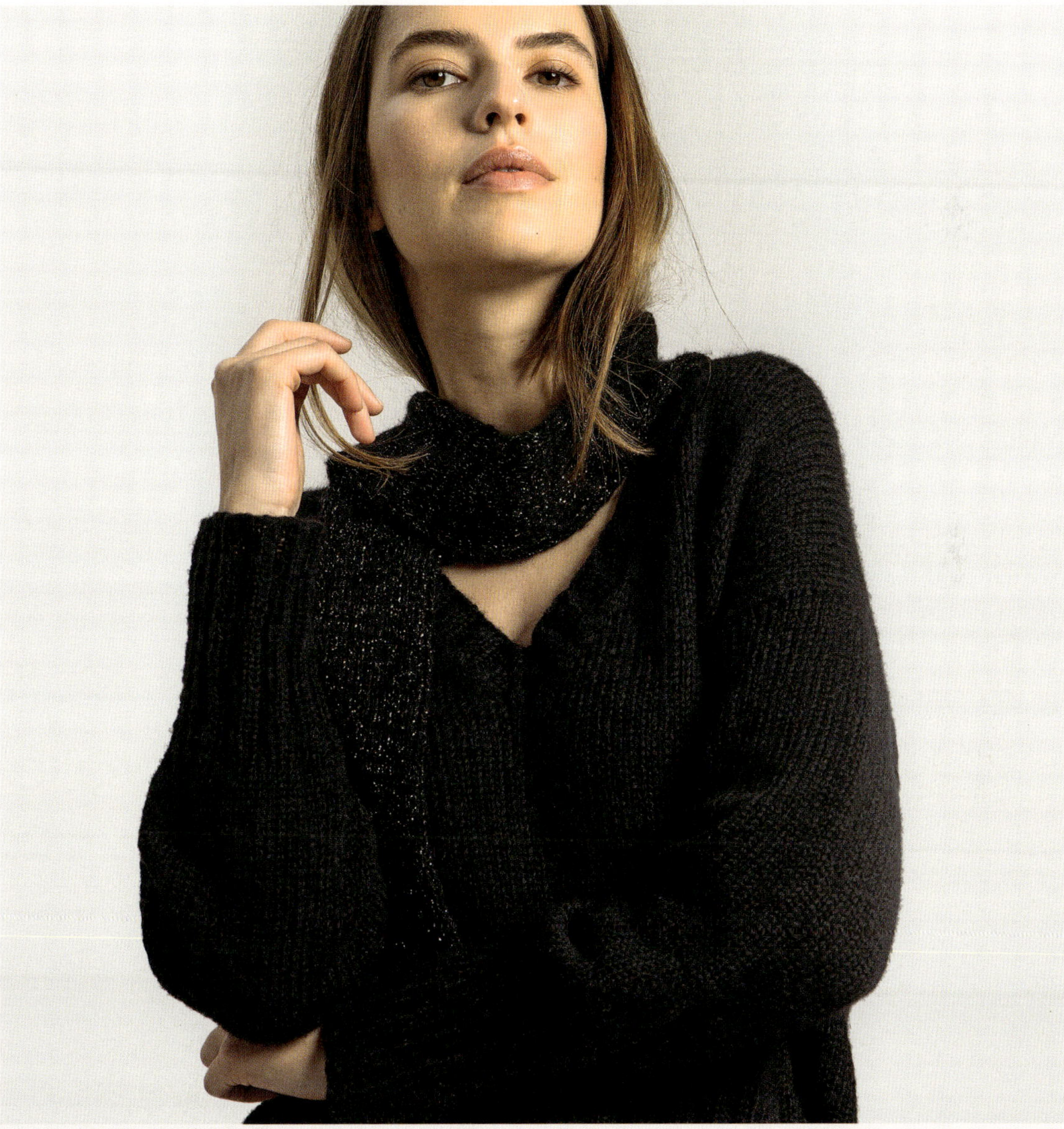

„Stil ist das Einzige, das man nicht kaufen kann. Er ist nicht in einer Einkaufstasche, in einer Marke oder an einem Preisschild. Er ist etwas, das sich von unserer Seele in die Außenwelt spiegelt – ein Gefühl."

Alber Elbaz

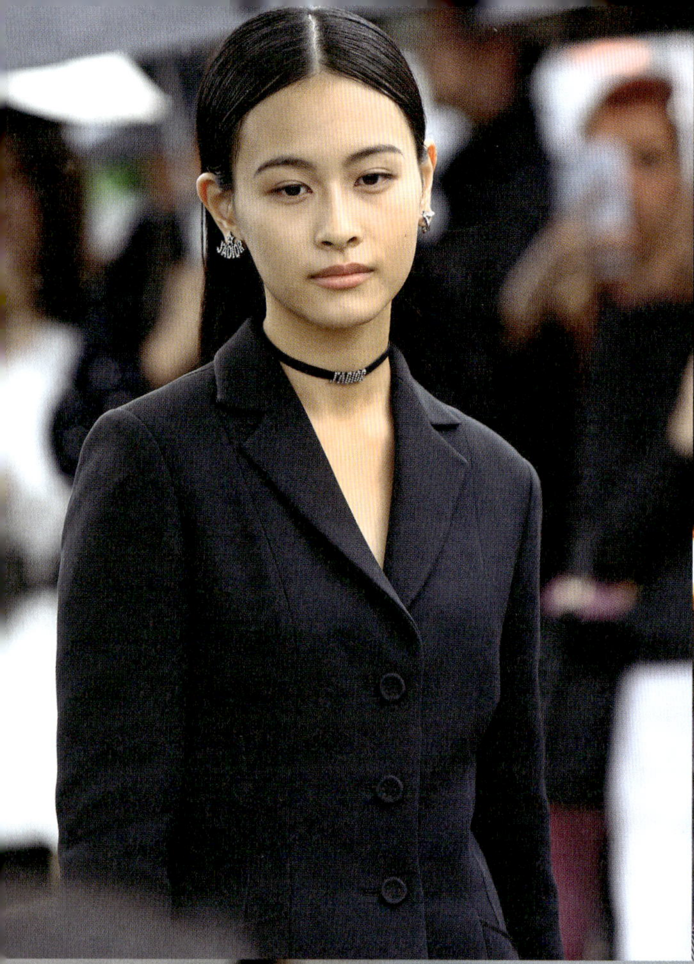
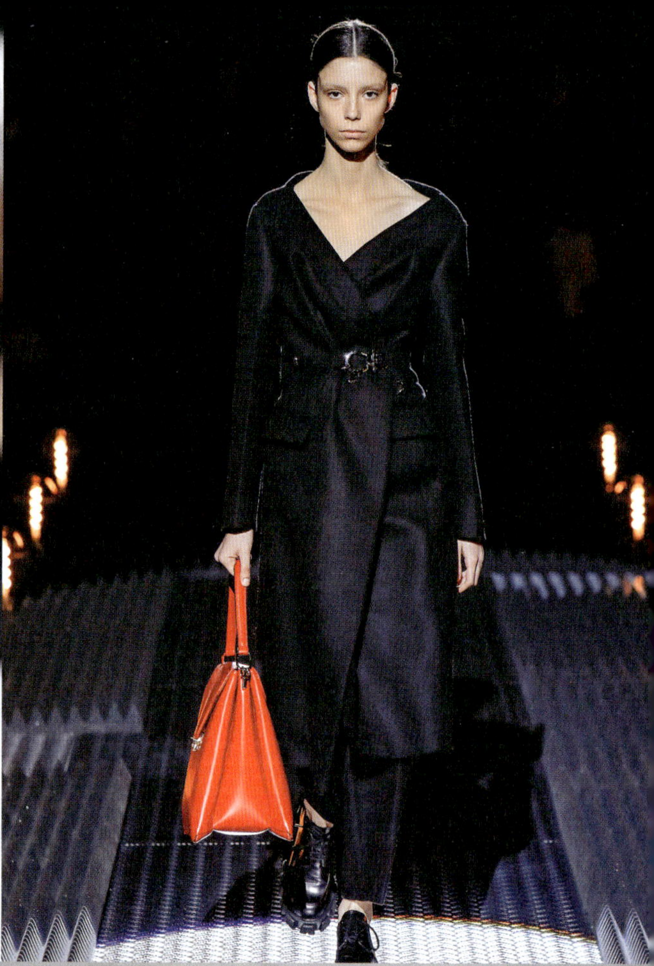
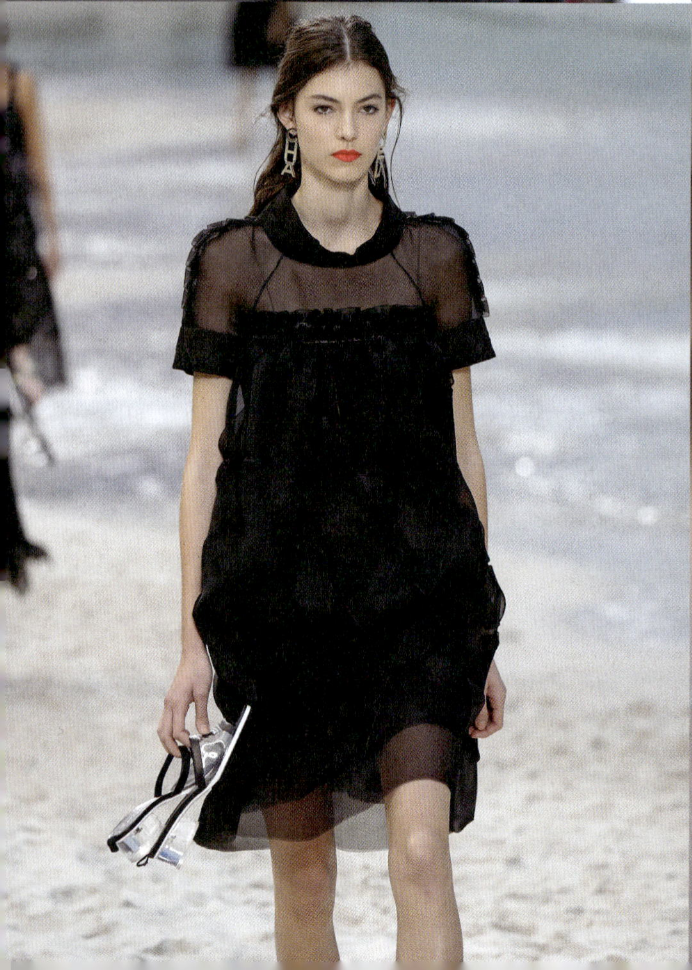
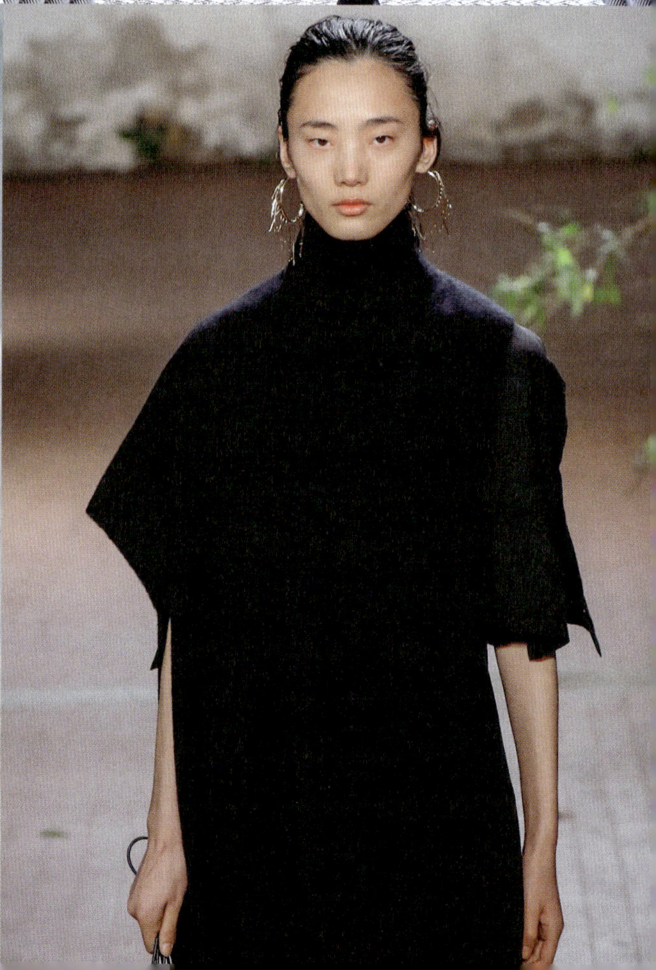

Mode in Schwarz

„Schwarz schützt vor einer Überdosis Trend", formulierte Donna Karan einmal. Die Designerin wurde in den 80er-Jahren mit „Seven Easy Pieces" berühmt, sieben schlichte, einfache, kombinierbare Kleidungsstücke aus bequemen Materialien in schmeichelhaftem Schwarz. Mehr bräuchte man als moderne Frau nicht, befand sie, und Millionen Käuferinnen weltweit gaben ihr recht. Ihre Kollektion zeigt gleich mehrere Vorteile von Mode in Schwarz: Sie passt zu vielen Anlässen, lässt sich leicht variieren und kombinieren, ist zeitlos, wirkt immer elegant, ist 100 % businesstauglich, auch für den Abend angemessen und man fühlt sich darin schlank und selbstbewusst. Auch außerhalb einer monochromen Capsule-Wardrobe ist Schwarz immens praktisch: Es harmoniert mit allen, wirklich allen Farben. Und Schwarz ist ungeheuer vielseitig: Schwarze Unterwäsche wirkt verrucht, das schwarze Nonnen-Habitat ist das Sinnbild der Keuschheit. Der schwarze Anzug steht für Seriosität, Anarchisten oder Linksautonome tragen Schwarz als Zeichen ihres Kampfes gegen das Establishment. Rocker oder Punks sind ganz in Schwarz unangepasst und rebellisch, die schwarze Robe von Richtern oder Beamtinnen strahlt dagegen Autorität und Amtswürden aus. Wir tragen Schwarz als Zeichen der Trauer, schwarze Outfits signalisieren aber auch Coolness und Understatement. Wenn ständig davon gesprochen wird, dieses oder jenes sei „das neue Schwarz", wird vor allem eines sehr deutlich: Schwarz ist beständig in. Denn Schwarz hat wenig mit kurzlebigen Trends, nichts mit Modediktat und viel mit Stil zu tun. Oder, wie es Karl Lagerfeld anlässlich seiner Chanel-Kollektion 1995 auf den Punkt brachte: „Es ist nicht Schwarz im Sinne von Schwarz – es ist Schwarz im Sinne von Chic."

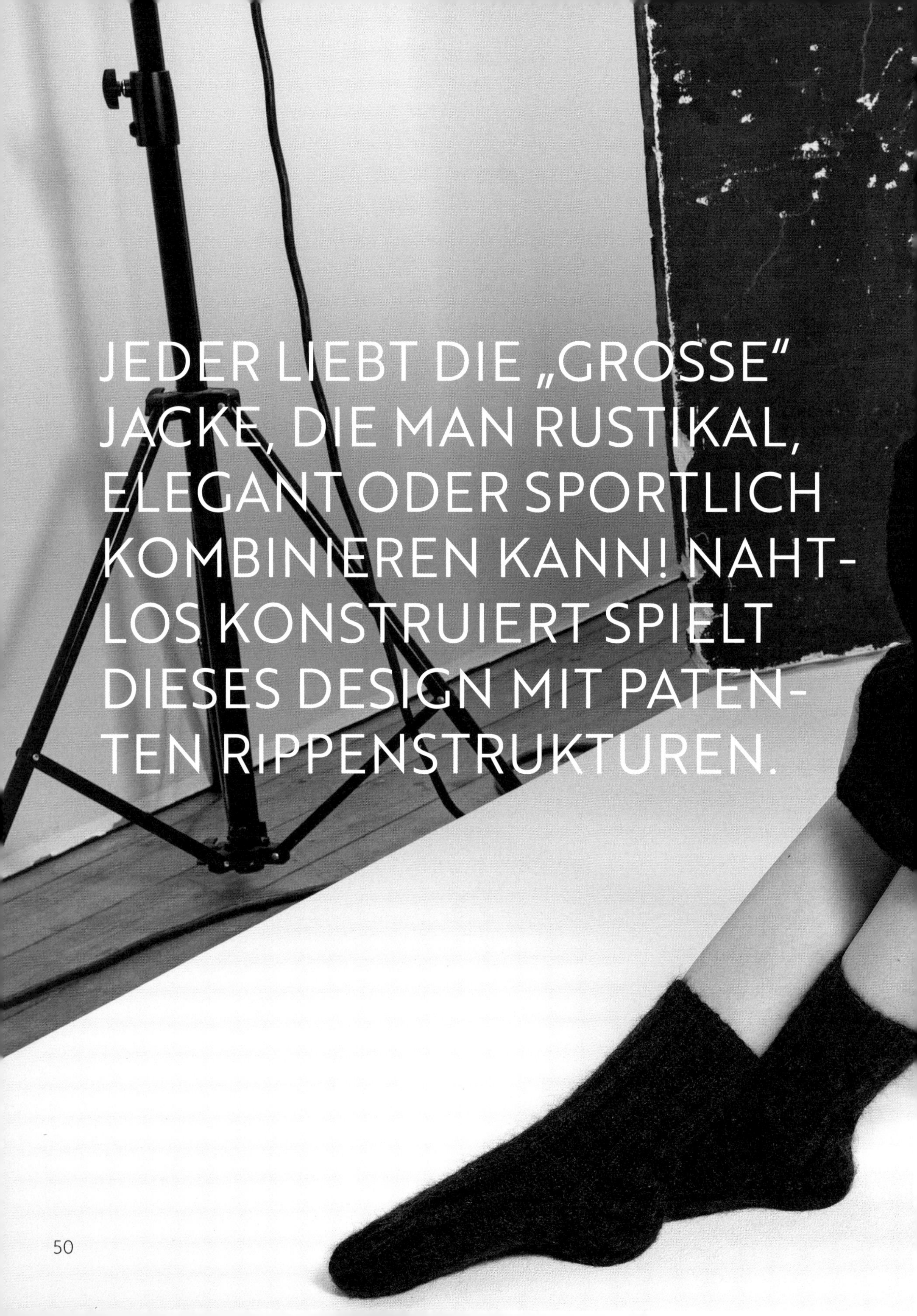

JEDER LIEBT DIE „GROSSE" JACKE, DIE MAN RUSTIKAL, ELEGANT ODER SPORTLICH KOMBINIEREN KANN! NAHT-LOS KONSTRUIERT SPIELT DIESES DESIGN MIT PATEN-TEN RIPPENSTRUKTUREN.

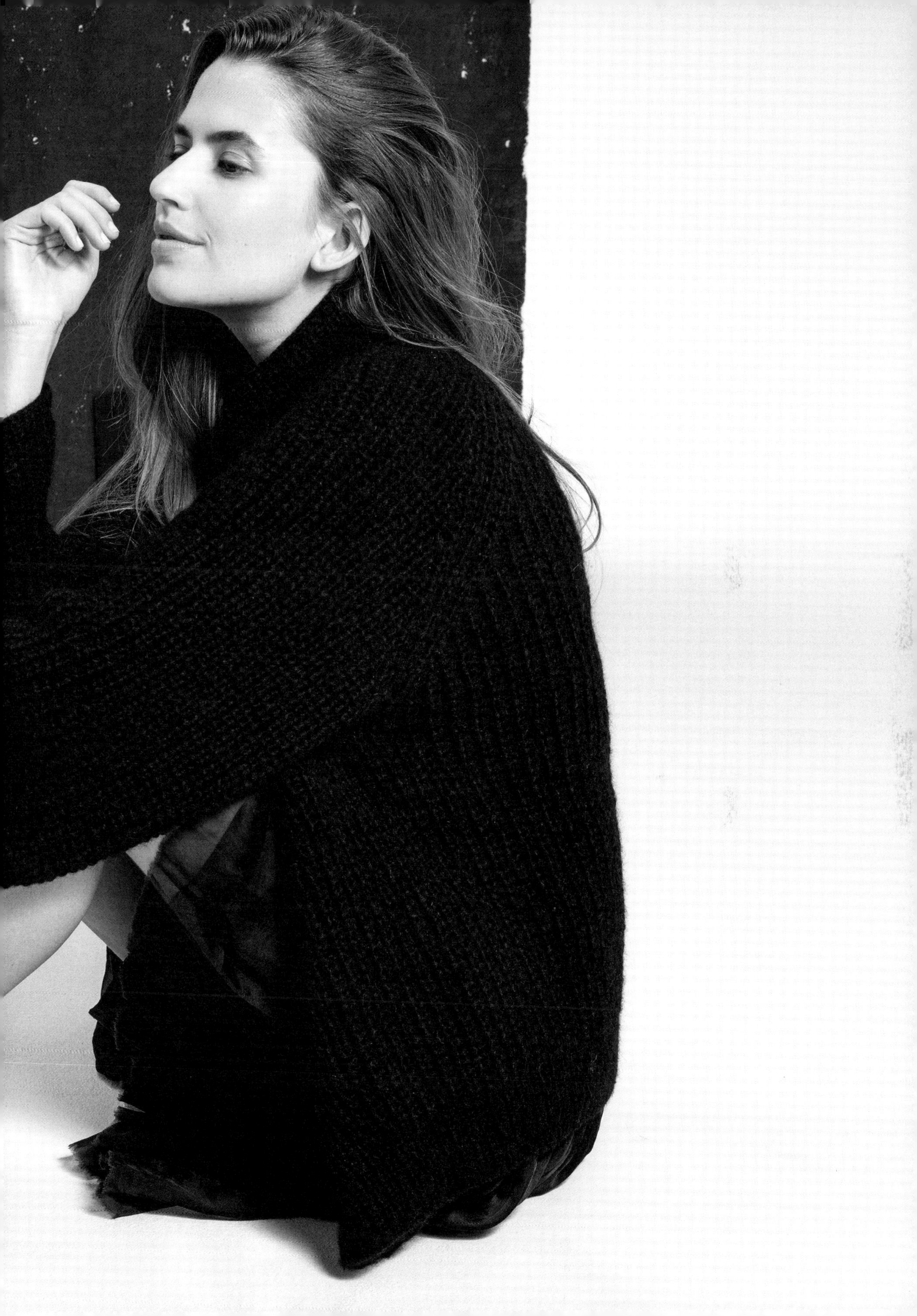

Raglanjacke im Halbpatent mit Kragen

36/38, 40/42 und 44/46

Die Angaben für die kleinste Größe stehen vor der Klammer, die für die beiden größeren Größen aufsteigend in den Klammern. Einzelne Angaben gelten für alle Größen.

Schwierigkeitsgrad

anspruchsvoll

Maschenprobe

Halbpatent mit Nadel 6 mm:
14 Maschen und 32 Reihen = 10 cm x 10 cm

Material

Schulana Lanalapco
55 % Alpaka, 35 % Baumwolle, 10 % Schurwolle
LL = 110 m/50 g
550 (600/650) g Schwarz (Fb 05)

eine lange und eine kurze Rundstricknadel 6 mm
Rundstricknadel 5,5 mm
Maschenmarkierer

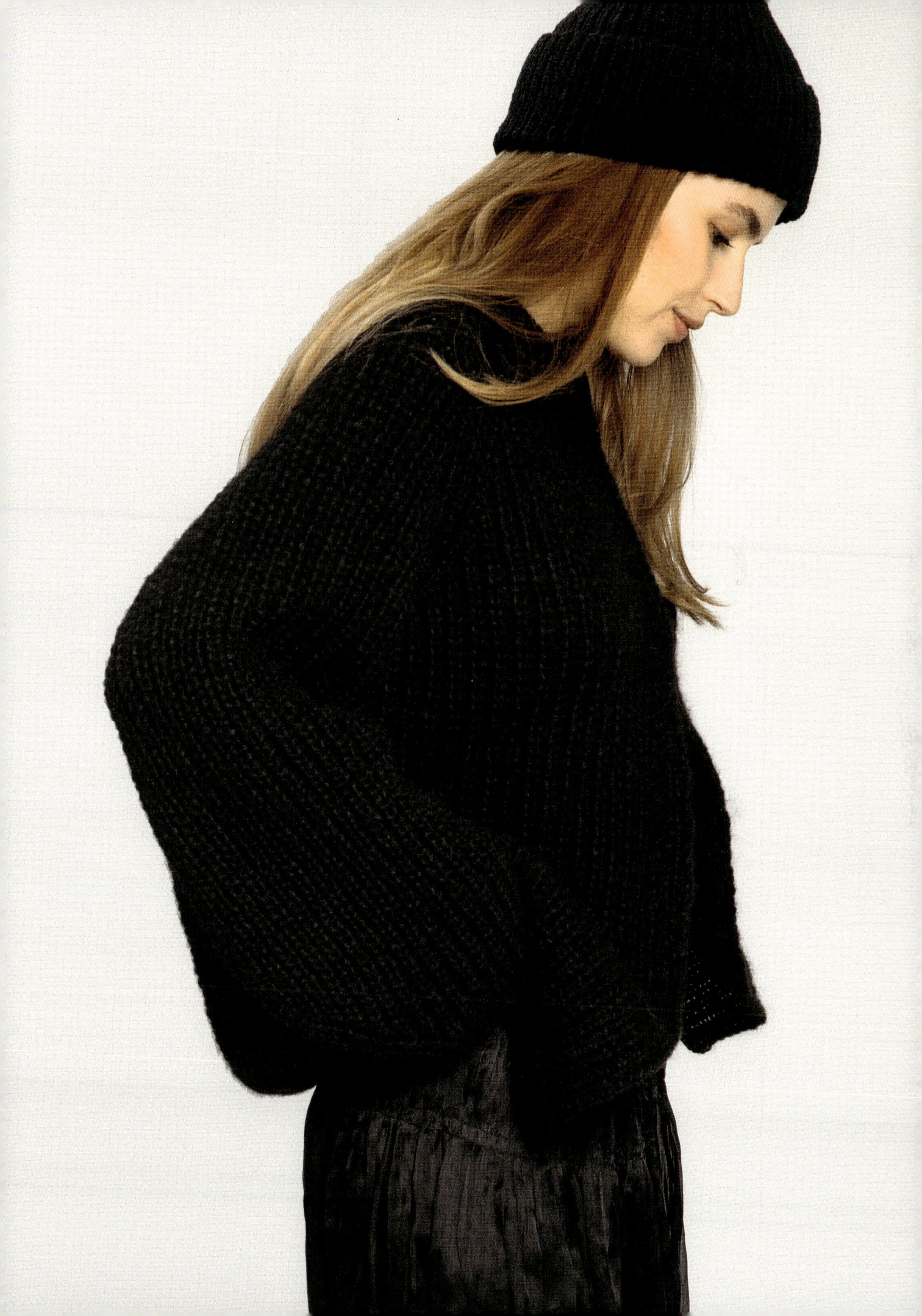

Muster und Maschen

Bündchenmuster

1 M rechts, 1 M links im Wechsel stricken.

Halbpatent in Reihen

1. Reihe (Hinreihe): 1 Randm, * 1 M rechts, 1 M mit Umschlag links abheben, ab * wiederholen, enden mit 1 M rechts, 1 Randm.

2. Reihe (Rückreihe): 1 Randm, * 1 M links, 1 M mit ihrem Umschlag rechts zusammenstricken, ab * wiederholen, enden mit 1 M links, 1 Randm.

Halbpatent in Runden

1. Runde: * 1 M mit Umschlag links abheben, 1 M rechts, ab * wiederholen.

2. Runde: * 1 M mit ihrem Umschlag links zusammenstricken, 1 M rechts, ab * wiederholen.

Patentzunahmen

(es werden jeweils 2 M zugenommen)

Vor den Raglanmaschen: Mit der linken Nadel den Querfaden zwischen 2 M von hinten nach vorne aufnehmen, mit der rechten Nadel von links nach rechts in das vordere Maschenglied einstechen und rechts abstricken, nicht von der Nadel gleiten lassen, sondern noch einmal von links nach rechts in das hintere Maschenglied einstechen und links verschränkt abstricken.

Nach den Raglanmaschen: Mit der linken Nadel den Querfaden zwischen 2 M von vorne nach hinten aufnehmen, mit der rechten Nadel von links nach rechts in das hintere Maschenglied einstechen und links verschränkt abstricken. Noch einmal von rechts nach links in das hintere Maschenglied einstechen und rechts verschränkt abstricken.

Hinweis: Patentzunahmen werden stets in einer 2. Reihe (= Rückreihe) bzw. einer 2. Runde des Halbpatentmusters gearbeitet!

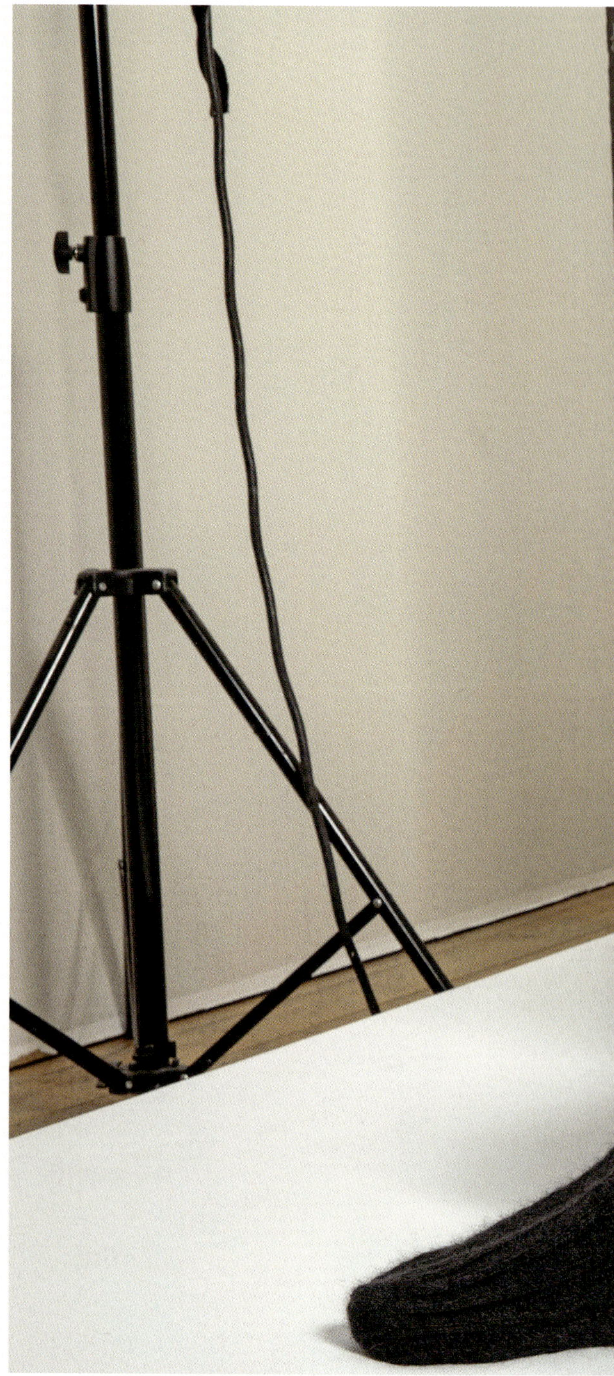

Raglanzunahmen

Hinweis: Die Raglanzunahmen für Körper und Ärmel werden nicht immer in derselben Runde vorgenommen. Sie werden daher für Vorderteile und Rückenteil sowie für die Ärmel separat beschrieben. Sie beginnen für jedes Teil an dem MM nach 5 Raglan-M und enden an dem MM vor den nächsten 5 Raglan-M:

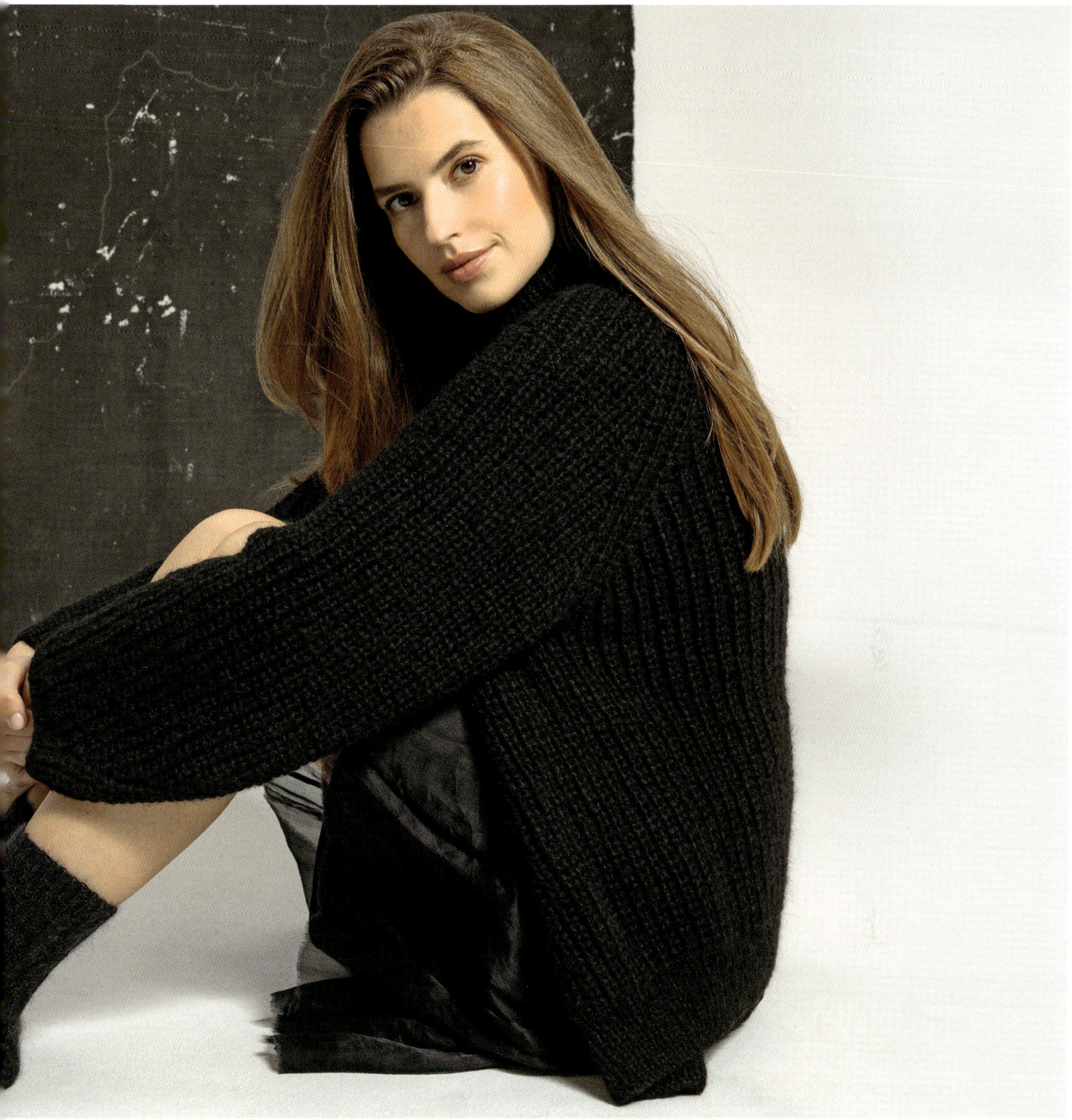

5 Raglan M bis zum 1. MM des entsprechenden Teils, 1 Patentzunahme nach den Raglanm, den MM abheben, bis zum nächsten MM im Muster, den MM abheben, 1 Patentzunahme vor den Raglanm.

Ketten-Randmaschen

In den Hinreihen: Die 1. M rechts verschränkt stricken, die letzte M wie zum Linksstricken abheben, dabei den Faden hinter der Arbeit führen.

In den Rückreihen: Die 1. M links verschränkt stricken, die letzte M wie zum Linksstricken abheben, dabei den Faden vor der Arbeit führen.

Blendenmuster linkes Vorderteil
über 7 M (Ende der Reihe)

1. Reihe (Hinreihe): * 1 M links, 1 M rechts verschränkt, ab * 1x wiederholen, 1 M links, 1 M rechts, Ketten-Randm.

2. Reihe (Rückreihe): Ketten-Randm, 1 M links, 1 M rechts, * 1 M links verschränkt, 1 M rechts, ab * noch 1x wiederholen.

Blendenmuster rechtes Vorderteil
über 7 M (Anfang der Reihe)

1. Reihe (Hinreihe): Ketten-Randm, 1 M rechts, 1 M links, * 1 M rechts verschränkt, 1 M links, ab * noch 1x wiederholen.

2. Reihe (Rückreihe): * 1 M rechts, 1 M links verschränkt, ab * 1x wiederholen, 1 M rechts, 1 M links, Ketten-Randm.

So wird's gemacht

Die Jacke wird von oben nach unten in Reihen gestrickt, unter den Armen wird die Arbeit in Vorder- und Rückenteil und Ärmel geteilt.

51 M mit der Nadel 6 mm anschlagen und im Halbpatent stricken, dabei mit einer Hinreihe beginnen. In der **5. Reihe (Hinreihe)**, bevor mit den Raglanzunahmen begonnen wird, wie folgt 8 MM für die Raglanzunahmen setzen: Randm, 1 MM setzen, 5 Raglanm, 1 MM setzen, 7 M im Muster (linker Ärmel), 1 MM setzen, 5 Raglanm, 1 MM setzen, 15 M im Muster (Rückenteil), 1 MM setzen, 5 Raglanm, 1 MM setzen, 7 M im Muster (rechter Ärmel), 1 MM setzen, 5 Raglanm, 1 MM setzen, Randm.

Die **Raglanzunahmen für den Körper** 8x in jeder 6. Reihe und noch 6x (7x/8x) in jeder 4. Reihe und die **Raglanzunahmen für die Ärmel** 3x (2x/1x) in jeder 8. Reihe und 8x (10x/12x) in jeder 6. Reihe arbeiten.

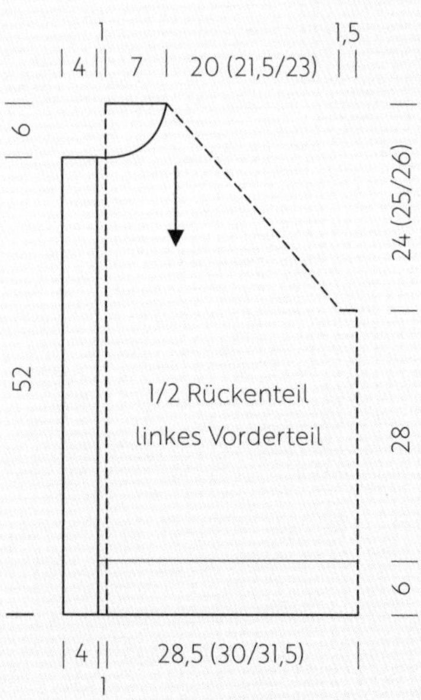

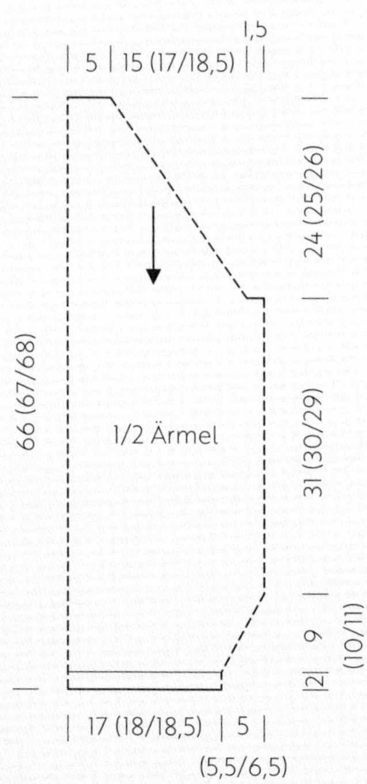

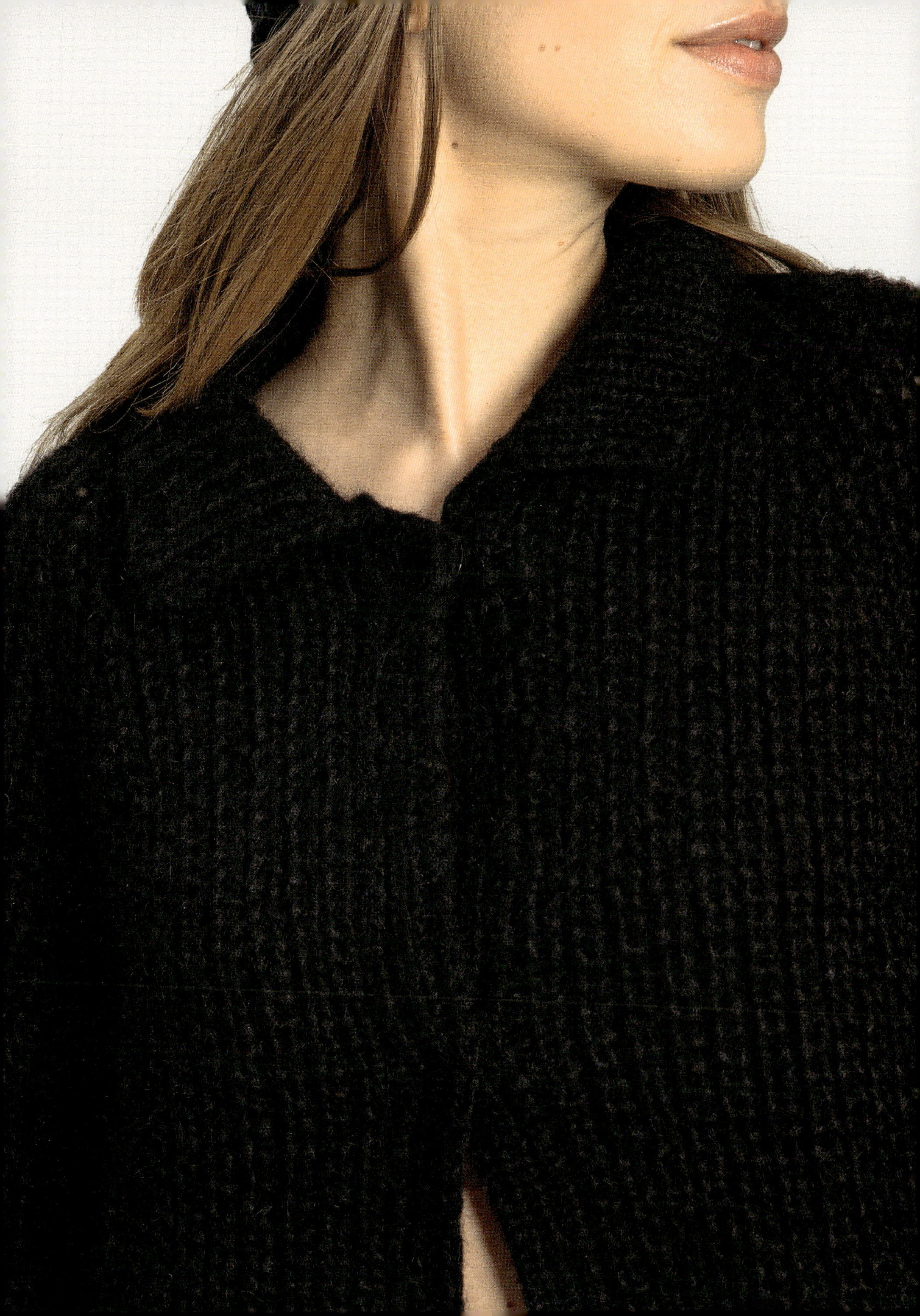

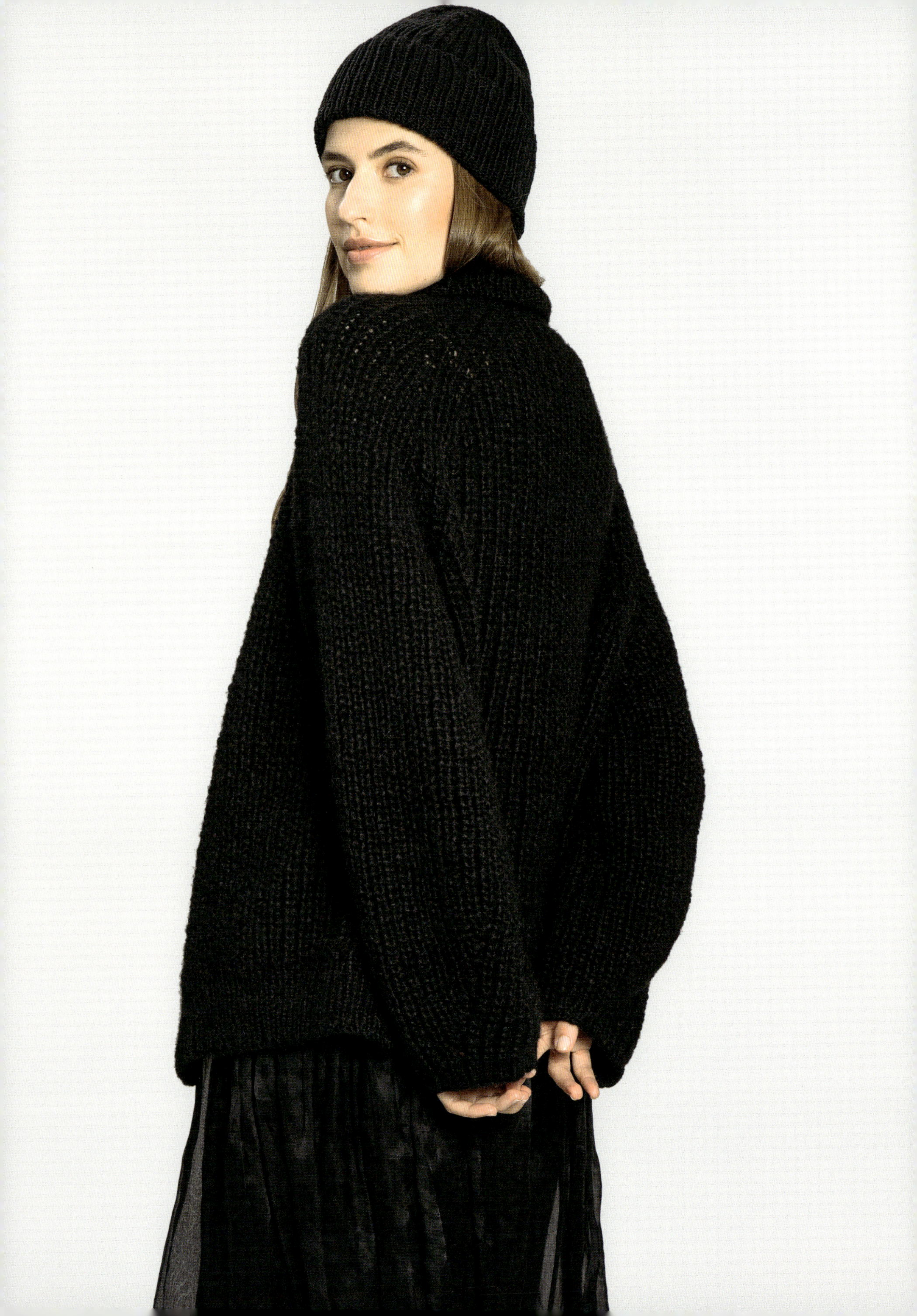

Gleichzeitig für den **vorderen Halsausschnitt** in der **9. und 10. Reihe** (= in der 5. Hin- und Rückreihe) jeweils nach der letzten Randm 1 M neu anschlingen, dann in jeder 2. Reihe an beiden Seiten noch 2x je 1 M, 1x 2 M, 1x 3 M und für die angestrickten vorderen Blenden noch 1x 6 M anschlingen (die ersten und letzten 7 M werden im Folgenden als Blendenm gearbeitet).

In einer Höhe von 24 (25/26) cm ab Anschlag liegen 279 (295/311) M auf der Nadel.

Nun die M wie folgt zwischen den jeweils 5 Raglanm für Körper und Ärmel aufteilen: Für das **linke Vorderteil** 43 (45/47) M und 2 Raglanm im Muster stricken, 5 M dazu anschlingen, [3 Raglanm, 51 (55/59) M, 3 Raglanm] für den **linken Ärmel** stilllegen, für das **Rückenteil** 2 Raglanm, 71 (75/79) M und 2 Raglanm im Muster stricken, 5 M dazu anschlingen, [3 Raglanm, 51 (55/59) M, 3 Raglanm] für den **rechten Ärmel** stilllegen, für das **rechte Vorderteil** 2 Raglanm und 43 (45/47) M im Muster stricken = 175 (183/191) M für den Körper und jeweils 57 (61/65) M für die Ärmel.

Rückenteil und beide Vorderteile in einem Stück über die 175 (183/191) M in Hin- und Rückreihen im Muster arbeiten, dabei die ersten und letzten 7 M im Blendenmuster stricken. In einer Höhe von 28 cm ab Aufteilung und unterem Armausschnitt zur Nadel 5,5 mm wechseln und die Patentm im Bündchenmuster stricken, die M der Blenden wie zuvor arbeiten. Nach 6 cm im Bündchenmuster die M abketten.

Für **beide Ärmel** den Faden jeweils mittig am unteren Armausschnitt an der 3. der 5 neu angeschlagenen M ansetzen und mit der kurzen Rundstricknadel 6 mm 62 (66/70) M auffassen: 3 M aus den neu angeschlagenen M, die 57 (61/65) stillgelegten M und nochmals 2 M aus den neu angeschlagenen M. Dann die M zur Runde schließen und den Rundenanfang unter dem Arm markieren.

In einer Höhe von ca. 28 (27/26) cm ab Teilung der Arbeit mit den Abnahmen für den Ärmel beginnen. Die Abnahmen liegen am hinteren Ärmel und werden für rechten und linken Ärmel gegengleich gearbeitet: Nach einer 2. Patentrunde für den **linken Ärmel** 1 MM nach der 52. (54./56.) M setzen (= vor einer rechten M), für den **rechten Ärmel** 1 MM nach der 11. (13./15.) M setzen (= nach einer rechten M). Dann für beide Ärmel wie folgt weiterarbeiten:

1. Runde: * 1 M rechts, 1 M mit Umschlag links abheben, ab * wiederholen.

2. Runde: Bis 3 M vor dem MM stricken, die folgenden 3 M (= 1 linke M mit Umschlag, 1 rechte M, 1 linke M mit Umschlag) links zusammenstricken.

3. Runde: Wie die 1. Runde arbeiten.

4. Runde: Alle M stricken, wie sie erscheinen (1 M rechts, 1 M mit dem Umschlag links zusammenstricken).

Die 1. – 4. Runde insgesamt 7x (8x/9x) arbeiten = 48 (50/52) M.

In einer Höhe von 40 cm zur Nadel 5,5 mm wechseln und noch 2 cm im Bündchenmuster arbeiten, dann alle M abketten.

Für den **Kragen** aus dem Halsausschnitt und den M für die Blenden insgesamt 85 M mit Nadel 4,5 mm aufnehmen und 4 cm im Bündchenmuster stricken. Zur Nadel 5,5 mm wechseln und ebenfalls im Bündchenmuster 7 cm stricken, dann die M abketten. 2 Druckknöpfe annähen, den ersten ca. 1,5 cm von der oberen Ausschnittkante entfernt, den 2. mit ca. 18 cm Abstand (nach Bedarf noch einen 3. Knopf hinzufügen).

Beanie

53 cm (56 cm) Kopfumfang

Die Angaben für die kleinere Größe stehen vor der Klammer, die für die größere Größe in den Klammern. Einzelne Angaben gelten für beide Größen.

Schwierigkeitsgrad

leicht

Maschenprobe

Rippenmuster mit Nadel 4 mm:
23 Maschen und 26 Reihen = 10 cm x 10 cm

Material

Buttinette Woll Butt Primo Kashmirina
85 % Baumwolle, 15 % Kaschmir
LL = 125 m/50 g
100 (100) g Schwarz (Fb 99.142.07)

und

Buttinette Woll Butt Primo Madelaine
100 % Schurwolle
LL = 150 m/50 g
100 (100) g Schwarz (Fb 99.381.51)

Rundstricknadel 4 mm
Nadelspiel 4 mm
Maschenmarkierer

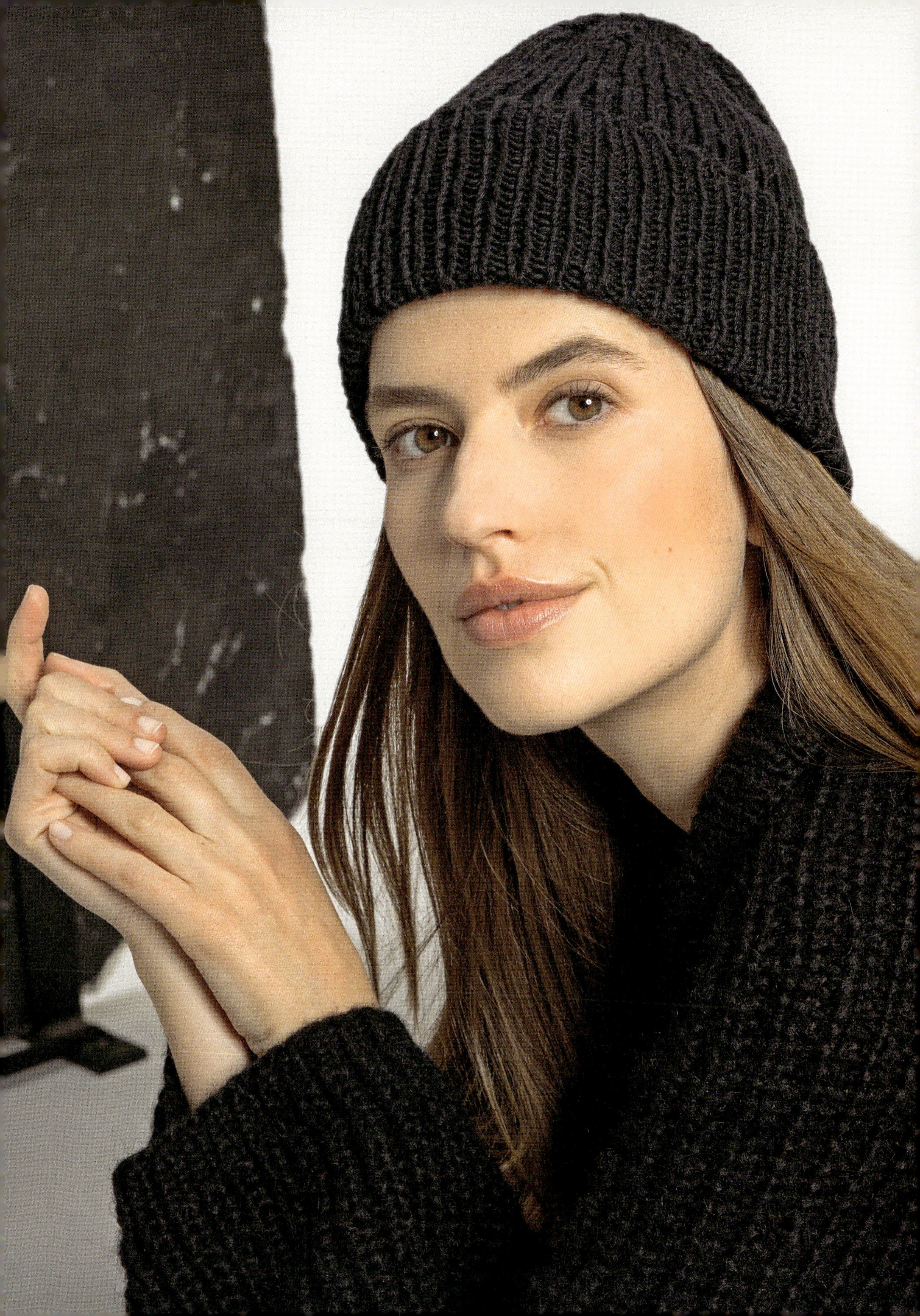

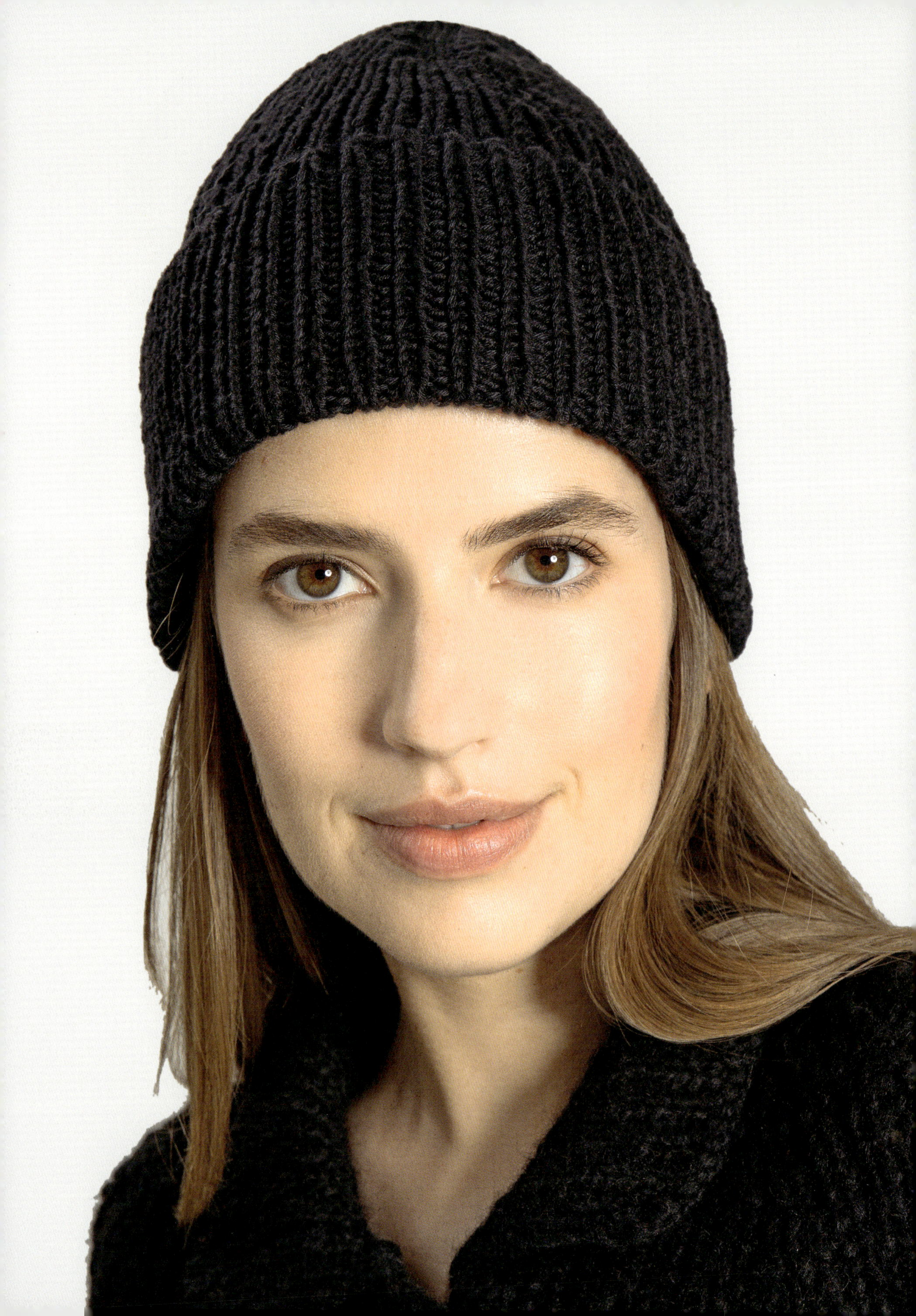

Muster und Maschen

Rippenmuster

1 M rechts, 1 M links im Wechsel

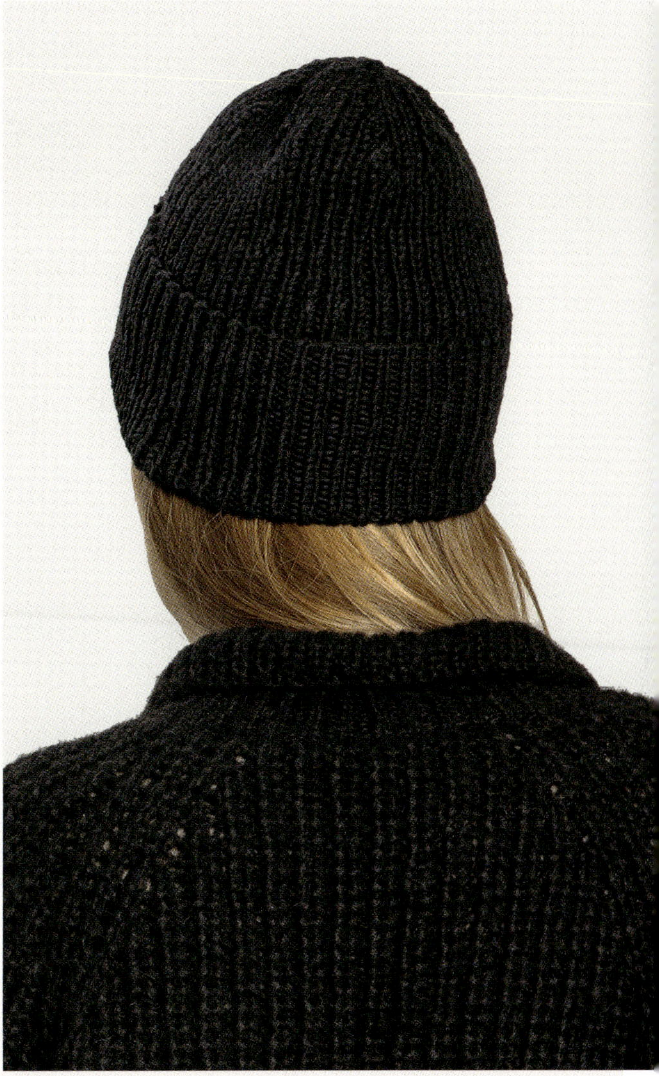

So wird's gemacht

Hinweis: Es wird stets zweifädig mit je 1 Faden beider Garne gearbeitet.

96 (104) M zweifädig italienisch anschlagen (siehe Seite 182), zur Runde schließen und wie folgt 2 Übergangsrunden stricken:

1. Runde: * 1 M rechts, 1 M mit dem Faden vor der Arbeit links abheben, ab * wiederholen.

2. Runde: * 1 M mit dem Faden hinter der Arbeit links abheben, 1 M links, ab * wiederholen.

Im Rippenmuster weiterarbeiten. In einer Höhe von 10 cm ab Anschlag für die Bruchkante 1 Runde rechts, dann wieder im Rippenmuster stricken.

In einer Höhe von 18 cm ab Bruchkante und 28 cm ab Anschlag wie folgt 8 MM für die Abnahmen setzen: 11 M im Muster, 1 MM setzen, * 5 M im Muster, 1 MM setzen, 19 (21) M im Muster, 1 MM setzen, ab * insgesamt 3x arbeiten, 5 M im Muster, 1 MM setzen, 8 (10) M im Muster.

In der nächsten Runde * bis 2 M vor dem nächsten MM im Muster, 1 Überzug (= 1 M wie zum Rechtsstricken abheben, 1 M rechts stricken, dann die abgehobene M über die gestrickte M ziehen), 5 M im Muster, nach dem nächsten MM 2 M rechts zusammenstricken, ab * noch 3x wiederholen = 8 Abnahmen. Diese Abnahmen 5x in jeder 2. Runde, dann noch 2x (3x) in jeder Runde wiederholen = 32 M. Zwischen den 4 MM liegen nun noch jeweils 3 M auf der Nadel.

In der nächsten Runde wie folgt abnehmen: Bis zum 1. MM stricken, * 1 M links, 1 M wie zum Rechtsstricken abheben, 2 M rechts zusammenstricken, die abgehobene M überziehen, 1 M links; ab * noch 7x wiederholen = 16 M. In der folgenden Runde immer 2 M rechts zusammenstricken = 8 M.

Den Faden abschneiden, 2x durch die restlichen 8 M ziehen, nach innen ziehen und vernähen.

Rippensocken

36/37, 38/39, 40/41 und 42/43

Die Angaben für die kleinste Größe stehen vor der Klammer, die für die größeren Größen aufsteigend in den Klammern. Einzelne Angaben gelten für alle Größen.

Schwierigkeitsgrad

mittel

Maschenprobe

Im Rippenmuster mit Nadel 4 mm:
20 Maschen und 28 Runden = 10 cm x 10 cm

Material

Lana Grossa Cool Wool 4 Socks
75 % Schurwolle, 25 % Polyamid
LL = 420 m/100 g
100 g Fb Schwarz (Fb 7706)

und

Lana Grossa Silkhair
70 % Mohair, 30 % Seide
LL = 210 m/25 g
50 g Schwarz (Fb 014)

Nadelspiel 4 mm

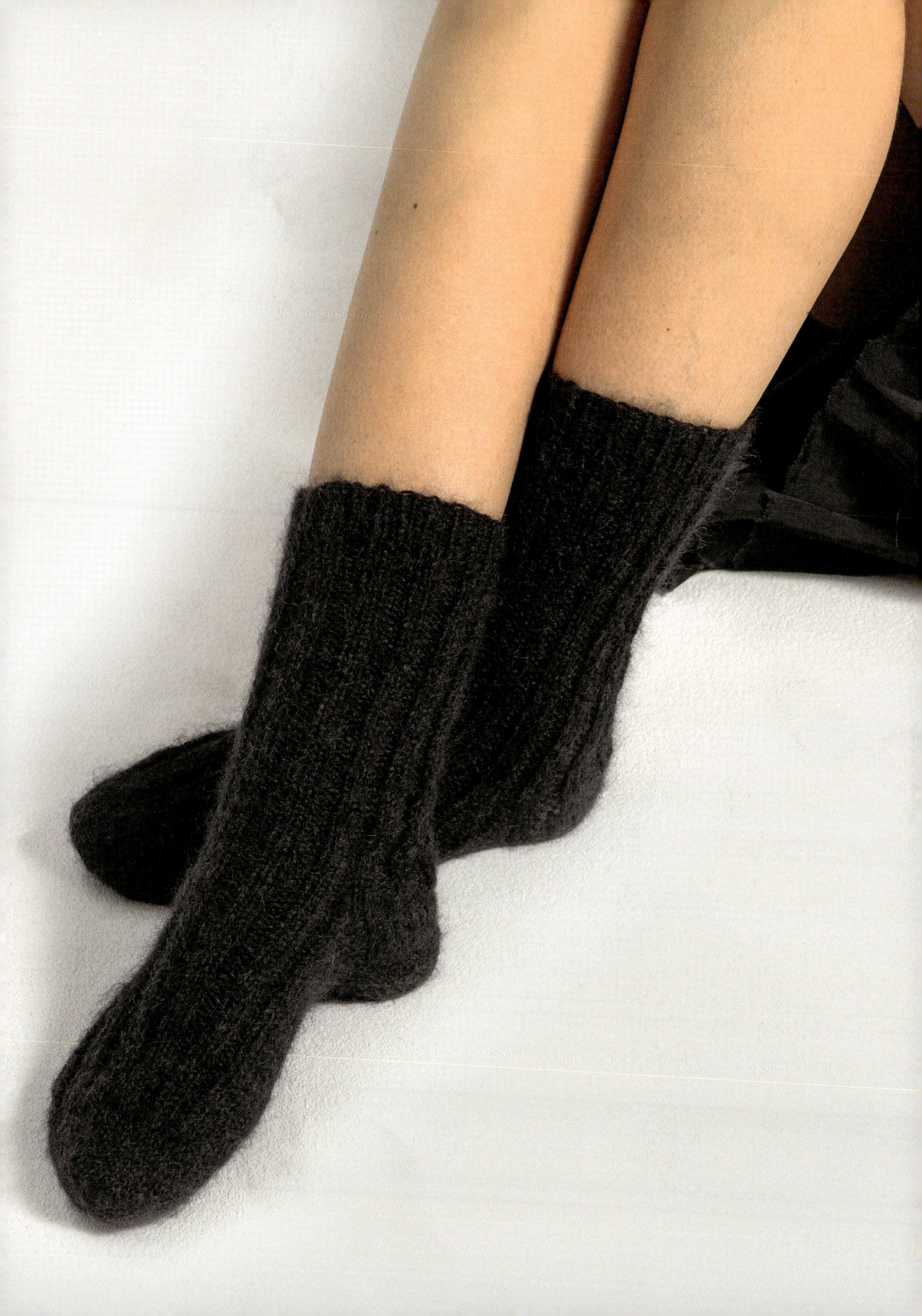

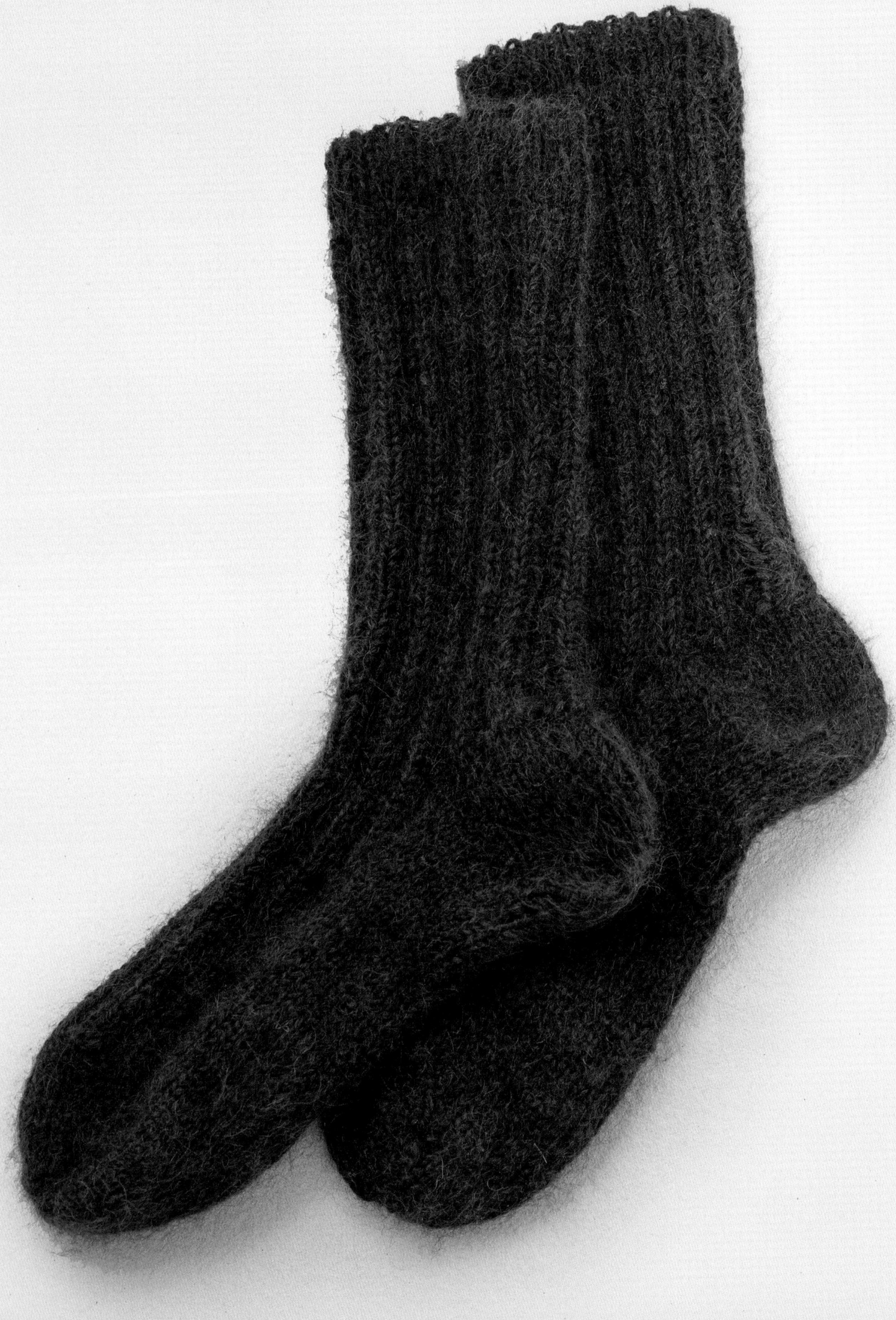

Muster und Maschen

Glatt rechts

In Hinreihen rechte M, in Rückreihen linke M stricken. In Runden stets rechte M stricken.

Bündchenmuster

1 M rechts, 1 M links im Wechsel stricken.

Rippenmuster

2 M rechts, 2 M links im Wechsel stricken.

So wird's gemacht

Hinweis: Es wird stets zweifädig mit je 1 Faden beider Garne gearbeitet.

48 (48/52/52) M anschlagen, auf die 4 Nadeln des Nadelspiels verteilen und zur Runde schließen = jeweils 12 (12/13/13) M pro Nadel. 4 cm im Bündchenmuster arbeiten, dann weiter im Rippenmuster.

In einer Höhe von ca. 22 cm ab Anschlag die Ferse beginnen. Dafür die M der 2. und 3. Nadel stilllegen und über die zusammen 24 (24/26/26) M der 1. und 4. Nadel 20 (20/22/22) R glatt rechts stricken. Dann für das Käppchen die Fersen-M auf 3 Fersen-Nadeln verteilen = je 8 M pro Nadel (je 8 M pro Nadel / 8-10-8 M / 8-10-8 M).

In der 1. Hinreihe die M der 1. und 2. Fersen-Nadel rechts stricken, * dabei die letzte M der mittleren Fersen-Nadel wie zum Rechtsstricken abheben, die 1. M der 3. Fersen-Nadel rechts stricken und die abgehobene M darüber ziehen. Die Arbeit wenden. Die 1. M links abheben und die M der mittleren Fersen-Nadel links stricken. Die letzte M der mittleren Fersen-Nadel mit der 1. M der 1. Fersen-Nadel links zusammenstricken. Die Arbeit wenden. Die 1. M links abheben, die M der mittleren Fersen-Nadel rechts stricken. Ab * stets wiederholen, bis alle M der 1. und 3. Hilfsnadel aufgebraucht sind.

Die Fersen-M wieder auf 2 Nadeln verteilen (die ursprüngliche 4. und 1. Nadel) und nun wieder in Runden stricken: die 4 (4/5/5) M der 1. Nadel rechts stricken, dann aus dem Fersenrand aus jeder 2. Reihe 1 M auffassen und zusätzlich in der Ecke zwischen Fersenrand und Bein aus dem Querfaden rechts verschränkt zunehmen = 11 (11/12/12) M. Die M der 2. und 3. Nadel im Rippenmuster stricken. Aus dem 2. Fersenrand und der Ecke zwischen Fersenrand und Bein ebenfalls 11 (11/12/12) M wie zuvor aufnehmen und die restlichen 4 (4/5/5) M rechts stricken. Auf der 1. und 4. Nadel befinden sich jeweils 15 (15/17/17) M, also jeweils 3 (3/4/4) M mehr als bei Fersenbeginn.

Für die **Spickelabnahmen** in jeder 3. Runde bei der 1. Nadel die 1. M rechts stricken, 1 Überzug (= 1 M wie zum Rechtsstricken abheben, 1 M rechts stricken, dann die abgehobene M über die gestrickte M ziehen), bei der 4. Nadel die zweit- und drittletzte M rechts zusammenstricken, bis die ursprüngliche M-Zahl wieder auf der Nadel liegt = 12 (12/13/13) M pro Nadel.

In Runden arbeiten, dabei die M der 1. und 4. Nadel glatt rechts, die M der 2. und 3. Nadel im Rippenmuster stricken. Nach 18 (20/21,5/22,5) cm ab Fersenkante die Spitze glatt rechts arbeiten: Für die Abnahmen mit der 1. und 4. Nadel bis zu den letzten 3 M rechts stricken, dann die zweit- und drittletzte M rechts zusammenstricken. Die 1. M der 2. und 4. Nadel rechts stricken, die 2. M wie zum Rechtsstricken abheben, die 3. M rechts stricken, dann die abgehobene M überziehen. Diese Abnahmerunde 1x in der 3. Runde, 4x in jeder 2. Runde und 4x (4x/5x/5x) in jeder Runde wiederholen, bis nur noch 8 M übrig sind. Den Faden lang abschneiden, 2x durch die letzten 8 M ziehen und vernähen.

ist Eliminierung.“

Cristóbal Balenciaga

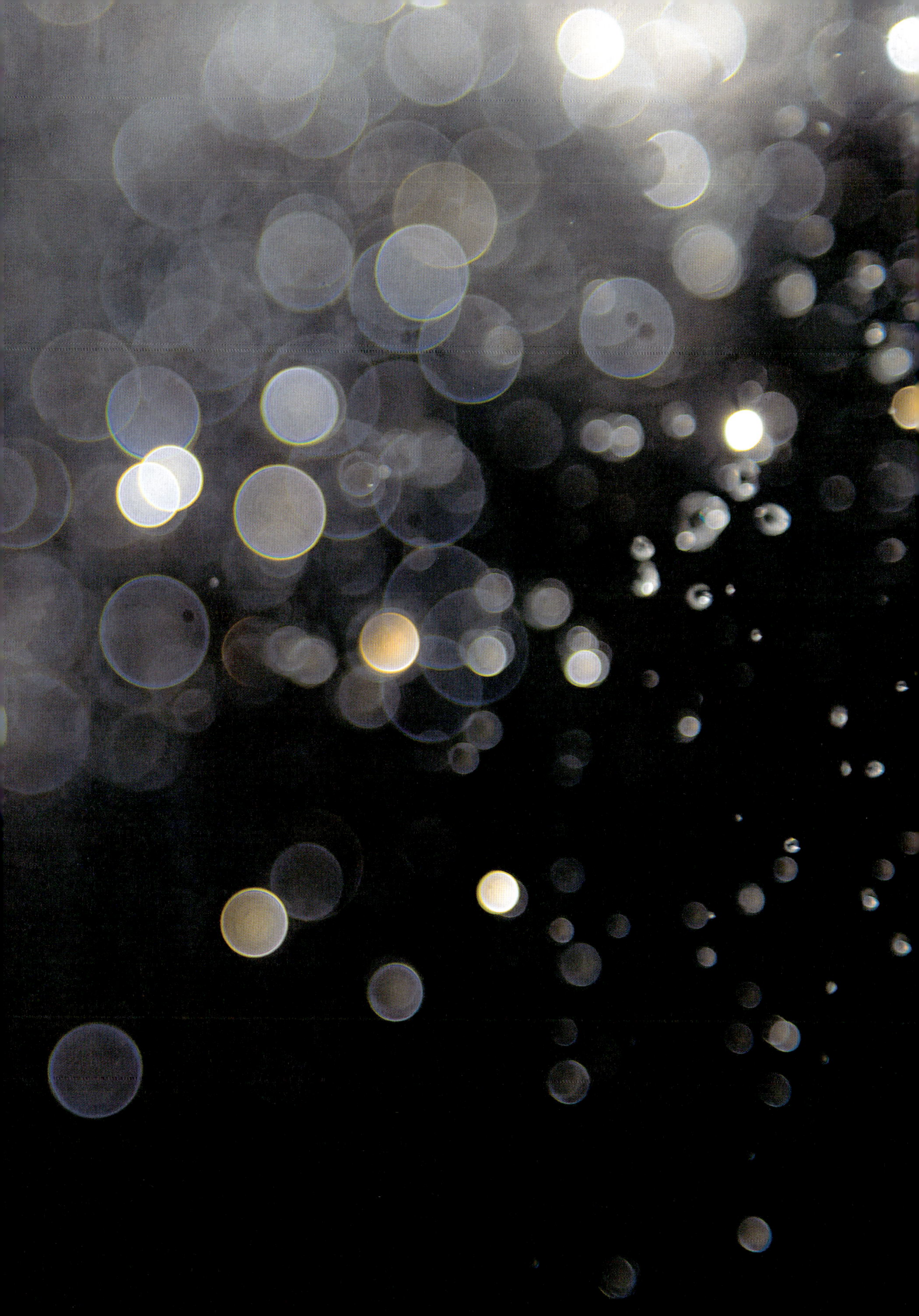

CROPPED PULLOVER, SCHMALER STRICKROCK, WARMER KAPUZENSCHAL – BEI DIESER MODERNEN VARIANTE EINES KOSTÜMS STEHT DAS PLASTISCHE MUSTER IM FOKUS.

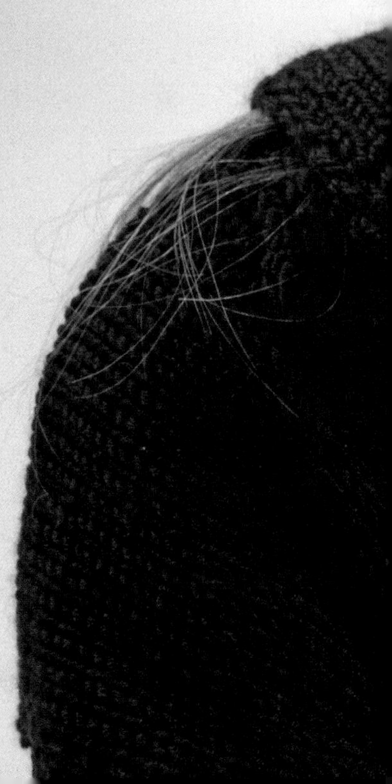

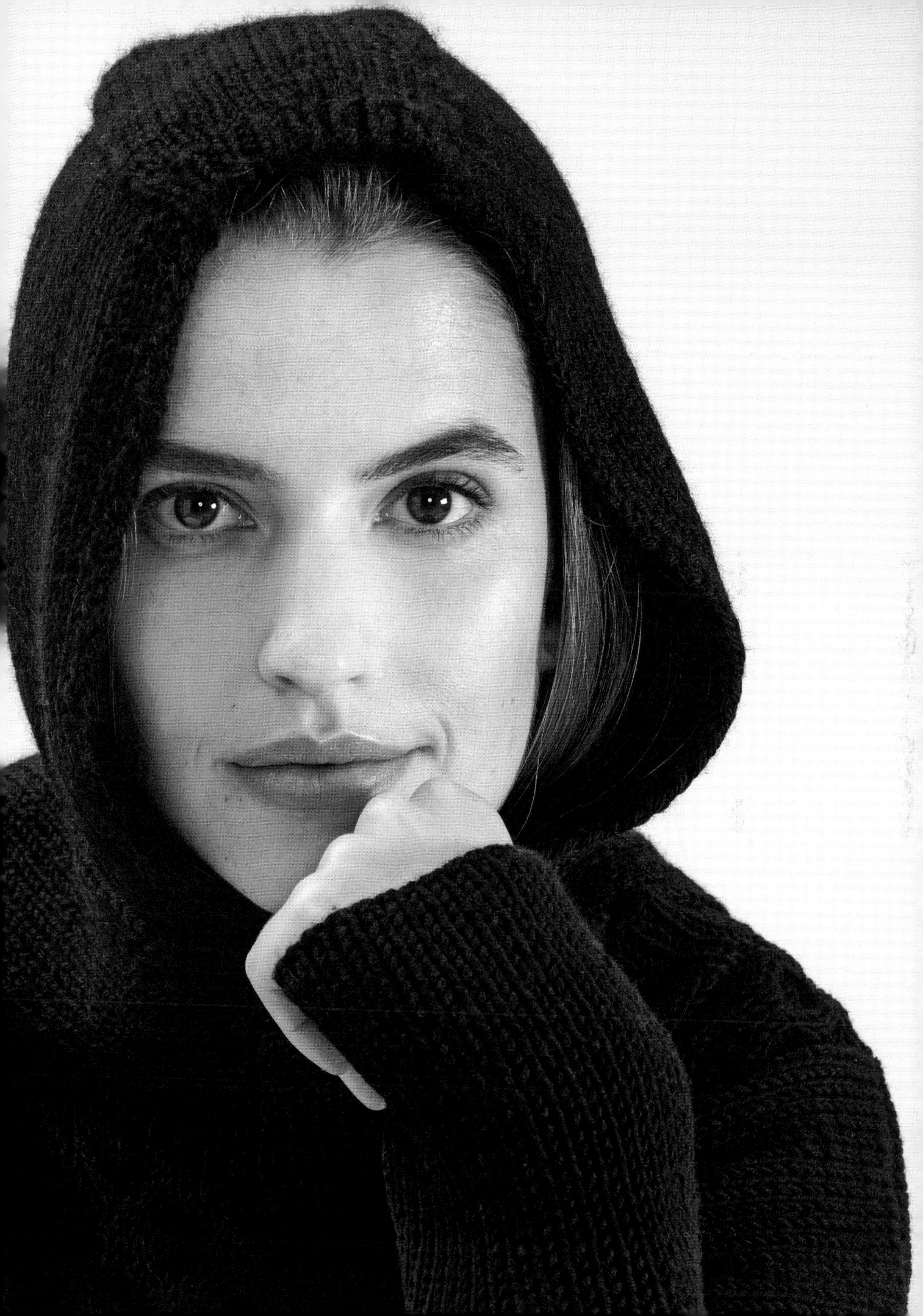

Kurzer Pullover mit Waben- und Zopfmuster

34/36, 38/40, 42/44 und 46/48

Die Angaben für die kleinste Größe stehen vor der Klammer, die für die größeren Größen aufsteigend in den Klammern. Einzelne Angaben gelten für alle Größen.

Schwierigkeitsgrad

mittel

Material

Langyarns Merino +
100 % Schurwolle
LL = 90 m/50 g
700 (750/800/850) g Schwarz (Fb 0004)

Rundstricknadel 5 mm und 4 mm

Maschenproben

Bündchenmuster mit Nadel 4 mm:
leicht gedehnt gemessen
28 Maschen und 32 Reihen = 10 cm x 10 cm

Glatt rechts mit Nadel 5 mm:
20 Maschen und 28 Reihen = 10 cm x 10 cm

Wabenmuster mit Nadel 5 mm:
24 Maschen und 28 Reihen = 10 cm x 10 cm

Zopfmuster mit Nadel 5 mm:
25 Maschen und 28 Reihen = 10 cm x 10 cm

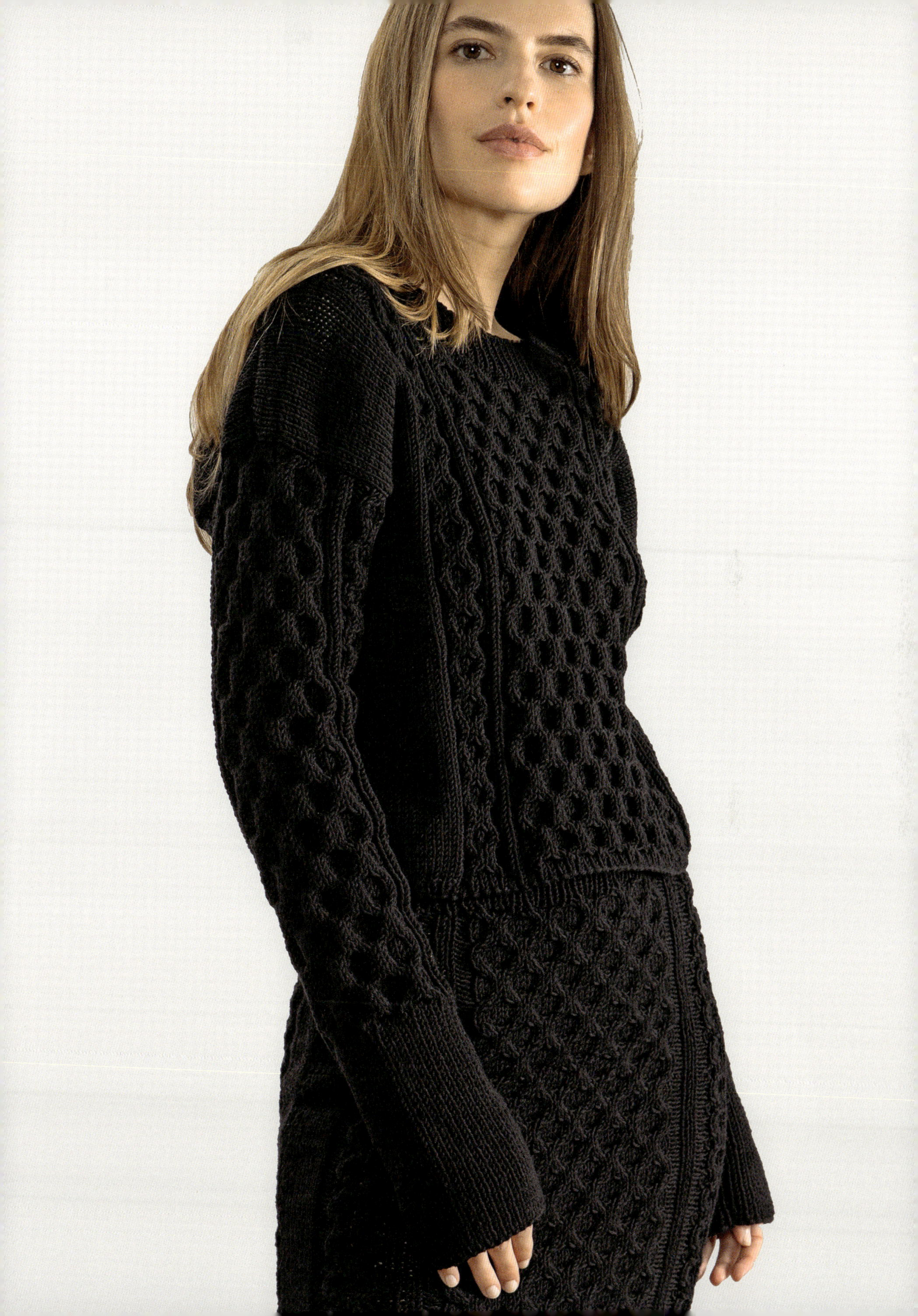

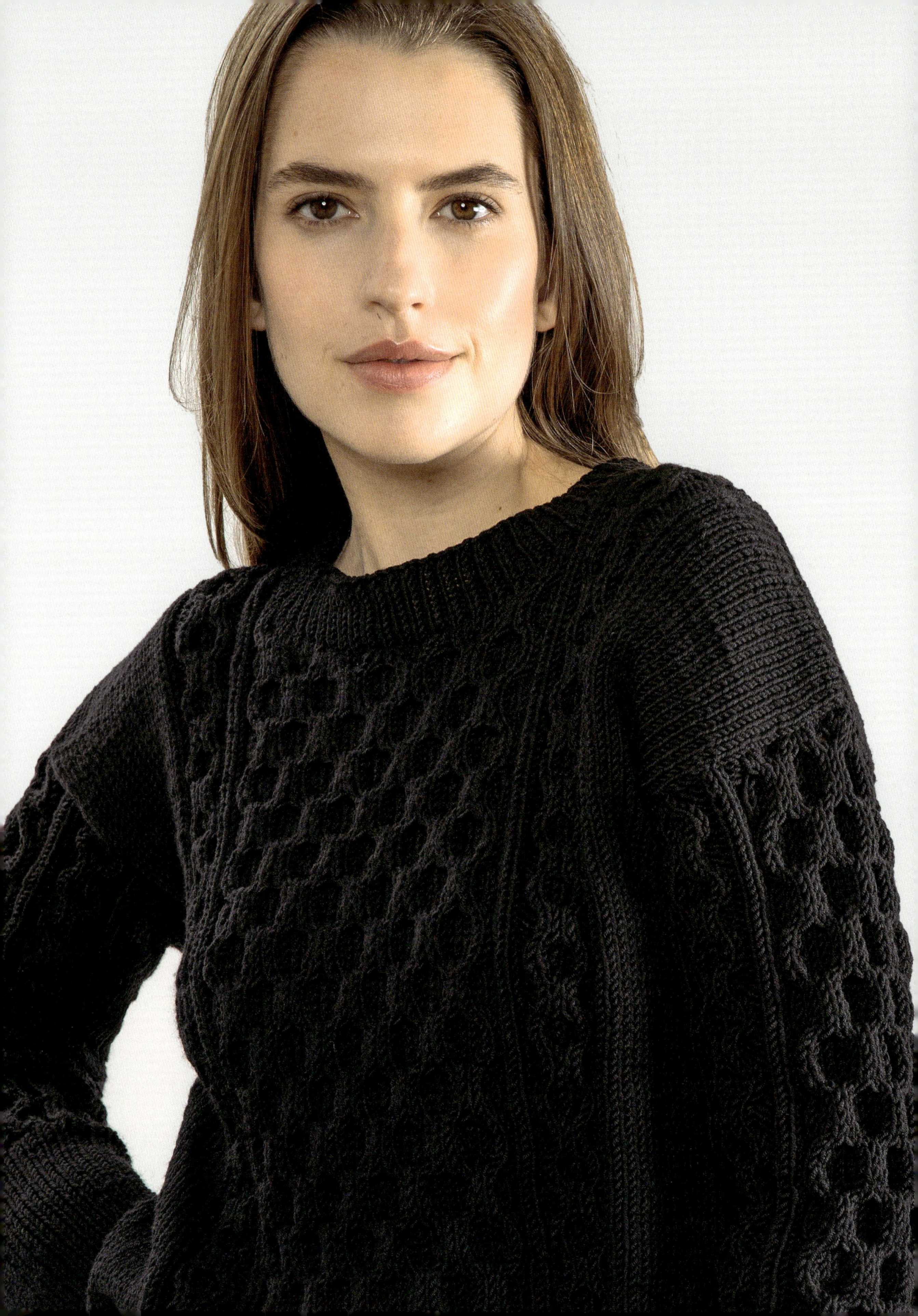

Muster und Maschen

Glatt rechts

In Hinreihen rechte M, in Rückreihen linke M stricken.

Glatt links

In Hinreihen linke M, in Rückreihen rechte M stricken.

Bündchenmuster

1 M rechts, 1 M links im Wechsel stricken.

Wabenmuster (Rapport über 8 M)

1. Reihe (Hinreihe): Alle M rechts stricken.

2. Reihe und alle Rückreihen: Alle M links stricken.

3. Reihe: * 2 M auf einer Zopfnadel vor die Arbeit legen, 2 M rechts, die M der Zopfnadel rechts, 2 M auf einer Zopfnadel hinter die Arbeit legen, 2 M rechts, die M der Zopfnadel rechts, ab * stets wiederholen.

5. und 7. Reihe: Alle M rechts stricken.

9. Reihe: * 2 M auf einer Zopfnadel hinter die Arbeit legen, 2 M rechts, die M der Zopfnadel rechts, 2 M auf einer Zopfnadel vor die Arbeit legen, 2 M rechts, die M auf der Zopfnadel rechts, ab * stets wiederholen.

11. Reihe: Alle M rechts stricken.

Die 1. – 12. Reihe stets wiederholen.

Zopfmuster (über 12 M)

1. Reihe (Hinreihe): 2 M links, 8 M rechts, 2 M links.

2. Reihe und alle Rückreihen: Die M stricken, wie sie erscheinen.

3. Reihe: 2 M links, 2 M auf einer Zopfnadel vor die Arbeit legen, 2 M links, die M der Zopfnadel rechts, 2 M auf einer Zopfnadel hinter die Arbeit, 2 M rechts, die M der Zopfnadel links, 2 M links.

5. Reihe: 4 M links, 4 M rechts, 4 M links.

7. Reihe: 2 M links, 2 M auf einer Zopfnadel hinter die Arbeit, 2 M rechts, die M auf der Zopfnadel rechts, 2 M auf einer Zopfnadel vor die Arbeit legen, 2 M rechts, die M der Zopfnadel rechts, 2 M links.

Die 1. – 8. Reihe stets wiederholen.

Bündchenmuster

1 M rechts, 1 M links im Wechsel stricken.

So wird's gemacht

Für das **Rückenteil** 110 (116/122/128) M mit Nadel 4 mm anschlagen und 1 cm im Bündchenmuster stricken, die letzte Reihe ist eine Rückreihe. Dann zur Nadel 5 mm wechseln und die M wie folgt einteilen: Randm, 18 (21/24/27) M glatt rechts, 12 M Zopfmuster, 2 M glatt rechts, 2 M glatt links, 40 M Wabenmuster, 2 M glatt links, 2 M glatt rechts, 12 M Zopfmuster, 18 (21/24/27) M glatt rechts, Randm.

In dieser Einteilung bis zu einer Höhe von 43,5 (46,5/50,5/54,5) cm arbeiten, dann für den rückwärtigen Halsausschnitt die mittleren 30 (30/32/32) M abketten und beide Teile getrennt fertigstellen, dabei jeweils an der

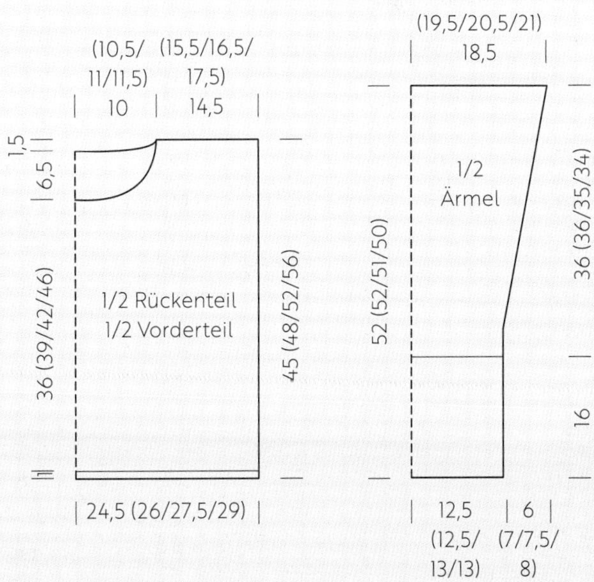

Seite des Halsausschnitts in jeder 2. Reihe 1x 5 M und 1x 4 M abketten. In einer Höhe von 45 (48/52/56) cm die jeweils 31 (34/36/39) M an beiden Seiten für die Schultern abketten.

Das **Vorderteil** wie das Rückenteil arbeiten. Für den vorderen Halsausschnitt in 37 (40/43/47) cm Höhe die mittleren 12 M abketten, an beiden Seiten davon in jeder 2. Reihe 1x 4 M, 1x 3 M, 3x 2 M und 5x (5x/6x/6x) je 1 M abketten. In einer Höhe von 45 (48/52/56) cm an beiden Seiten die jeweils 31 (34/36/39) M für die Schultern abketten.

Für den **Ärmel** jeweils 70 (70/72/72) M mit Nadel 4 mm anschlagen und im Bündchenmuster 16 cm stricken, die letzte Reihe ist eine Rückreihe. Zur Rundstricknadel 5 mm wechseln und die M wie folgt einteilen: Randm, 4 (4/5/5) M rechts, 12 M Zopfmuster, 2 M rechts, 2 M links, 28 M Wabenmuster, 2 M links, 2 M rechts, 12 M Zopfmuster, 4 M rechts, Randm. In dieser Einteilung weiterarbeiten, dabei für die Armschrägen an beiden Seiten 6x in jeder 14. Reihe (8x in jeder 12. Reihe / 9x in jeder 10. Reihe / 11x in jeder 8. Reihe) je 1 M zunehmen = 82 (86/90/94) M. In einer Höhe von 52 (52/51/50) cm ab Anschlag und 36 (36/35/34) cm ab Ende Bündchen die M abketten. Den **2. Ärmel** ebenso arbeiten.

Fertigstellen

Die Nähte schließen. Aus dem Halsausschnitt 118 (118/122/122) M mit der Rundstricknadel 4,5 mm aufnehmen, zur Runde schließen und 3 cm im Bündchenmuster stricken. Dann die M abketten.

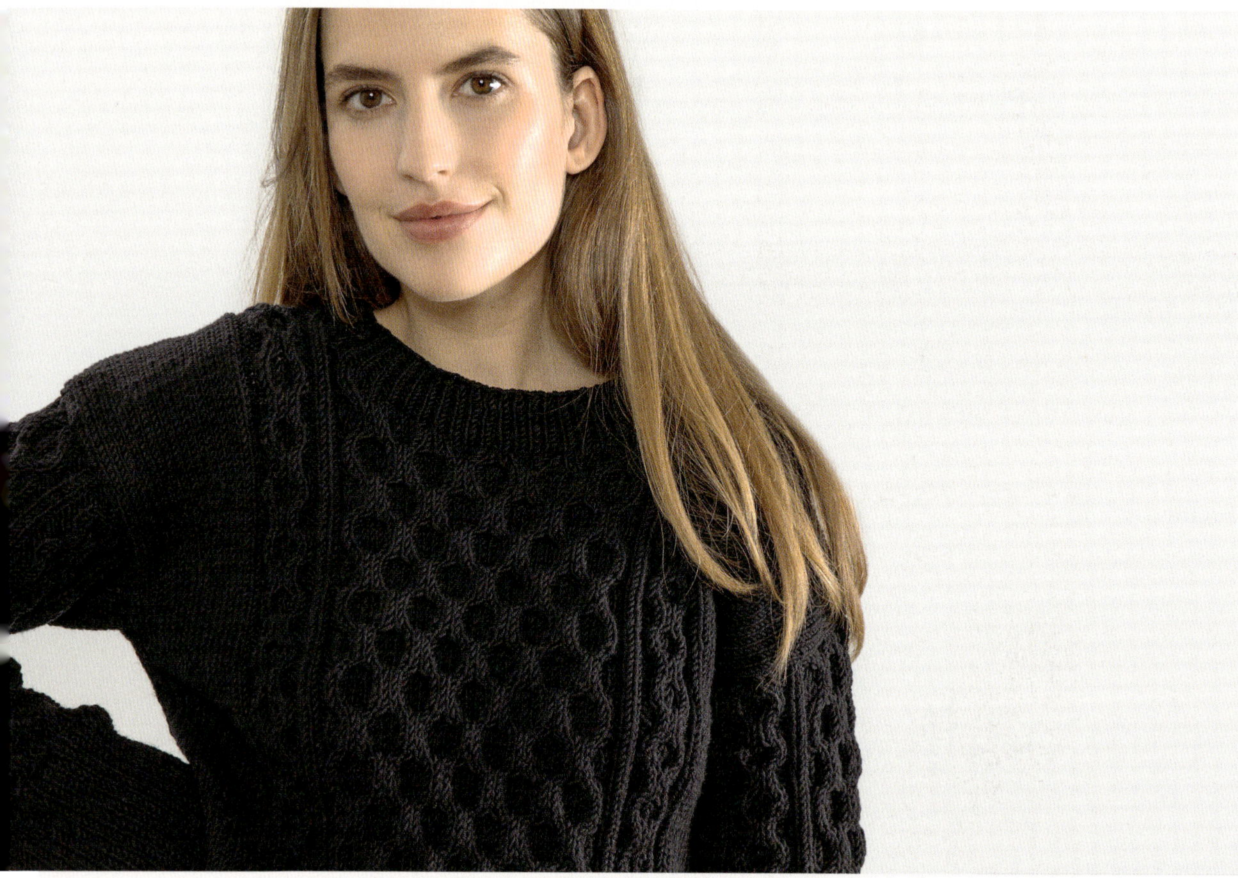

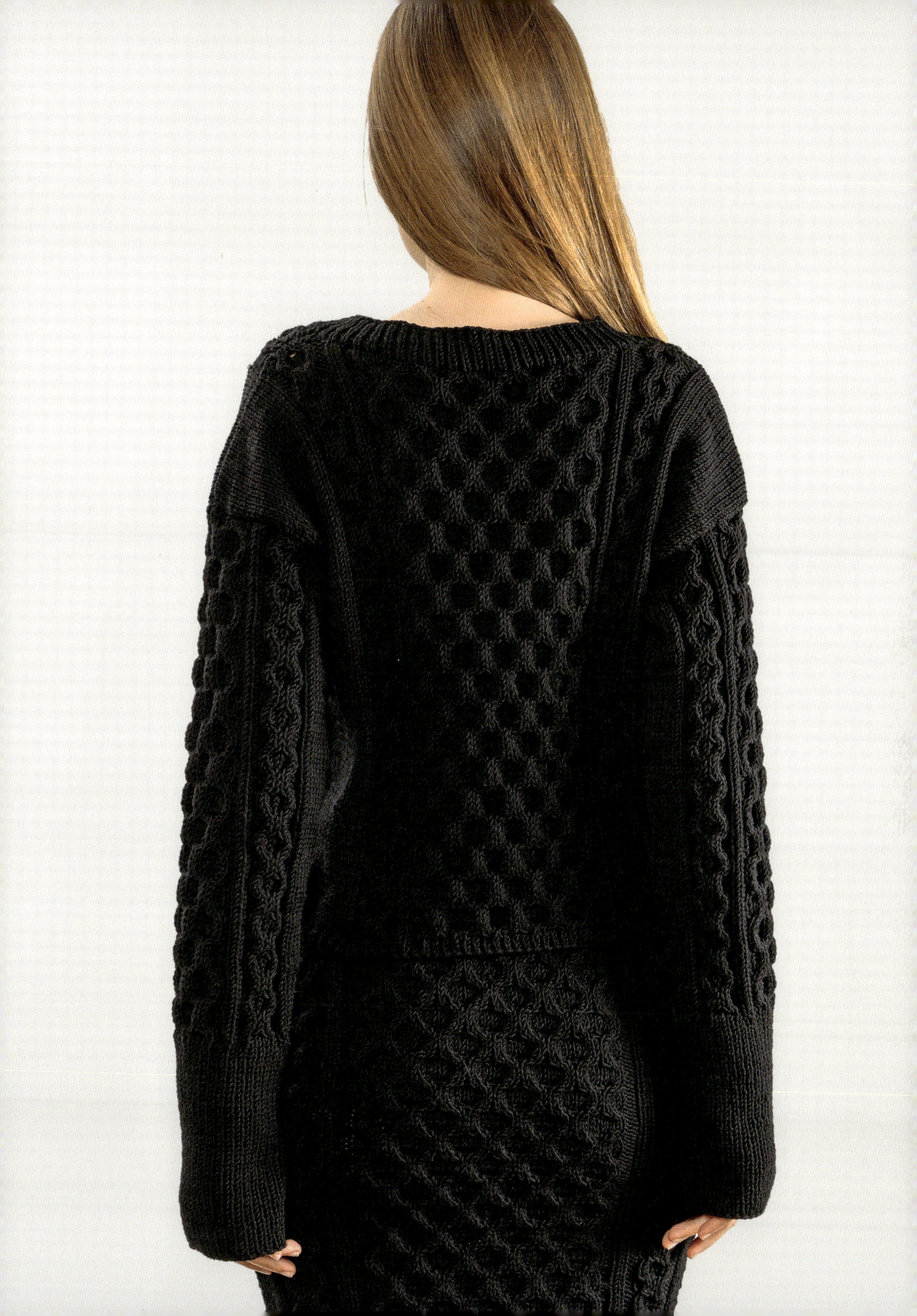

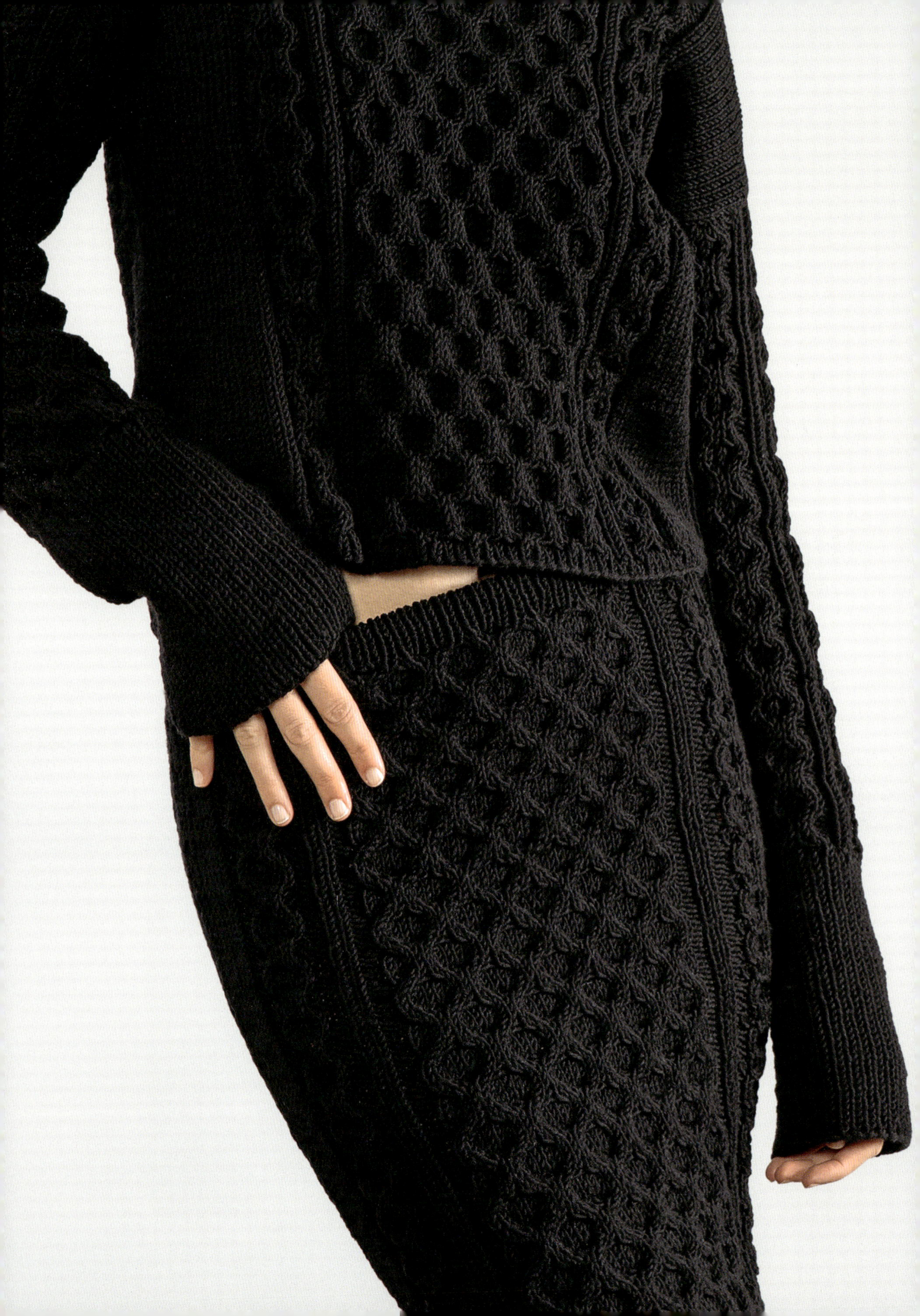

Schmaler Rock mit Zopf- und Wabenmuster

34/36, 38/40 und 42/44

Die Angaben für die kleinste Größe stehen vor der Klammer, die für die größeren Größen aufsteigend in den Klammern. Einzelne Angaben gelten für alle Größen.

Schwierigkeitsgrad

mittel

Material

Langyarns Merino +
100 % Schurwolle
LL = 90 m/50 g
400 (450/500) g Schwarz (Fb 0004)

und

Langyarns Merino 120
100 % Schurwolle
LL = 120 m/50 g
50 g Schwarz (Fb 0004)

Rundstricknadel 3,5 mm, 4,5 mm und 5 mm
Zopfnadel
2,5 cm breites Gummiband

Maschenproben

Wabenmuster mit Nadel 5 mm:
24 Maschen und 30 Reihen = 10 cm x 10 cm

Zopfmuster mit Nadel 5 mm:
25 Maschen und 30 Reihen = 10 cm x 10 cm

Glatt rechts mit Nadel 5 mm:
20 Maschen und 30 Reihen = 10 cm x 10 cm

Bündchenmuster
mit Nadel 3,5 mm und Merino 120:
23 Maschen und 34 Reihen = 10 cm x 10 cm

Muster und Maschen

Wabenmuster

(Rapport über 8 M)

1. Reihe (Hinreihe): Rechte M stricken.

2. Reihe (Rückreihe) und alle Rückreihen: Linke M stricken.

3. Reihe: * 2 M auf einer Zopfnadel vor die Arbeit legen, 2 M rechts, dann die M der Zopfnadel rechts, 2 M auf einer Zopfnadel hinter die Arbeit legen, 2 M rechts, dann die M der Zopfnadel rechts, ab * stets wiederholen.

5. und 7. Reihe: Rechte M stricken.

9. Reihe: * 2 M auf einer Zopfnadel hinter die Arbeit legen, 2 M rechts, dann die M der Zopfnadel rechts, 2 M auf einer Zopfnadel vor die Arbeit legen, 2 M rechts, dann die M der Zopfnadel rechts, ab * stets wiederholen.

11. Reihe: Rechte M stricken.

Die 1. – 12. Reihe stets wiederholen.

Zopfmuster

(über 12 M)

1. Reihe (Hinreihe): 2 M links, 8 M rechts, 2 M links.

2. Reihe (Rückreihe) und alle Rückreihen: Die M stricken, wie sie erscheinen.

3. Reihe: 2 M links, 2 M auf einer Zopfnadel vor die Arbeit legen, 2 M links, die M der Zopfnadel rechts, 2 M auf einer Zopfnadel hinter die Arbeit, 2 M rechts, die M der Zopfnadel links, 2 M links.

5. Reihe: 4 M links, 4 M rechts, 4 M links.

7. Reihe: 2 M links, 2 M auf einer Zopfnadel hinter die Arbeit, 2 M rechts, die M der Zopfnadel rechts, 2 M auf einer Zopfnadel vor die Arbeit legen, 2 M rechts, die M der Zopfnadel rechts, 2 M links.

Die 1. – 8. Reihe stets wiederholen.

Bündchenmuster

1 M rechts, 1 M links im Wechsel stricken.

Musterfolge

1 Randm, 8 (11/14) M rechts, 12 M Zopfmuster, 2 M rechts, 2 M links, 40 M Wabenmuster, 2 M links, 2 M rechts, 12 M Zopfmuster, 8 (11/14) M rechts, 1 Randm.

So wird's gemacht

Für ein **Rockteil** 90 (96/102) M mit Nadel 4 mm anschlagen und 4 Reihen im Bündchenmuster stricken. Dann zur Nadel 5 mm wechseln und in der angegebenen Musterfolge arbeiten.

In 43 (44/45) cm Höhe für die **Taille** (Hüftbogen) an beiden Seiten je 1 M abnehmen: Am Anfang der Reihe 1 Randm, 1 M rechts, 1 Überzug (= 1 M wie zum Rechtsstricken abheben, 1 M rechts stricken, dann die abgehobene M über die gestrickte M ziehen), am Ende der Reihe bis zu den letzten 4 M mustergemäß stricken, 2 M rechts zusammenstricken, 1 M rechts, 1 Randm. Diese Abnahmen noch 2x in

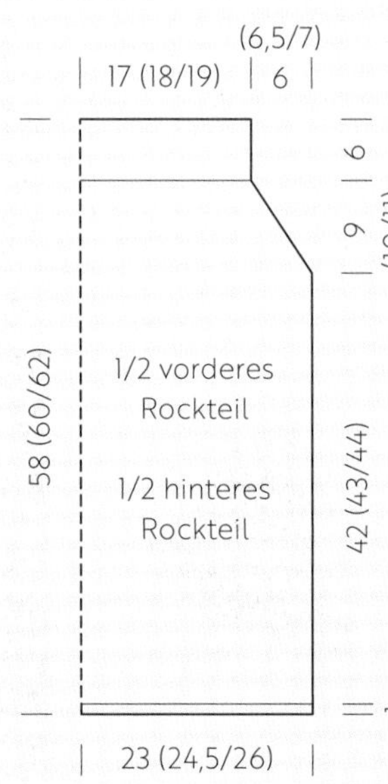

jeder 6. Reihe und 3x in jeder 4. Reihe (2x in jeder 6. Reihe und 4x in jeder 4. Reihe / 2x in jeder 6. Reihe und 5x in jeder 4. Reihe) wiederholen = 78 (84/88) M.

Anschließend noch 4 Reihen stricken, dann die M stilllegen und das **2. Rockteil** ebenso arbeiten.

Fertigstellen

Die Seitennähte schließen. Für das Bündchen die stillgelegten M von beiden Teilen auf die Nadel 3,5 mm nehmen und mit Merino 120 6 cm im Bündchenmuster stricken. Dann die M abketten. Nach Bedarf die obere Kante zur Hälfte umlegen und innen festnähen. Ein Gummiband mit 2,5 cm Breite einziehen.

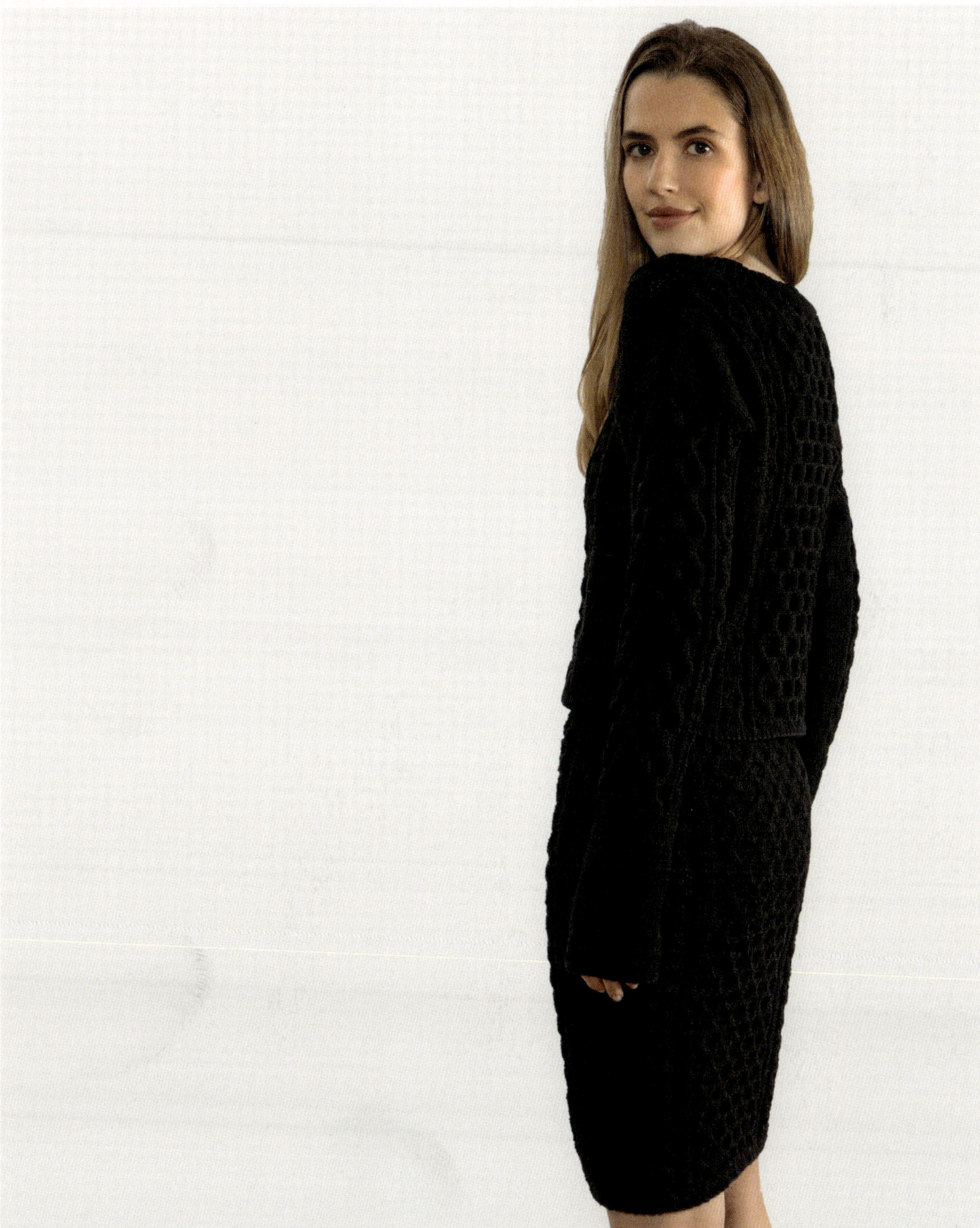

Kapuzenschal

Universelle Damengröße

Schwierigkeitsgrad

leicht

Material

Lana Grossa Landlust Merino Alpaca 100
50 % Schurwolle, 50 % Alpaka
LL = 100 m/50 g
200 g Schwarz (Fb 310)

Stricknadeln 5 mm und 4,5 mm
Maschenmarkierer

Maschenprobe

Glatt rechts mit Nadel 5 mm:
18 M und 27 Reihen = 10 cm x 10 cm

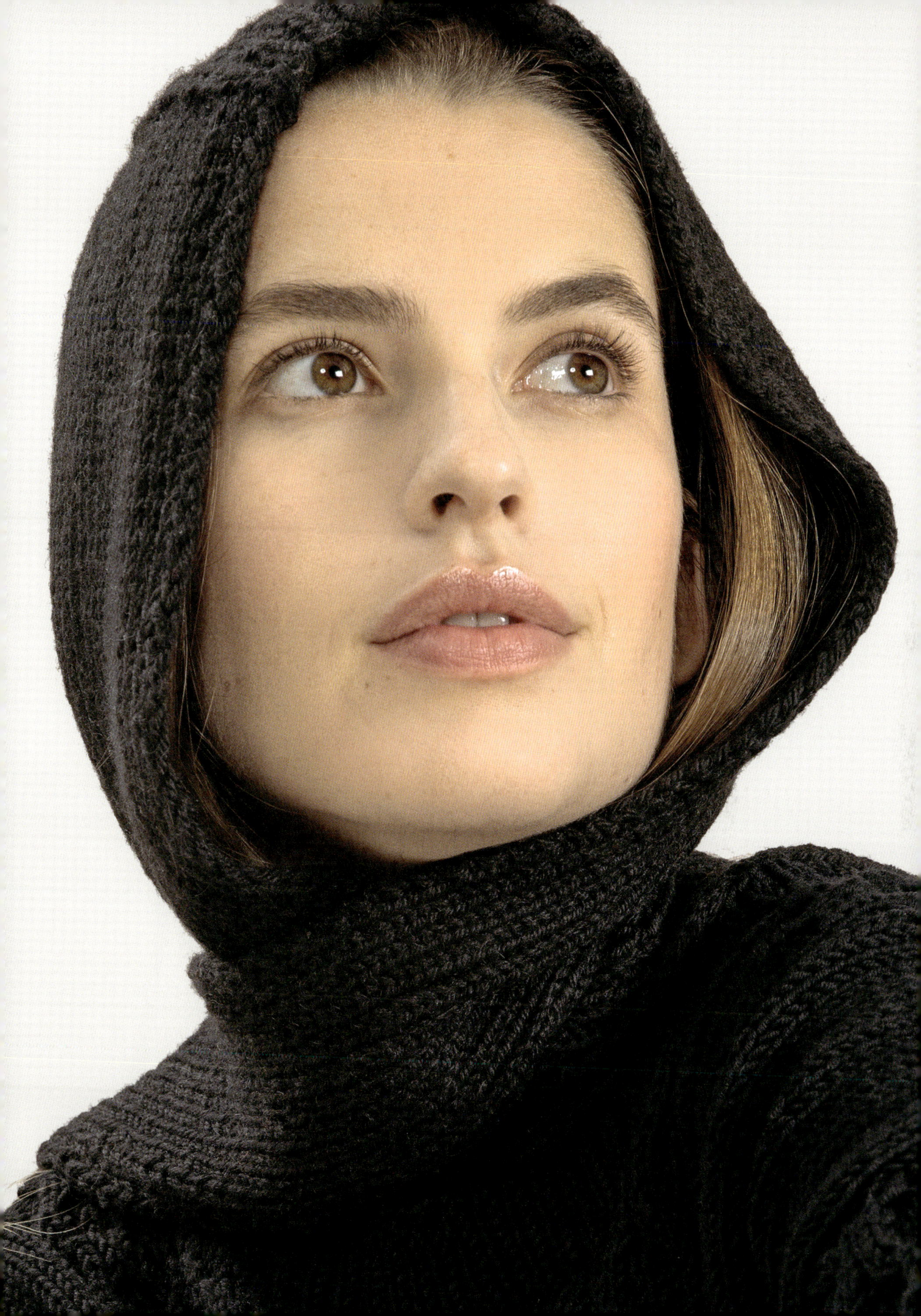

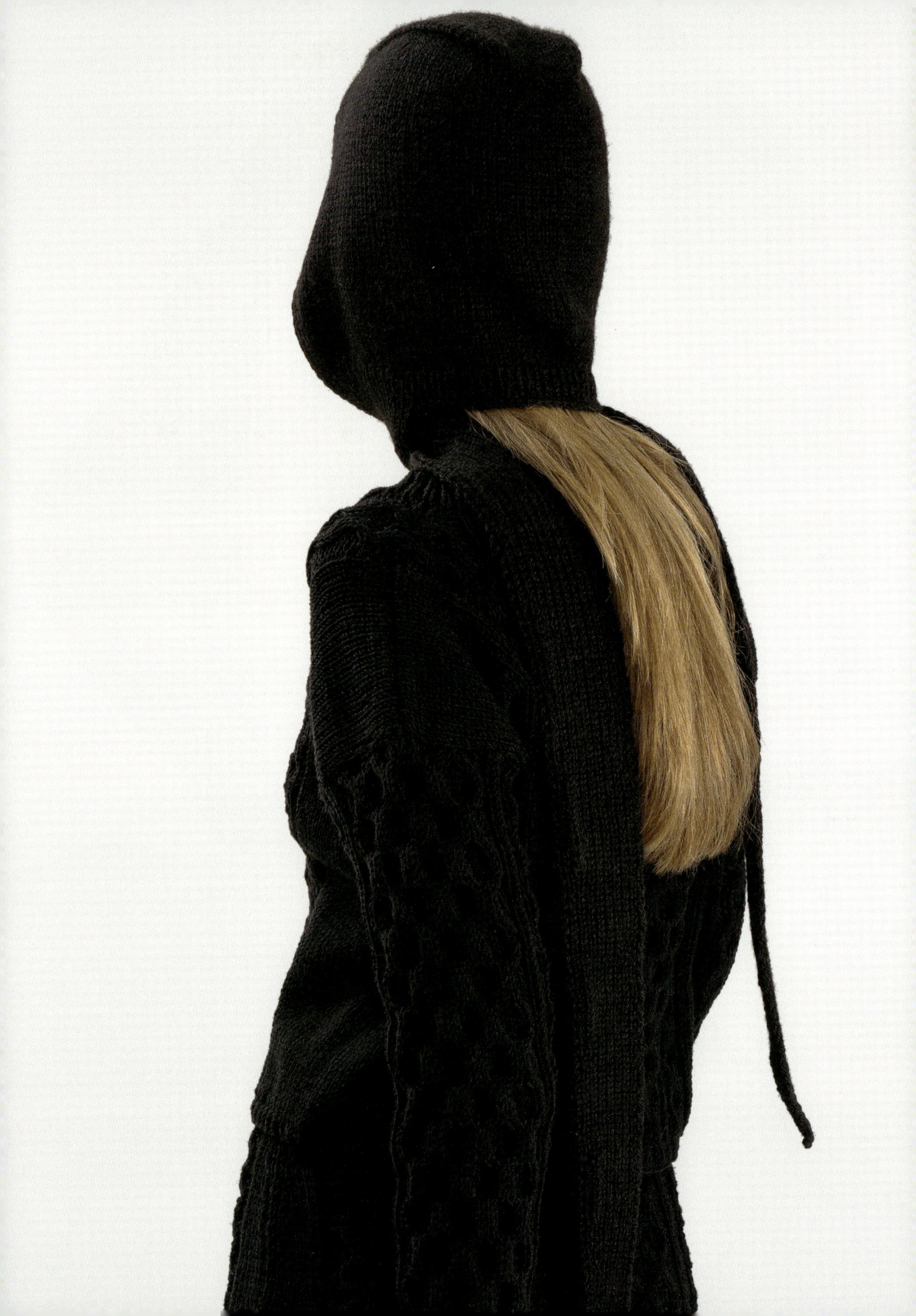

Muster und Maschen

Glatt rechts

In Hinreihen rechte M, in Rückreihen linke M stricken.

Rippenmuster

1 M rechts, 1 M links im Wechsel stricken.

Randm an den offenen Kanten

Die 1. M rechts stricken, die letzte M mit dem Faden vor der Arbeit links abheben.

Blendenmaschen (über je 5 M)

Am Anfang einer Reihe 1 Randm, * 1 M rechts, 1 M links, ab * 1x wiederholen.

Am Ende einer Reihe * 1 M links, 1 M rechts, ab * 1x wiederholen, Randm.

So wird's gemacht

Es wird zunächst das Mittelteil der Kapuze gestrickt, dann werden aus den seitlichen Kanten Maschen aufgenommen und über alle Maschen wird in Reihe gearbeitet. Anschließend werden die Maschen abgekettet bis auf die angegebenen Maschen an den äußeren Kanten, die als Bindeband/Schal weitergestrickt werden.

19 M anschlagen, zunächst 2 cm im Rippenmuster, dann 17 cm glatt rechts stricken. Anschließend alle M stilllegen.

Aus der rechten Längskante 38 M herausstricken, die 19 stillgelegten M rechts stricken und aus der linken Längsseite weitere 38 M herausstricken = 95 M. Über diese 95 M glatt rechts in Hin- und Rückr arbeiten, dabei am Anfang und am Ende die ersten 5 M als Blendenm arbeiten.

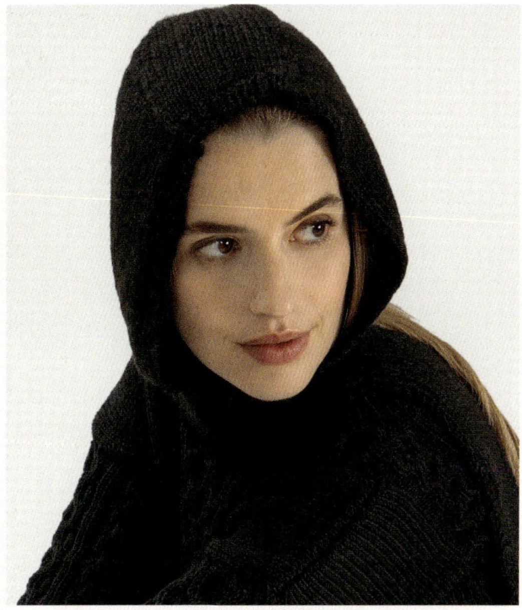

In einer Höhe von 19 cm in der hinteren Mitte nach der 46. und vor der 50. M jeweils 1 MM einhängen. Vor dem 1. MM 1 Überzug (1 M wie zum Rechtsstricken abheben, 1 M rechts, dann die abgehobene M über die gestrickte M ziehen), nach dem 2. MM 2 M rechts zusammenstricken = 93 M. Diese Abnahmen noch 1x in der 4. Reihe wiederholen = 91 M.

In einer Höhe von 22 cm mit der dünneren Nadel im Rippenmuster stricken. Nach 2 cm 27 M im Rippenmuster stricken, 37 M abketten, 27 M im Rippenmuster stricken. Die ersten 27 M stilllegen und über die zweiten 27 M weiter im Rippenmuster arbeiten.

Nach 20 Reihen wie folgt abnehmen: 1 Randm, 1 M rechts, 1 M links, 2 M rechts zusammenstricken, alle übrigen M im Rippenmuster. Diese Abnahmen noch 7x in jeder 14. Reihe, 3x in jeder 12. Reihe, 5x in jeder 4. Reihe und 4x in jeder 2. Reihe wiederholen = 7 M.

In einer Höhe von 78 cm die restlichen 7 M abketten.

Die andere Seite über die stillgelegten M gegengleich arbeiten, dabei für die Abnahmen in einer Hinreihe am Ende der Reihe bis zu den letzten 5 M stricken, 1 Überzug (1 M wie zum Rechtsstricken abheben, 1 M rechts, dann die abgehobene M über die gestrickte M ziehen), 1 M links, 1 M rechts, Randm.

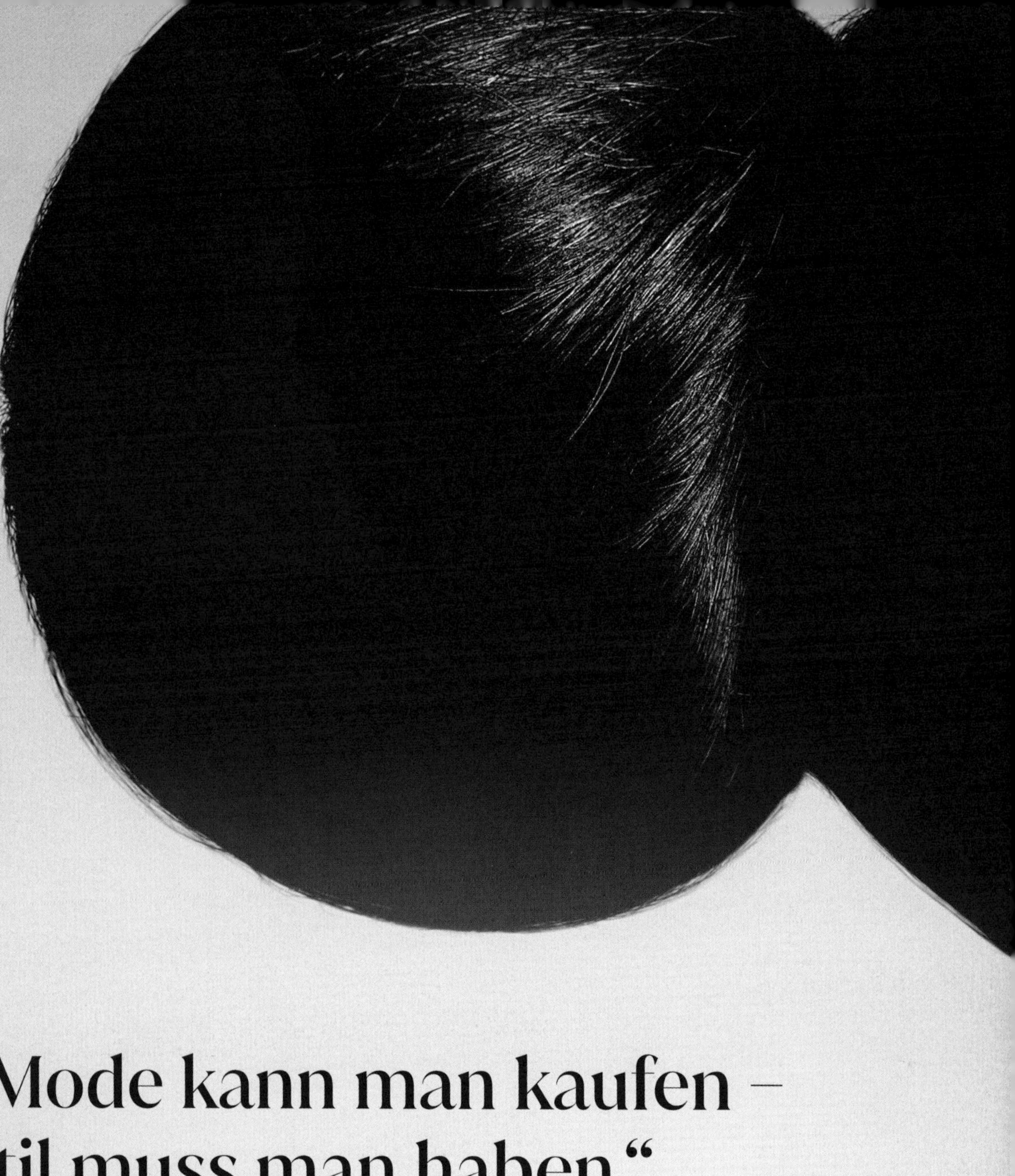

„Mode kann man kaufen –
Stil muss man haben.“

Coco Chanel

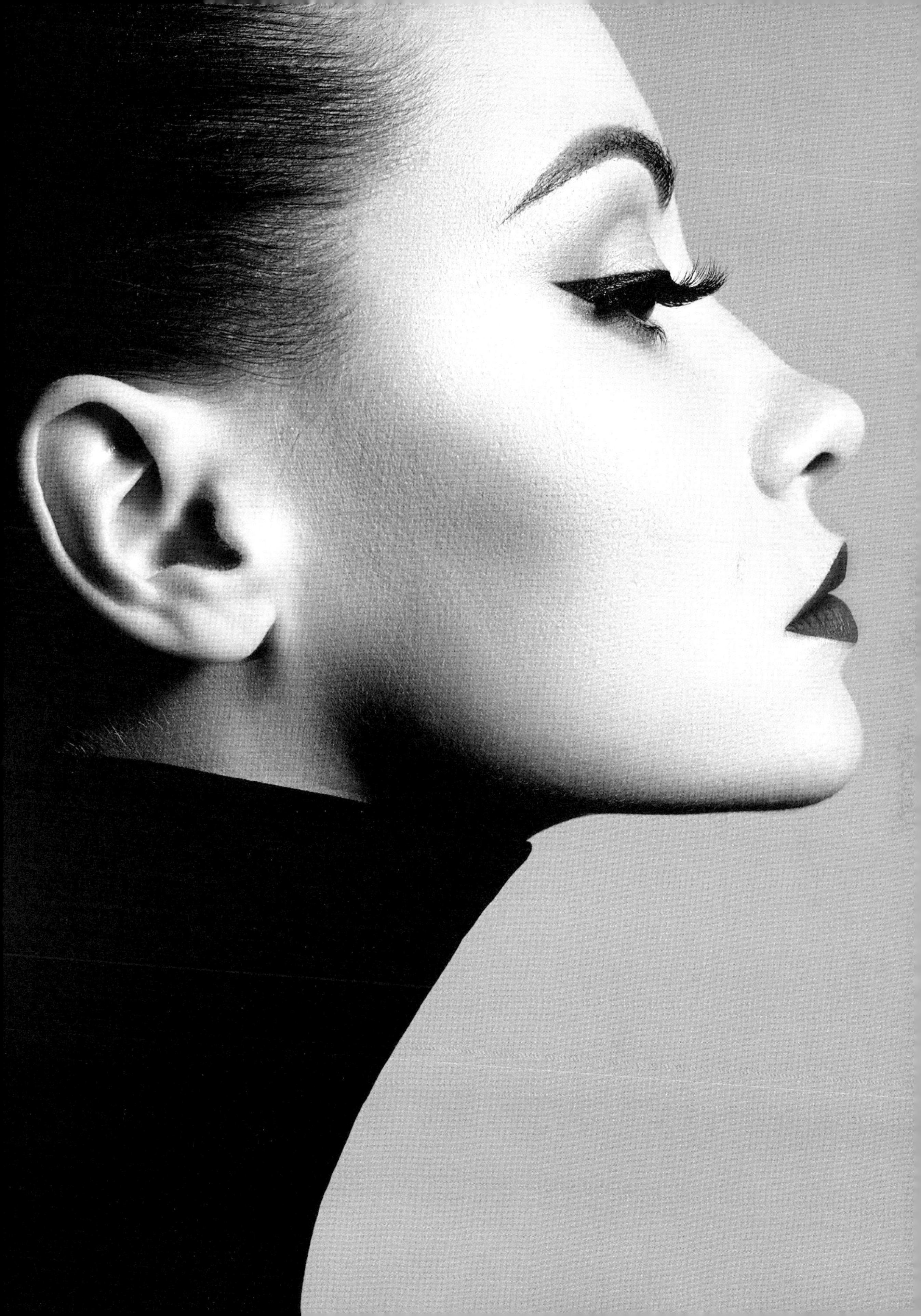

Das „kleine Schwarze“

Im Englischen heißt es „little black dress“ und hat eine eigene Abkürzung: LBD. Die Französinnen nennen es „petite robe noire“ und die Deutschen sagen kurz „das kleine Schwarze“. Das klassische Modell ist ein Etuikleid, schmal geschnitten, endet gewöhnlich knapp über dem Knie und ist ein Liebling in den Kleiderschränken dieser Welt. Coco Chanel hat es 1926 erfunden. Wobei auch sie wahrscheinlich vom Streetstyle beeinflusst war: Nach dem Ersten Weltkrieg war Schwarz durch viele, auch junge, trauernde Witwen im Alltag recht präsent. Die amerikanische Vogue veröffentlichte jedoch als Erstes den Entwurf, zusammen mit einem Zitat der Designerin: „Dieses schlichte Kleid wird eine Art von Uniform für alle Frauen mit Geschmack werden“. Das war selbstbewusst, fast schon arrogant, aber Coco Chanel behielt Recht. Heute ist „das kleine Schwarze“ Synonym für Chic und zeitlosen Stil, seine unangefochtene Eleganz überstrahlt meist die praktische Seite, die es zweifellos ebenfalls hat. Der dezente Schnitt ohne Schnickschnack war nie der Haute Couture vorbehalten. Es war für alle erschwinglich, da es in Seide genauso funktionierte wie in Viskose oder Baumwolle und in allen Kleidergrößen gut aussah. Es wurde stilprägend für die Epoche und Sinnbild für einen neuen, modernen Typ Frau. In seiner Schlichtheit lässt es sich mit Accessoires und Modeschmuck leicht umstylen. Man denke nur an Audrey Hepburn in „Frühstück bei Tiffany“, wie sie aus dem Bett steigt, in ein kleines Schwarzes schlüpft, einen großen Hut aufsetzt, Perlenohrringe dazu und im nächsten Moment den Inbegriff von Eleganz verkörpert. Der Entwurf aus dem Film stammte von Givenchy und machte den Kleidertyp weltweit populär. 140 ikonische „kleine Schwarze“ von verschiedenen Designern aus der Zeit von 1921 bis 2010 wurden 2017 bei Sothebys versteigert. Material, Saumlänge, Schnittdetails und Dekoration sind variabel, immer ist es jedoch ein Kleid für jeden Anlass, in dem man sich wohlfühlt und dazu selbstbewusst, sexy und elegant zugleich.

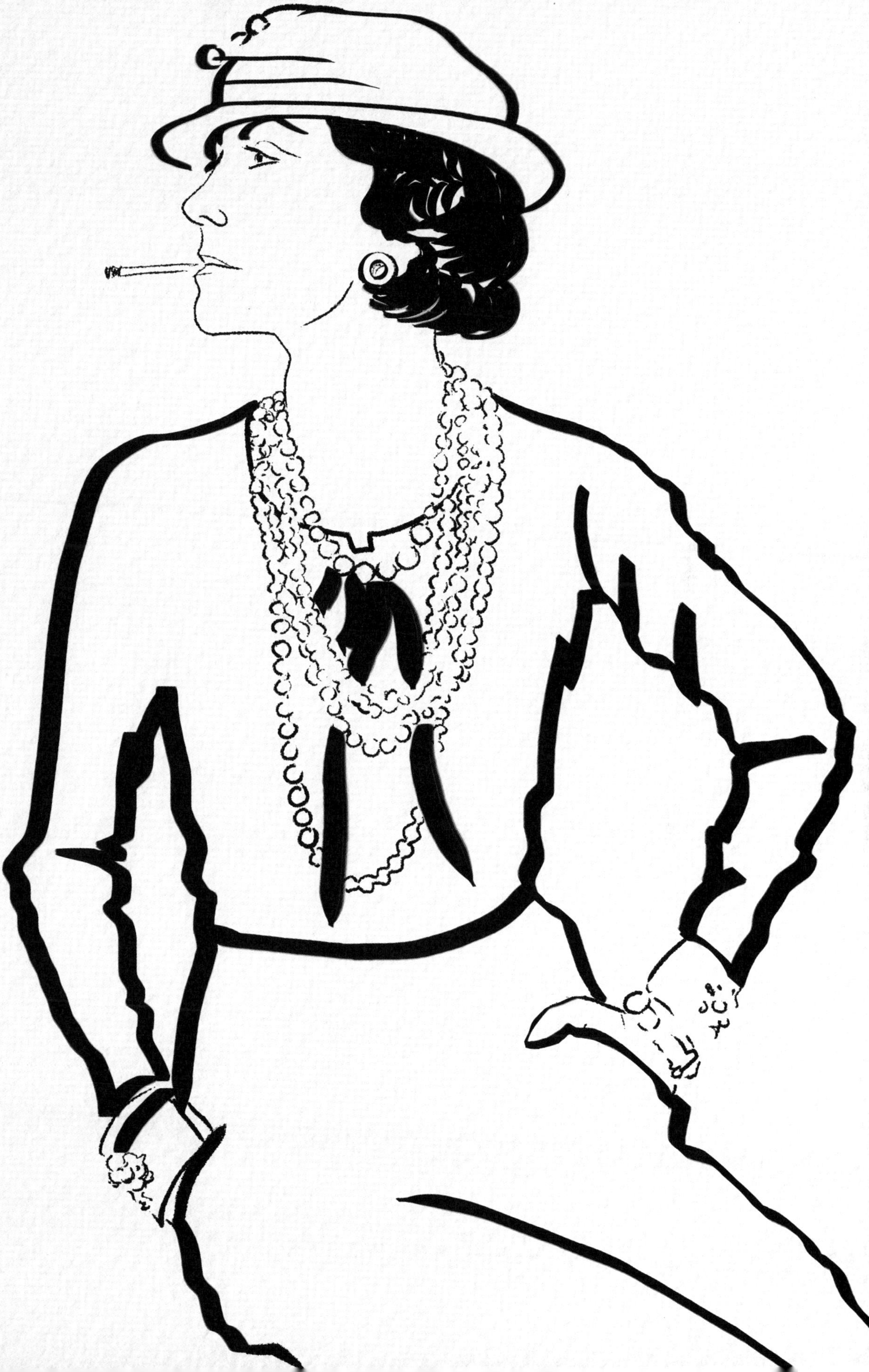

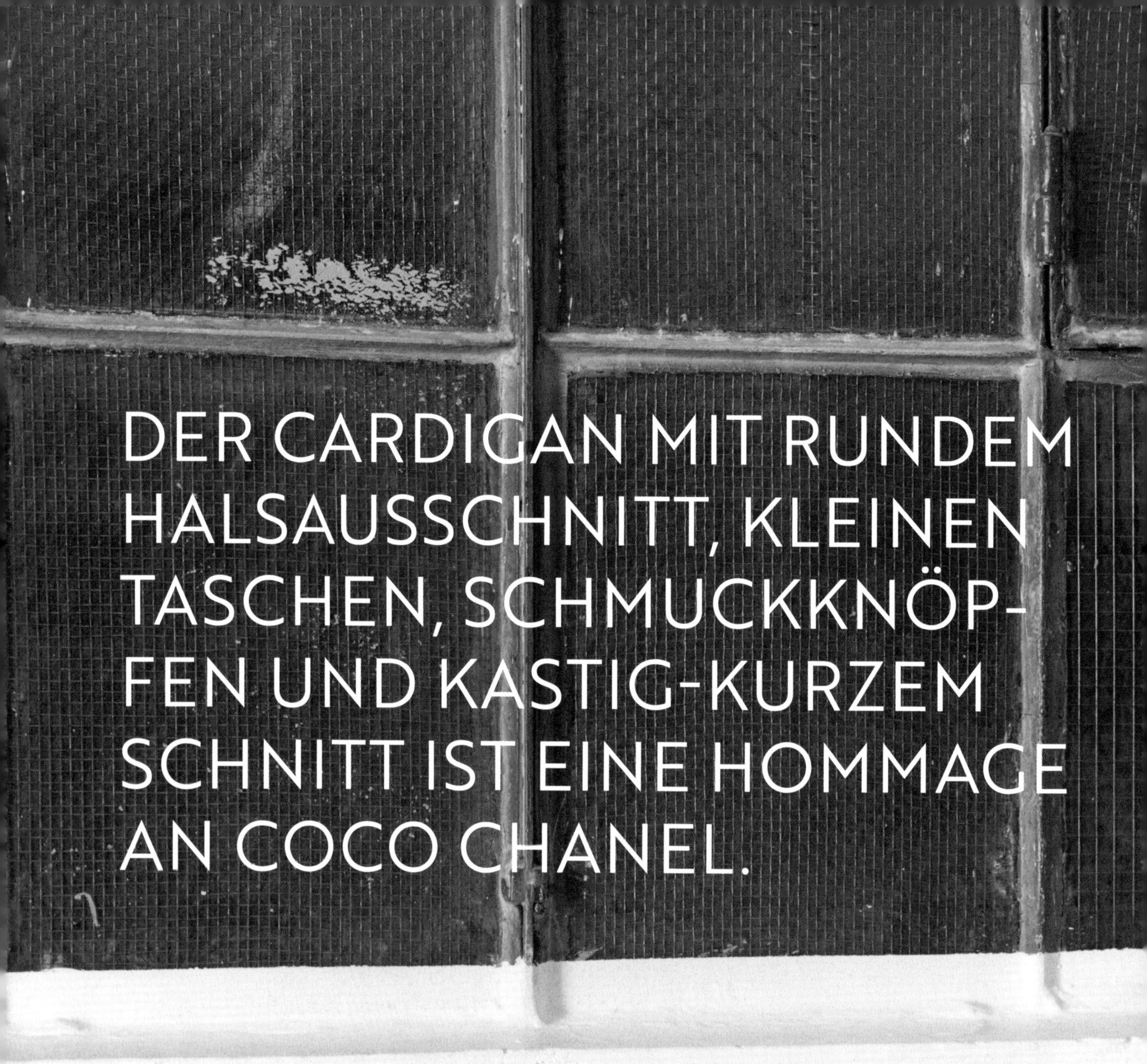

DER CARDIGAN MIT RUNDEM HALSAUSSCHNITT, KLEINEN TASCHEN, SCHMUCKKNÖPFEN UND KASTIG-KURZEM SCHNITT IST EINE HOMMAGE AN COCO CHANEL.

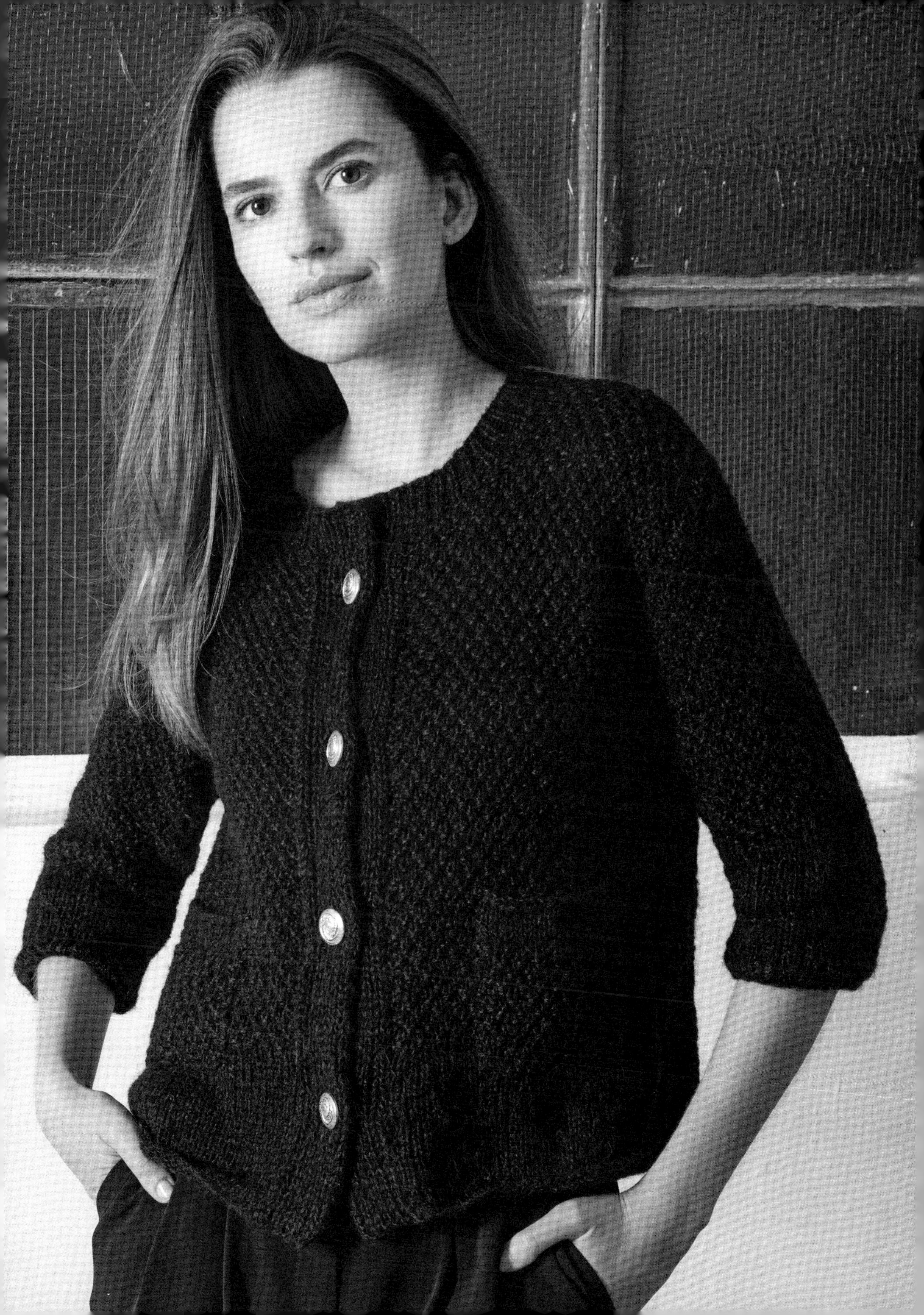

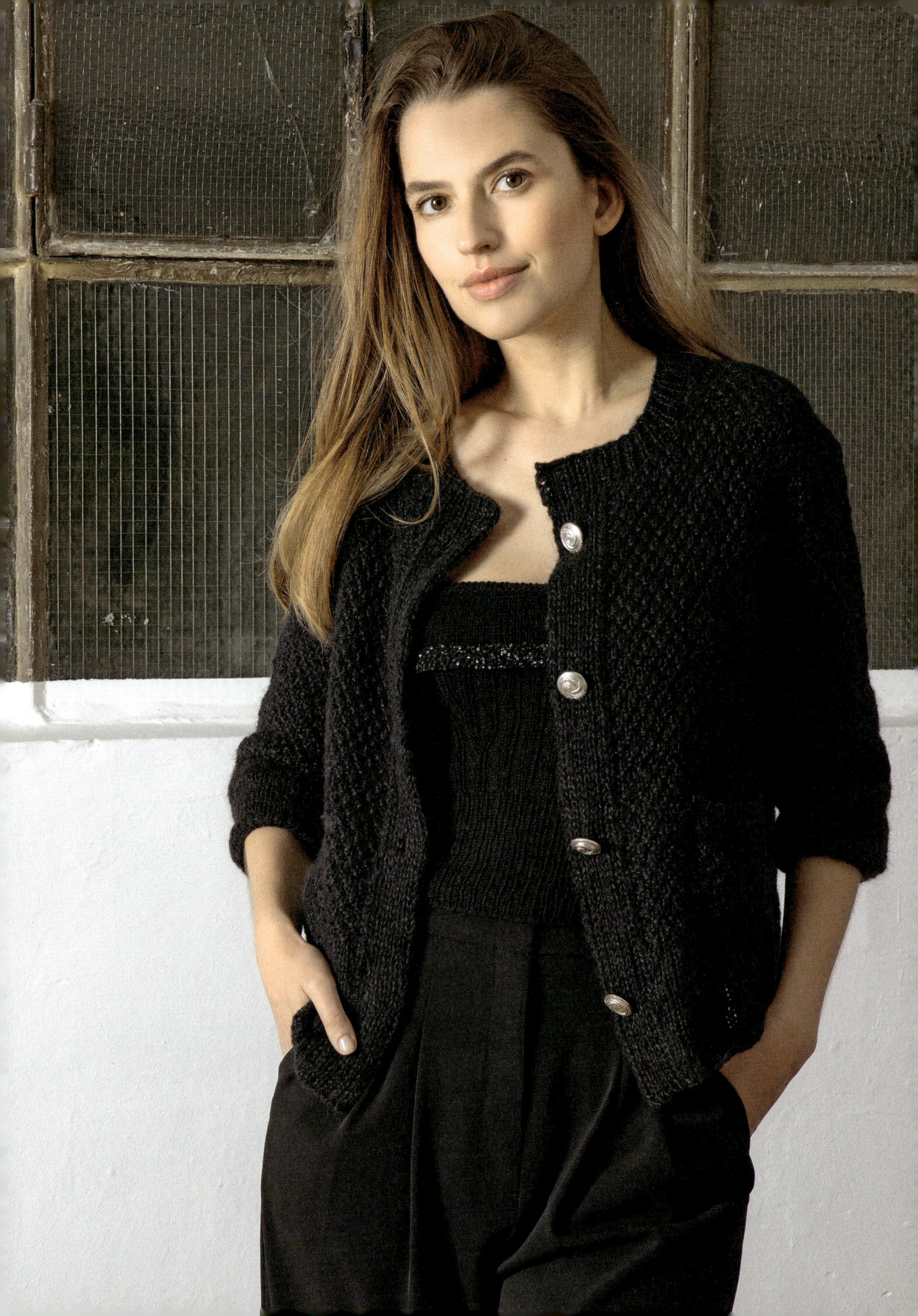

Kleiner Cardigan

34/36, 38/40, 42/44 und 46/48

Die Angaben für die kleinste Größe stehen vor der Klammer, die für die größeren Größen aufsteigend in den Klammern. Einzelne Angaben gelten für alle Größen.

Schwierigkeitsgrad

mittel

Maschenprobe

Perlmuster mit Nadel 5 mm:
16 Maschen und 26 Reihen = 10 cm x 10 cm

Material

Langyarns Regina
50 % Baumwolle, 24 % Alpaka, 20 % Seide,
6 % Wolle
LL = 175 m/50 g
250 (300/350/400) g Schwarz (Fb 0004)

und

Langyarns Zen
35 % Schurwolle, 35 % Alpaka, 30 % Seide
LL = 200 m/25 g
125 (150/175/200) g Schwarz (Fb 0004)

Rundstricknadel 4,5 mm und 5 mm
4 Metallknöpfe, 24 mm Durchmesser

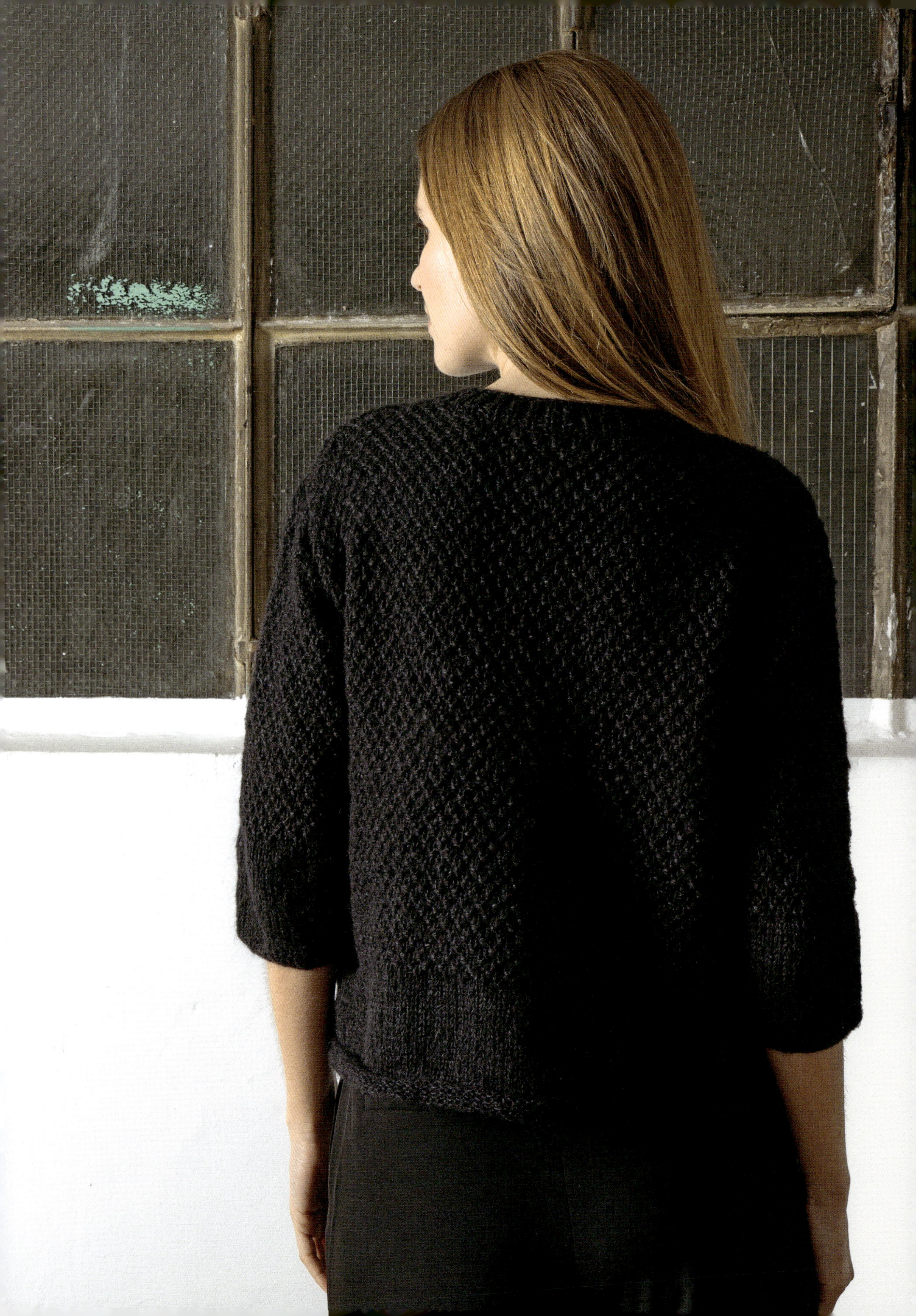

Muster und Maschen

Glatt rechts

In Hinreihen rechts, in Rückreihen links str.

Doppeltes Perlmuster

1. Reihe (Hinreihe): 1 Randm, 1 M rechts, 1 M links im Wechsel, 1 Randm.

2. Reihe (Rückreihe) und alle Rückreihen: Die M stricken, wie sie erscheinen.

3. Reihe: 1 Randm, 1 M links, 1 M rechts im Wechsel, 1 Randm.

Die 1. – 4. Reihe stets wiederholen.

Bündchenmuster

für die Halsausschnittblende

1 M rechts, 1 M links im Wechsel str.

So wird's gemacht

Hinweis: Wenn nicht anders angegeben, wird doppelfädig mit je 1 Faden beider Garne gearbeitet.

Für das **Rückenteil** 80 (85/90/95) M mit 1 Faden Zen mit Nadel 5 mm anschlagen und 2 cm glatt rechts stricken. Dann doppelfädig mit je 1 Faden Regina und Zen weitere 9 cm glatt rechts stricken, anschließend im doppelten Perlmuster weiterarbeiten. In 32 (33/34/35) cm Höhe ab Anschlag für die Armausschnitte an beiden Seiten jeweils 2 M abketten, dann noch 4x in jeder 2. R je 1 M abketten = 68 (73/78/83) M.

In 49 (51/53/55) cm Höhe ab Anschlag und (17/18/19/20) cm Höhe ab Beginn der Armausschnitte für die Schulterschrägen an beiden Seiten in jeder 2. Reihe 4x 5 M (2x 5 M und 2x 6 M / 4x 6 M / 2x 6 M und 2x 7 M) abketten, gleichzeitig in 50 (52/54/56) cm Höhe ab Anschlag für den rückwärtigen Halsausschnitt die mittleren 14 (15/16/17) M abketten und beide Seiten getrennt fertigstellen. Dabei an der Halsausschnittseite in jeder 2. R jeweils 1x 4 M und 1x 3 M abketten.

Für das **linke Vorderteil** 38 (41/43/45) M mit 1 Faden Zen mit Nadel 5 mm anschlagen und 2 cm glatt rechts stricken. Dann doppelfädig mit je 1 Faden Regina und Zen weitere 9 cm glatt rechts stricken, anschließend im doppelten Perlmuster weiterarbeiten. In 32 (33/34/35) cm Höhe ab Anschlag für die Armausschnitte an der rechten Seite 1x 2 M, dann noch 4x in jeder 2. Reihe je 1 M abketten = 32 (35/37/39) M. Für den vorderen Halsausschnitt in 44 (46/47/49) cm Höhe ab Anschlag an der linken Seite 1x 4 M, dann in jeder 2. Reihe 1x 3 M und 1x 2 M, anschließend noch in jeder 4. Reihe 3x (4x/4x/4x) je 1 M abketten.

In 49 (51/53/55) cm Höhe ab Anschlag für die Schulterschrägen in jeder 2. Reihe 4x 5 M (2x 5 M und 2x 6 M / 4x 6 M / 2x 6 M und 2x 7 M) abketten.

Das **rechte Vorderteil** gegengleich zum linken Vorderteil arbeiten.

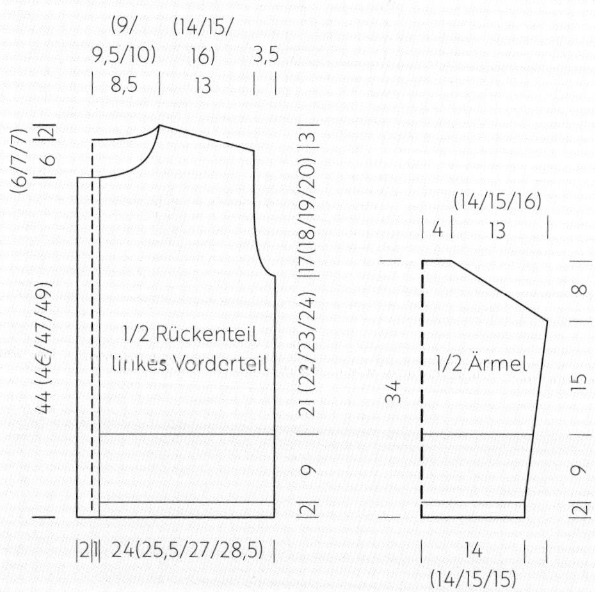

Für den **Ärmel** 46 (46/48/48) M mit 1 Faden Zen mit Nadel 5 mm anschlagen und 2 cm glatt rechts stricken. Dann doppelfädig mit je 1 Faden Regina und Zen weitere 9 cm glatt rechts stricken, anschließend im doppelten Perlmuster weiterarbeiten. Für die Armschrägen an beiden Seiten ab den 2 cm einfädig in Zen 5x (6x/7x/8x) in jeder 10. Reihe je 1 M zunehmen = 56 (58/62/64) M. In 26 cm Höhe ab Anschlag für die Armkugel an beiden Seiten 4 (5/6/7) M, dann noch 9x in jeder 2. R je 2 M abketten. In 34 cm Höhe ab Anschlag die restlichen 12 (12/14/14) M abketten.

Für die **aufgesetzte Tasche** 16 M doppelfädig mit je 1 Faden Regina und Zen mit Nadel 5 mm anschlagen, 8 cm im doppelten Perlmuster, anschließend noch 2 cm glatt rechts stricken. Dann die M abketten. Die **2. Tasche** ebenso arbeiten.

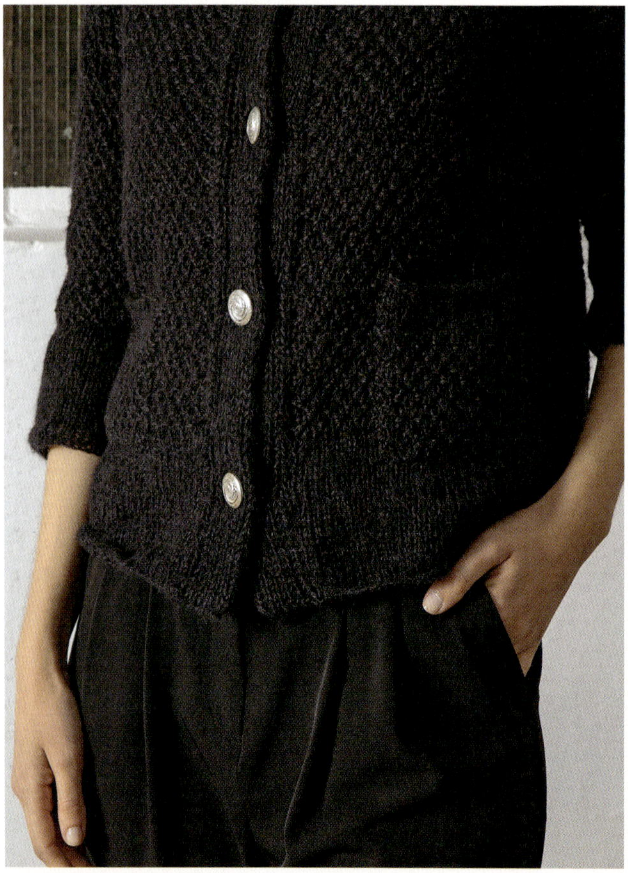

Fertigstellen

Die Taschen ca. 9 cm ab unterer Kante und 6 cm ab vorderer Kante auf die Vorderteile nähen. Die Nähte schließen. Von beiden Garnen ein Stück Faden ca. 3x so lang wie die vordere Kante abwickeln und aus der Kante des **linken Vorderteils** mit Nadel 4,5 mm mit doppeltem Faden des abgewickelten Garns 86 (90/94/98) M herausstricken, mit derselben Nadel an der oberen Kante 12 M mit je 1 Faden beider Garne anschlagen und die Blende von oben nach unten wie folgt im Tunnelpatent/ Doppelstrick in Reihen arbeiten:

1. Reihe (= Hinreihe): 1 M mit dem Faden vor der Arbeit abheben, * 1 M rechts, 1 M mit dem Faden vor der Arbeit abheben, ab * noch 4x wdh, 2 M rechts verschränkt zusammenstricken (= die letzte M der Blende und die 1. M des Strickrandes), wenden.

2. Reihe (= Rückreihe): * 1 M mit dem Faden vor der Arbeit locker links abheben, 1 M rechts, ab * wiederholen.

Die 1. – 2. Reihe wiederholen, bis alle aufgefassten M der vorderen Kante mit den Blendenm verbunden sind.

Aus der Kante des **rechten Vorderteils** mit je 1 Faden beider Garne ebenso M aufnehmen, dabei für die 4 Knopflöcher je 1 Markierung nach der 17. M, dann nach der 38. (39./40./41.) M, nach der 60. (61./63./64.) M und nach der 81. (83./86./88.) M. Mit derselben Nadel an der unteren Kante 12 M mit je 1 Faden beider Garne anschlagen und die Blende von unten nach oben im Tunnelpatent arbeiten: 5 Reihen im Tunnelpatent über die ersten 6 M (die anderen M stilllegen), dann diese M stilllegen und über die letzten M 5 Reihen im Tunnelpatent (dabei die Blende weiter mit dem Vorderteil verbinden), dann wieder über alle M bis zum nächsten Knopfloch stricken.

Aus dem Halsausschnitt und den Längsseiten der Blenden 97 (99/101/103) M mit Nadel 4,5 mm mit doppeltem Faden aufnehmen und 3 cm im Bündchenmuster stricken. Dann alle M locker abketten. Die 4 Knöpfe an der linken Vorderteilblende annähen.

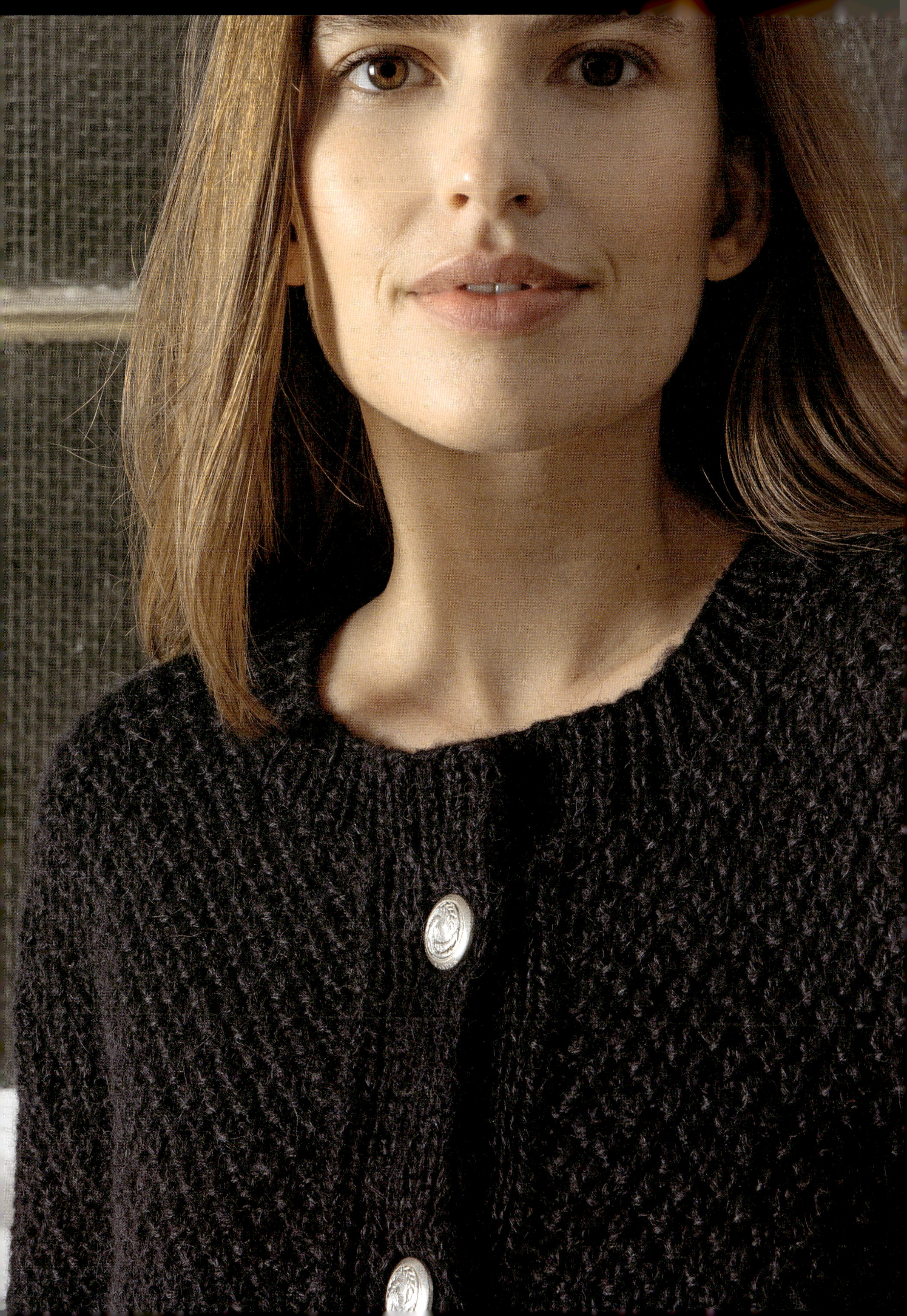

Bustier

34/36 und 38/40

Die Angaben für die kleinere Größe stehen vor der Klammer, die für die größere Größe in den Klammern. Einzelne Angaben gelten für beide Größen.

Schwierigkeitsgrad

mittel

Material

Langyarns Cashmere Premium
100 % Cashmere
LL = 115 m/25 g
100 (125) g Schwarz (Fb 0004)

und

Langyarns Paillettes
55 % Polyamid, 45 % Polyester
LL = 112 m/25 g

25 g oder ein Rest Schwarz/Silber (Fb 0004)

Rundstricknadel 3 mm, 3,5 mm und 4 mm
Maschenmarkierer

Maschenproben

Rippenmuster mit Nadel 3,5 mm:
22 M und 34 Reihen = 10 cm x 10 cm

Bündchenmuster mit Nadel 3,5 mm:
24 M und 34 Reihen = 10 cm x 10 cm

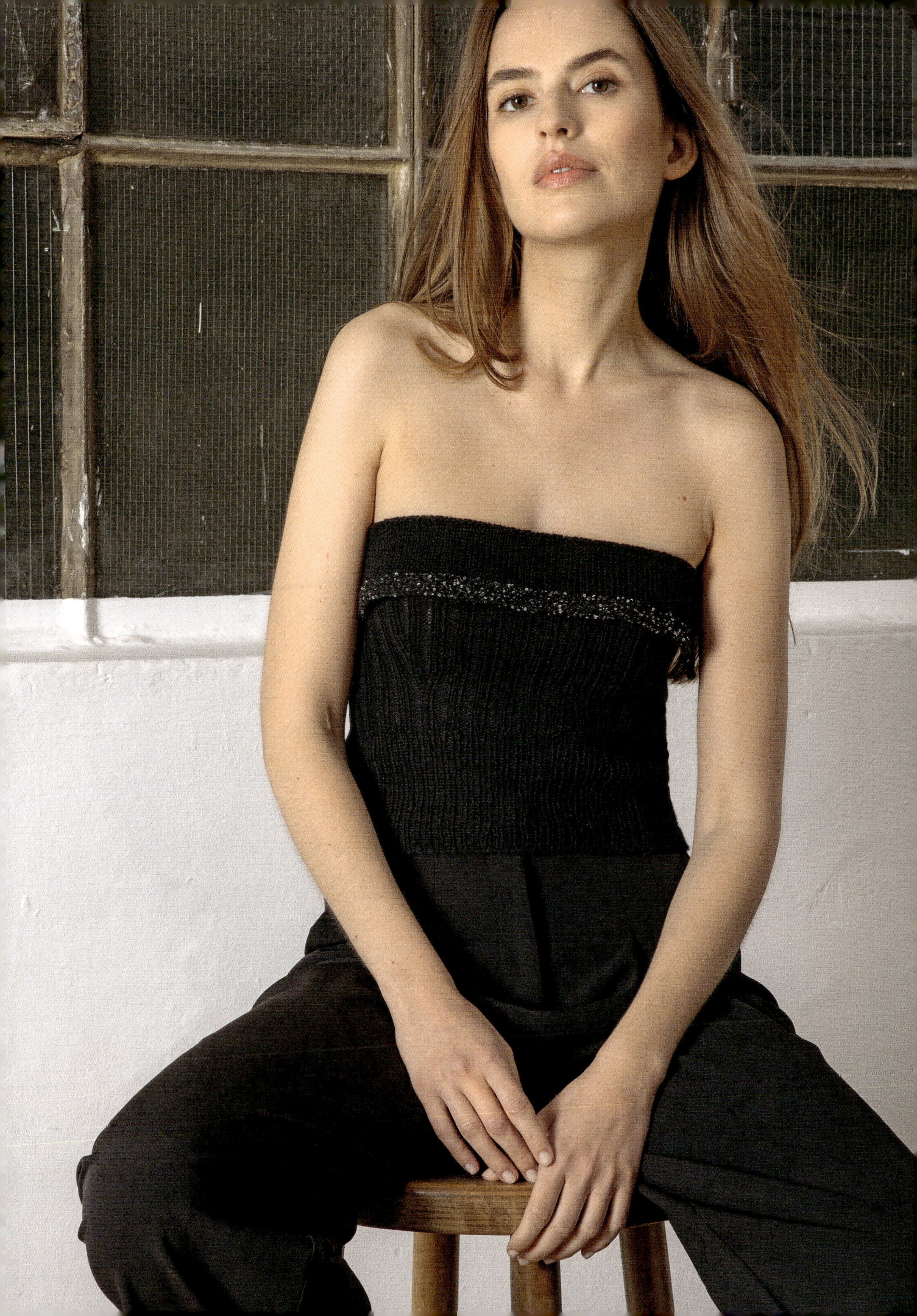

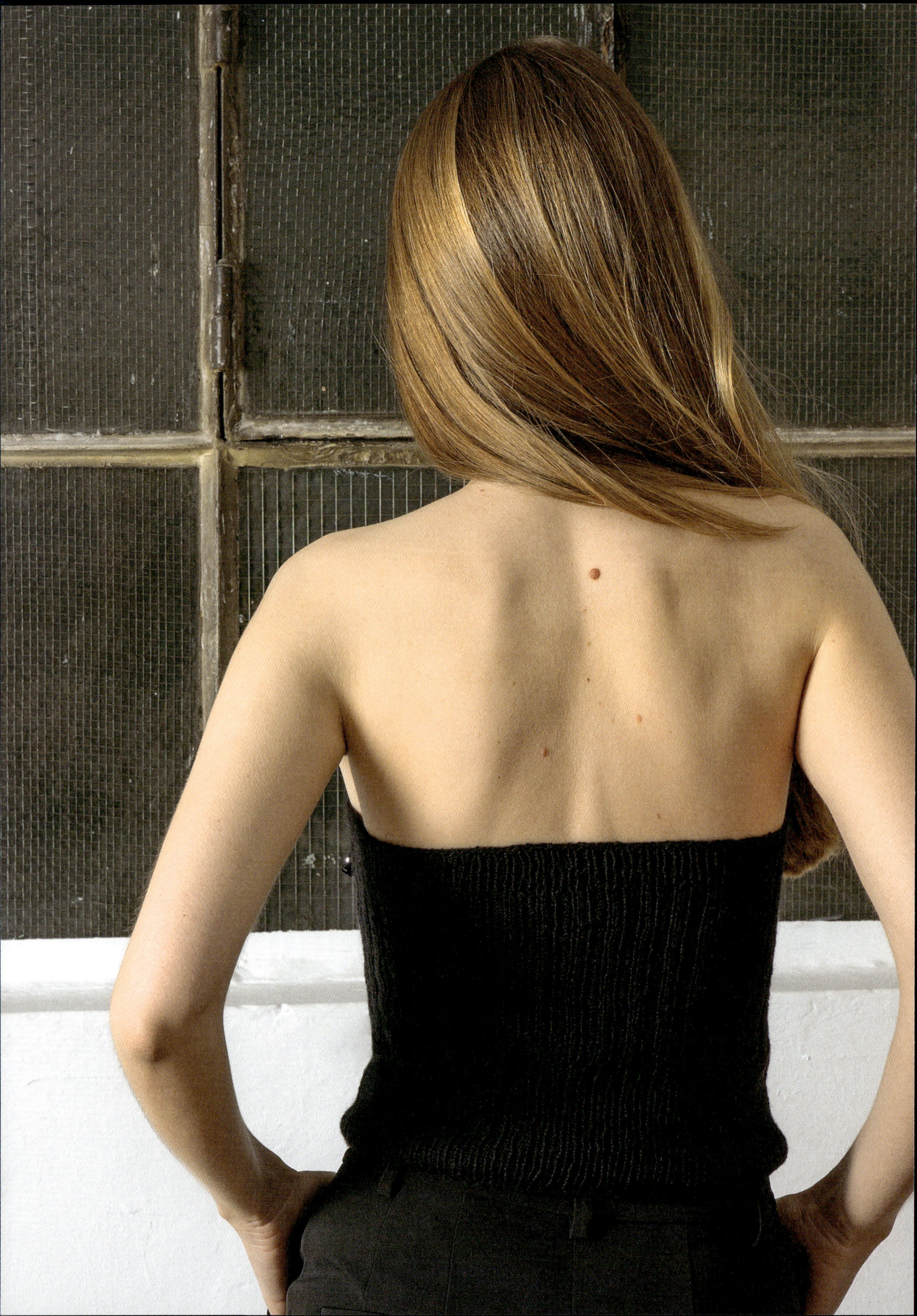

Muster und Maschen

Glatt rechts

In Hinreihen rechte M, in Rückreihen linke M stricken. In Runden stets rechte M stricken.

Rippenmuster

2 M rechts, 2 M links im Wechsel stricken.

Bündchenmuster

1 M rechts, 1 M links im Wechsel stricken.

Verkürzte Reihen mit Doppelm

Die Arbeit an der beschriebenen Stelle wenden und die 1. M mit dem Faden vor der Arbeit links abheben. Den Faden hinter die Arbeit legen und anziehen, sodass eine doppelte M entsteht, die M legt sich dabei mit beiden M-Beinchen über die Nadel. Alle übrigen M der Reihe weiter im Muster stricken. Beim nächsten Abstricken der Doppelm beide M-Beinchen zusammen erfassen und mustergemäß entweder rechts oder links abstricken.

1 rechte M rechtsgeneigt zunehmen
(siehe Seite 184)

Den Querfaden zwischen den M der Vorreihe mit der linken Nadel von hinten nach vorne aufnehmen und rechts abstricken.

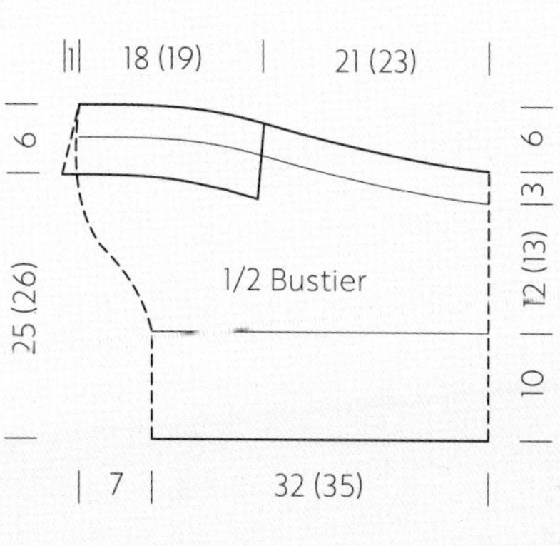

1 rechte M linksgeneigt zunehmen
(siehe Seite 184)

Den Querfaden zwischen den M der Vorreihe mit der linken Nadel von vorne nach hinten aufnehmen und rechts verschränkt abstricken.

Abketten mit verzögertem Überziehen

Die ersten 2 M rechts stricken. * Mit der linken Nadel die 1. M über die 2. M ziehen, die M aber noch nicht von der linken Nadel gleiten lassen. Die rechte Nadel vor dieser M vorbeiführen und die nächste M der linken Nadel rechts stricken. Beide M von der linken Nadel heben. Auf der rechten Nadel befinden sich jetzt 2 M. Ab * wiederholen, bis nur noch 1 M übrig ist. Den Faden abschneiden und durch die letzte M ziehen.

Blendenm (über jeweils 3 M)

In den Hinreihen: Am Anfang der Reihe 1 M rechts, 1 M rechts verschränkt, 1 M links; am Ende der Reihe 1 M links, 1 M rechts verschränkt, 1 M mit dem Faden vor der Arbeit wie zum Linksstricken abheben.

In den Rückreihen: Am Anfang der Reihe 1 M rechts, 1 M links, 1 M rechts verschränkt; am Ende der Reihe 1 M rechts verschränkt, 1 M links, 1 M mit dem Faden vor der Arbeit wie zum Linksstricken abheben.

So wird's gemacht

156 (168) M mit Nadel 3,5 mm anschlagen, zur Runde schließen, den Rundenübergang in der hinteren Mitte markieren und im Bündchenmuster 10 cm stricken. Danach weiter im Rippenmuster arbeiten, die Runde beginnt mit 1 M rechts, 2 M links und endet mit 2 M links, 1 M rechts.

In einer Höhe von 3 (4) cm im Rippenmuster für die Zunahmen der Brustabnäher wie folgt 2 MM setzen: 63 (67) M im Rippenmuster, 1 MM, 30 (34) M im Rippenmuster, 1 MM nach der 93. M, 63 (67) M im Rippenmuster. Dann wie folgt zunehmen:

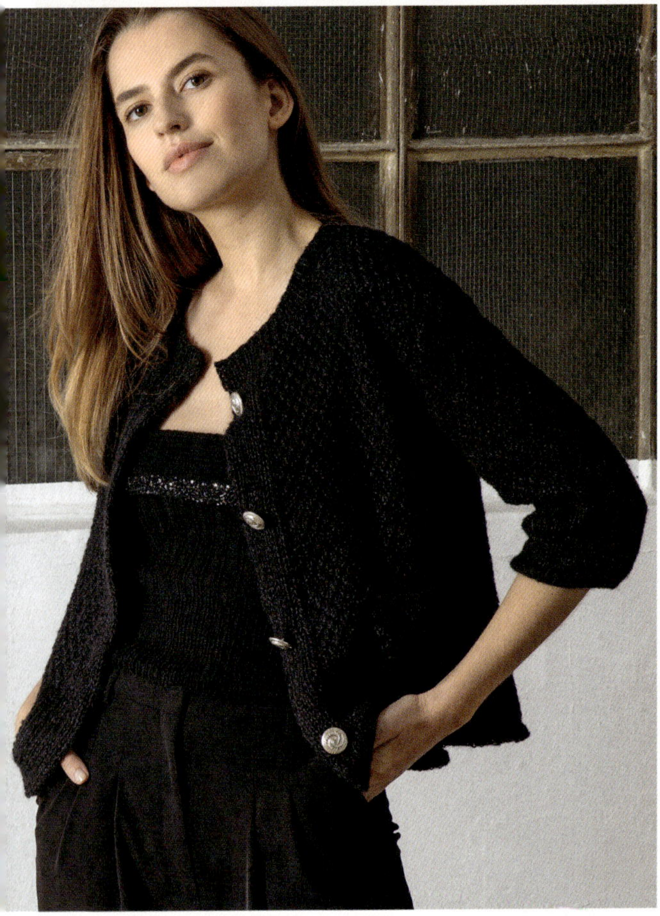

1. Zunahmerunde: Glatt rechts stricken, dabei vor dem 1. MM 1 rechte M rechtsgeneigt zunehmen und nach dem 2. MM 1 rechte M linksgeneigt zunehmen = 2 rechte M zugenommen = 158 (170) M.

1 Runde alle M stricken, wie sie erscheinen.

2. Zunahmerunde: Wie die 1. Zunahmerunde arbeiten = 160 (172) M.

1 Runde alle M stricken, wie sie erscheinen.

3. Zunahmerunde: Glatt rechts stricken, dabei vor dem 1. MM 1 linke M rechtsgeneigt zunehmen und nach dem 2. MM 1 linke M linksgeneigt zunehmen = 2 linke M zugenommen = 162 (174) M.

1 Runde alle M stricken, wie sie erscheinen.

4. Zunahmerunde: Wie die 3. Zunahmerunde arbeiten = 164 (176) M.

1 Runde alle M stricken, wie sie erscheinen, dabei die MM wieder an die ursprüngliche Position setzen: den 1. MM nach 63 (67) M im Rippenmuster ab Rundenbeginn und den 2. MM nach weiteren 38 (42) M im Rippenmuster, dann folgen noch 63 (67) M im Rippenmuster bis zum Rundenübergang.

Im Rippenmuster in Runden weiterstricken, dabei in der 4. Runde noch einmal die 1. Zunahmerunde arbeiten und die 2. – 4. Zunahmerunde nun in jeder 4. Runde (also mit jeweils 3 Zwischenrunden) wiederholen = 172 (184) M.

In einer Höhe von 22 (23) cm ab Anschlag für die vordere Erhöhung verkürzte Reihen arbeiten: 145 (153) M im Rippenmuster stricken, wenden, 1 Doppelm, 118 (122) M im Rippenmuster, wenden, 1 Doppelm, * bis 5 M vor der nächsten Doppelm, wenden, bis 5 M vor der nächsten Doppelm, ab * noch 2x (3x) wiederholen. Noch 3x (4x) bis jeweils 3 M vor die nächste Doppelm stricken, wenden.

Noch 1 Runde über alle M stricken, anschließend zur Nadel 3 mm wechseln und im Bündchenmuster stricken. Nach 3 cm Bündchenhöhe 125 (133) M mustergemäß stricken, 47 (51) M abketten, nach dem Rundenanfang weitere 47 (51) M mit verzögertem Überziehen abketten.

Zur Nadel 4 mm wechseln und über 78 (82) M für den Bruch rechts stricken, wenden und für den Volant in Reihen glatt rechts weiterarbeiten. Dabei die ersten und letzten 3 M als Blendenm arbeiten und zwischen den Blendenm in der 1. Reihe jede 4. M verdoppeln = 96 (102) M. Nach 4 cm Höhe 1 Faden in Paillette dazu nehmen, zweifädig mit je 1 Faden beider Garne 8 Reihen kraus rechts stricken und in der folgenden Hinreihe die M locker abketten.

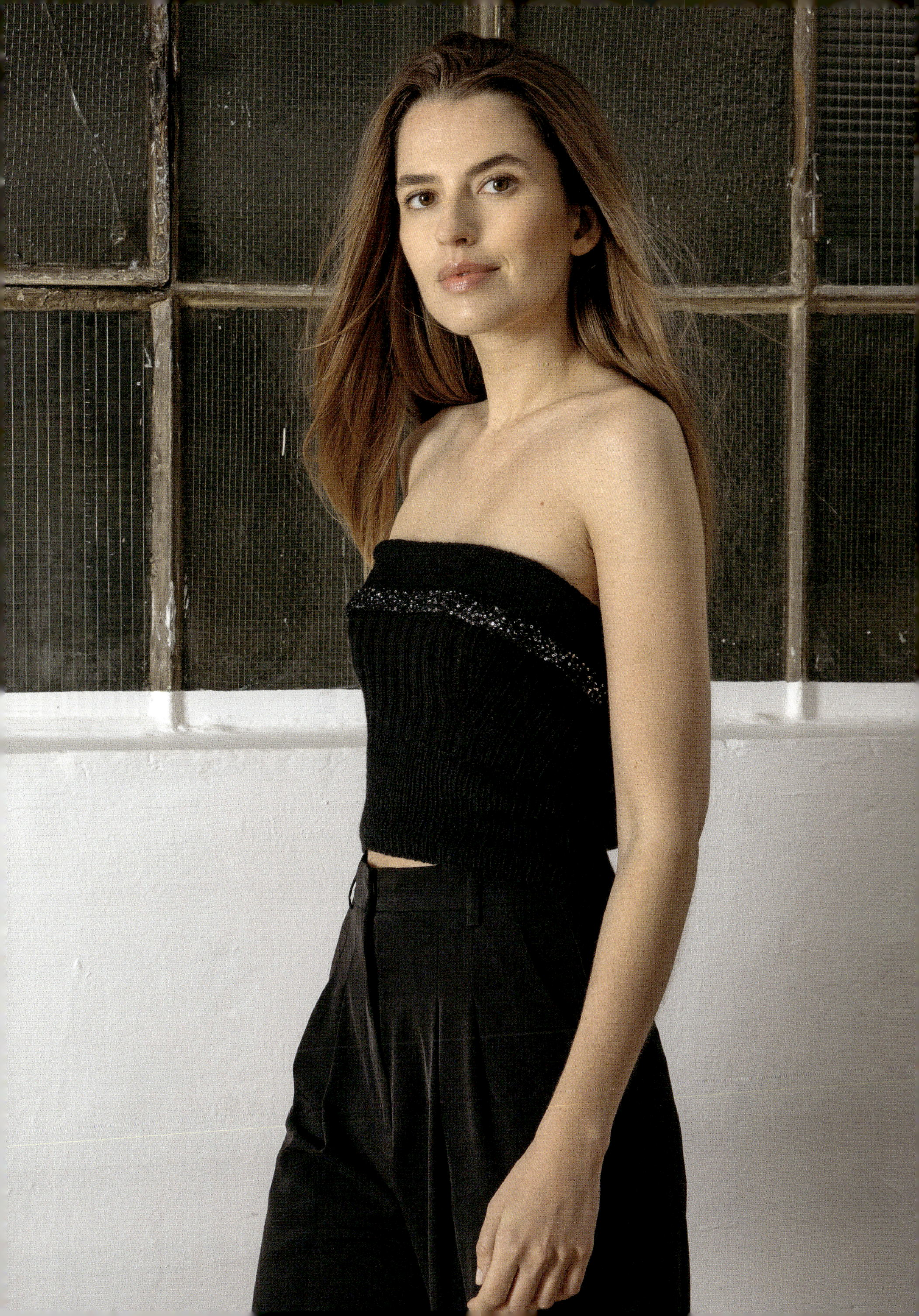

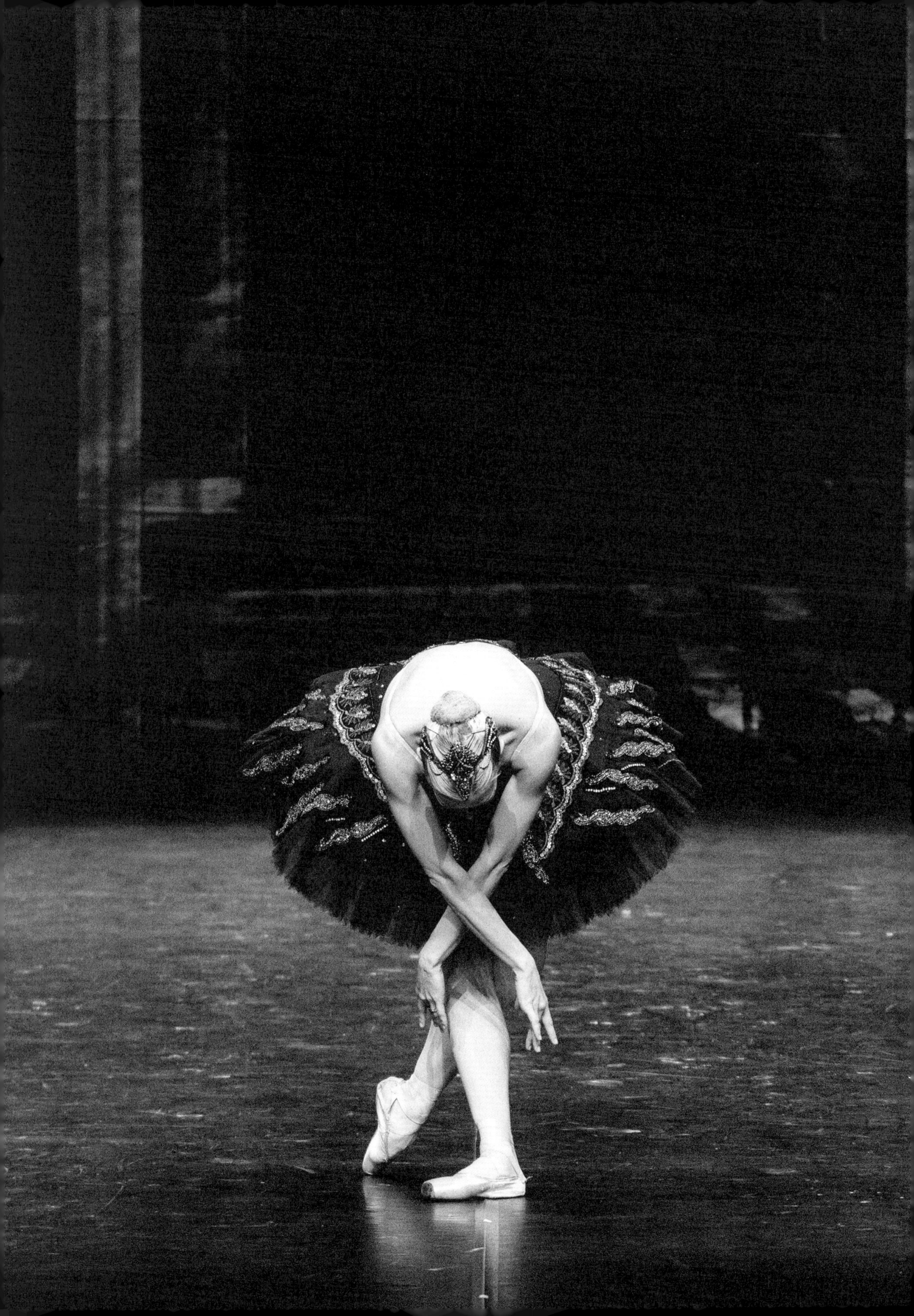

Die Farbe Schwarz

Eigentlich ist Schwarz gar keine Farbe. Eine schwarze Fläche absorbiert alles Licht, auf der Netzhaut kommen keine oder nur Lichtwellen geringer Intensität im sichtbaren Spektrum an und das sehen wir als Schwärze. Doch wenn es um Farbpigmente und Druckfarben geht, dann ist Schwarz die Mischung aller Farben. Schon das ist irgendwie geheimnisvoll und mystisch. In der Kulturgeschichte war Schwarz von Anfang an dabei. Die Höhlenmalereien und damit die erste Kunst der Menschheit entstanden mit schwarzer Kohle. Bei den alten Ägyptern stand die Farbe für Fruchtbarkeit und Überfluss. Im Römischen Reich wurde sie zum Symbol der Trauer und des Todes. Im Mittelalter verknüpfte man sie mit dem Bösen und der Sünde. Gleichzeitig kleideten sich Benediktinermönche in Schwarz als Zeichen der Demut und mächtige Herrscher ließen sich in Schwarz porträtieren, um Macht und Autorität zu demonstrieren. Je nach Kulturraum und durch die Zeiten hindurch verändert sich die Bedeutung der Farbe Schwarz – neutral wird sie allerdings nie bewertet und meist gibt es zeitgleich gegensätzliche Sichtweisen. In der westlichen Kultur steht Schwarz einerseits für dunkle, bedrohliche Mächte, schlechte Stimmung, schwarze Magie oder geschichtlich als Schwarzer Freitag für einen Zusammenbruch der Finanzmärkte und große Verluste. Andererseits schreiben wir schwarze Zahlen, wenn es um Gewinne geht. Mittlerweile ist der Black Friday als Rabattaktion im Einzelhandel vor dem Start des Weihnachtsgeschäfts bekannt, um auf Schnäppchenjagd zu gehen. Schwarzer Humor ist makaber, aber auch lustig. Schwarz auf Weiß bietet den größten Kontrast und ist am besten lesbar, was wir Schwarz auf Weiß haben, das ist garantiert. Das schwarze Schaf fällt negativ auf, wer ins Schwarze trifft, hat Recht. Wer sich schwarz kleidet, ist vielleicht traurig oder düster gestimmt, je nach Outfit und Gelegenheit kann das aber auch elegant, stilvoll und seriös wirken. Schwarz vereint viele Facetten – vielleicht macht gerade das die Farbe so attraktiv.

„Werfen Sie einen Blick in den Spiegel, bevor Sie das Haus verlassen, und legen Sie wenigstens eine Sache wieder ab.“

Coco Chanel

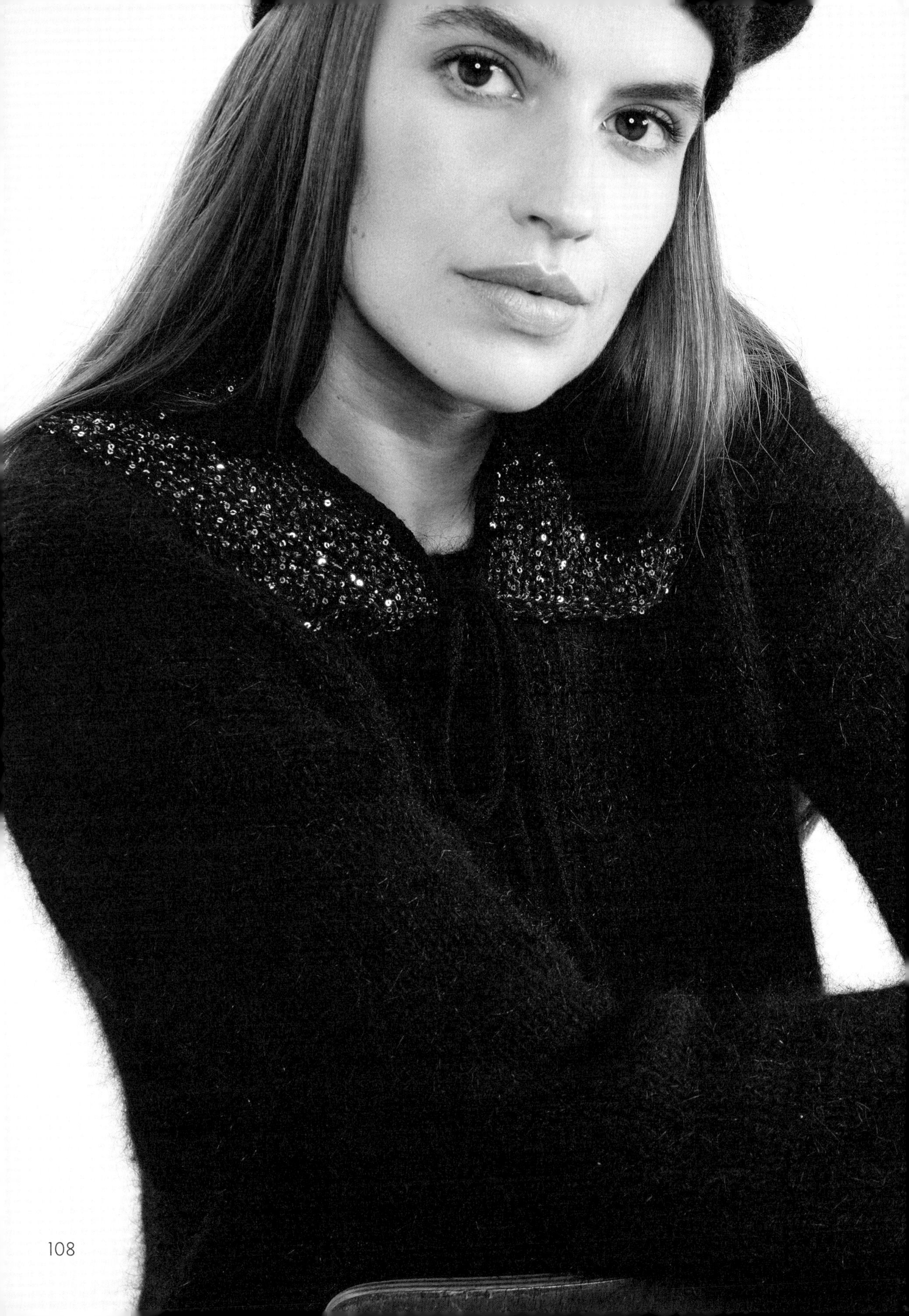

ZUM FEMININEN, BETONT SCHLICHTEN KUSCHELPULLI GIBT ES MIT BASKENMÜTZE UND GLITZERKRAGEN CHICHI DER ELEGANTEN ART DAZU!

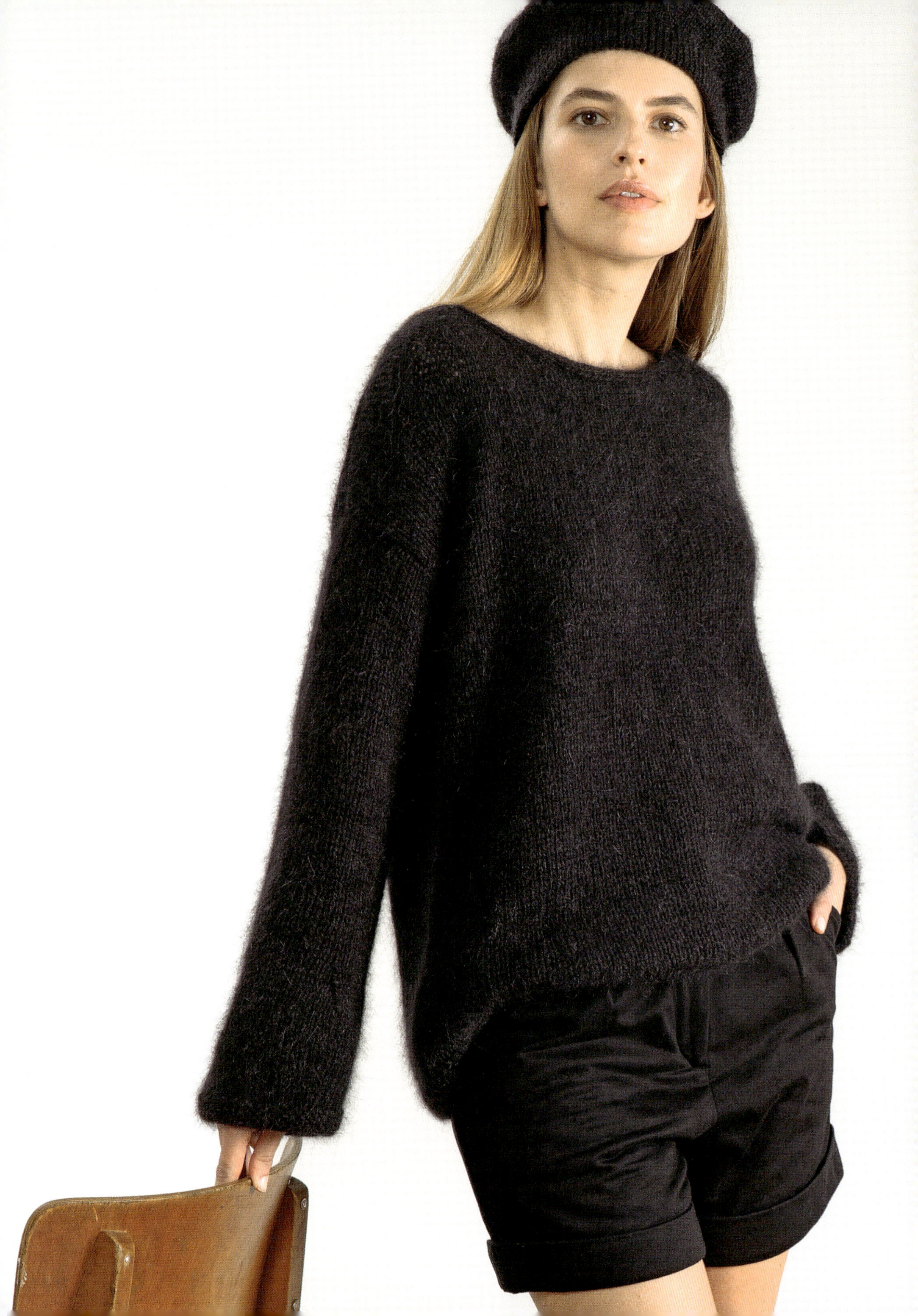

Angora-Pullover mit Keulenärmeln

34/36, 38/40, 42/44 und 46/48

Die Angaben für die kleinste Größe stehen vor der Klammer, die für die größeren Größen aufsteigend in den Klammern. Einzelne Angaben gelten für alle Größen.

Schwierigkeitsgrad

mittel

Maschenprobe

Glatt rechts mit Nadel 7 mm:
14 Maschen und 20 Reihen = 10 cm x 10 cm

Material

Schulana Angora-Fashion
80 % Angora, 20 % Polyamid
LL = 112 m/25 g
350 (400/450/500) g Schwarz (Fb 08)

Rundstricknadel 6 mm und 7 mm
2 Nadeln eines Nadelspiels 5 mm
Maschenmarkierer

Muster und Maschen

Glatt rechts

In Hinreihen rechte M, in Rückreihen linke M stricken.

Kraus rechts

In Hin- und Rückreihen rechte M stricken.

1 rechte M rechtsgeneigt zunehmen
(siehe Seite 184)

Den Querfaden zwischen 2 M von hinten nach vorne aufnehmen und rechts stricken.

1 rechte M linksgeneigt zunehmen
(siehe Seite 184)

Den Querfaden von vorne nach hinten aufnehmen und rechts verschränkt stricken.

So wird's gemacht

Hinweis: Es wird stets zweifädig gearbeitet.

Für das **Rückenteil** 86 (90/94/98) M zweifädig mit Nadel 6 mm anschlagen und 2 cm kraus rechts stricken. Zur Nadel 7 mm wechseln und glatt rechts arbeiten.

In einer Höhe von 12 (13/14/15) cm ab Anschlag für die seitlichen Abnahmen wie folgt 2 MM setzen: 1 Randm, 22 (23/24/25) M, 1 MM auf die rechte Nadel hängen, 1 Überzug (= 1 M wie zum Rechtsstricken abheben, 1 M rechts stricken, dann die abgehobene M über die gestrickte M ziehen), 36 (38/40/42) M rechts, 2 M rechts zusammenstricken, 1 MM einhängen, 22 (23/24/25) M rechts, Randm. Dann noch 4x in jeder 14. Reihe nach dem 1. MM 1 Überzug und vor dem 2. MM 2 M rechts zusammenstricken = 76 (80/84/88) M.

In einer Höhe von 53 (55/57/58) cm Höhe für den rückwärtigen Halsausschnitt die mittleren 10 (12/12/14) M abketten, dann an beiden Seiten in jeder 2. Reihe noch 1x 4 M, 1x 3 M, 2x 2 M und 1x 1 M abketten. Gleichzeitig für die Schultern in 57 (59/61/62) cm Höhe in jeder 2. Reihe 3x 7 M (2x 7 M und 1x 8 M / 3x 8 M / 2x 8 M und 1x 9 M) abketten.

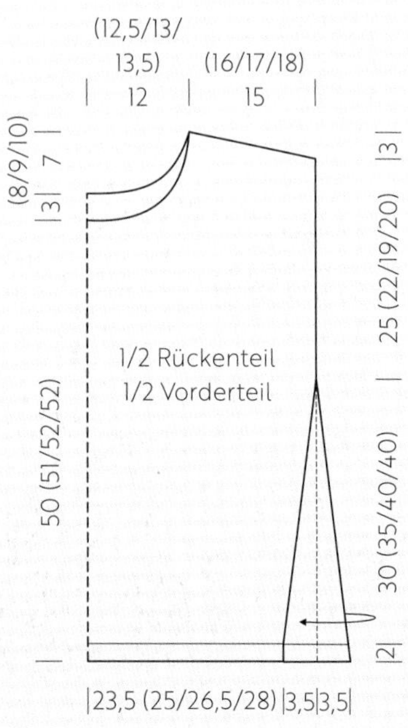

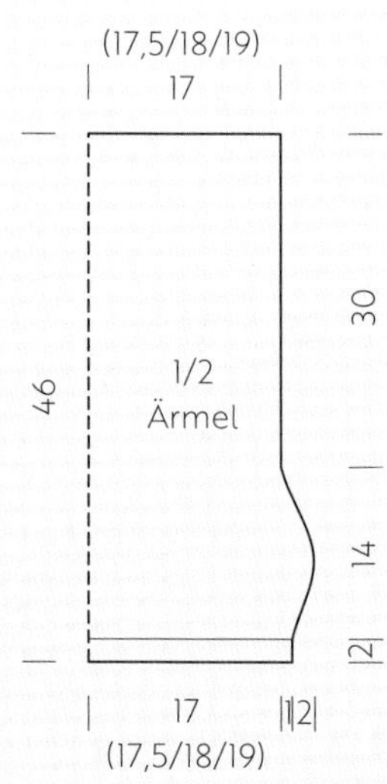

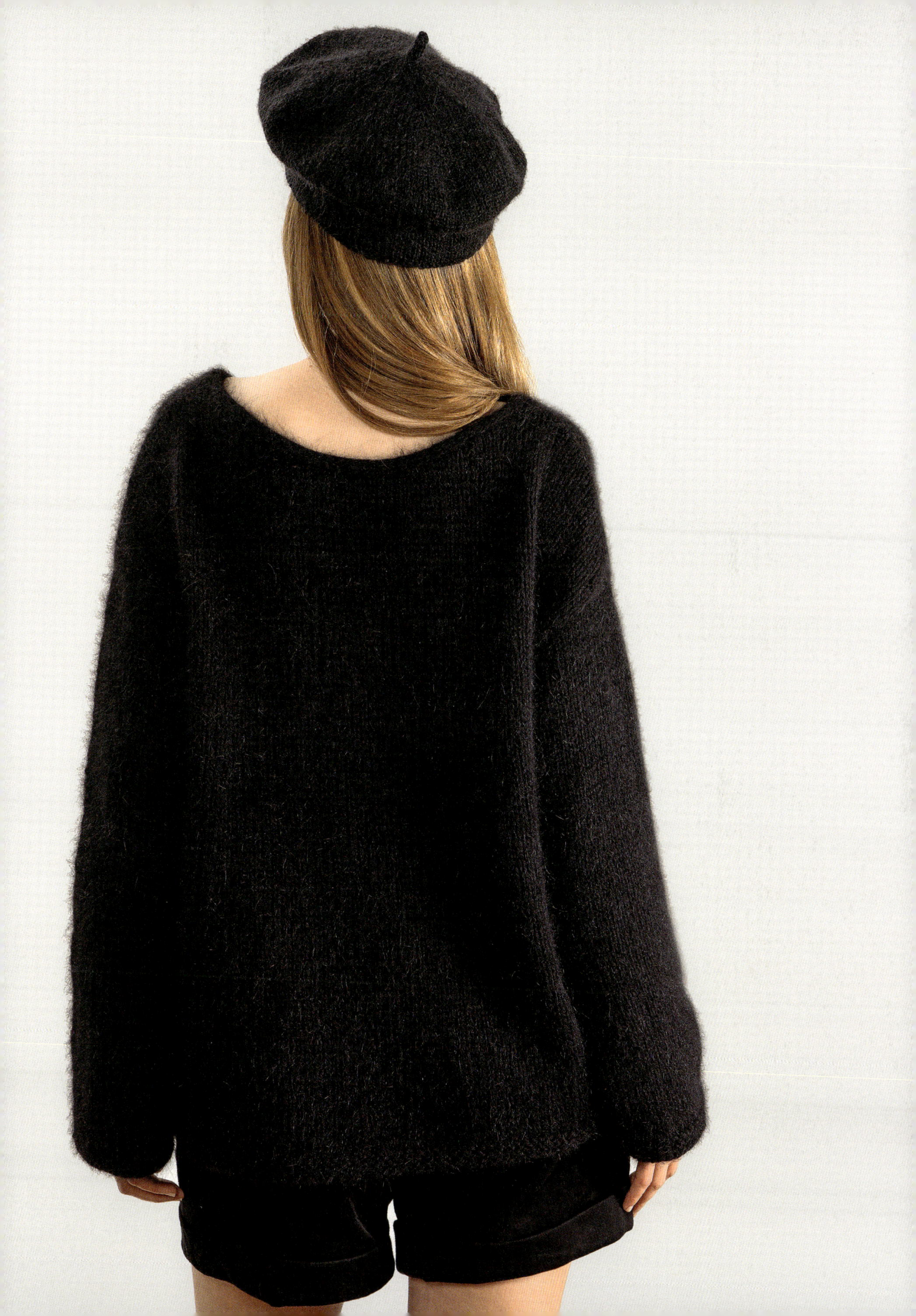

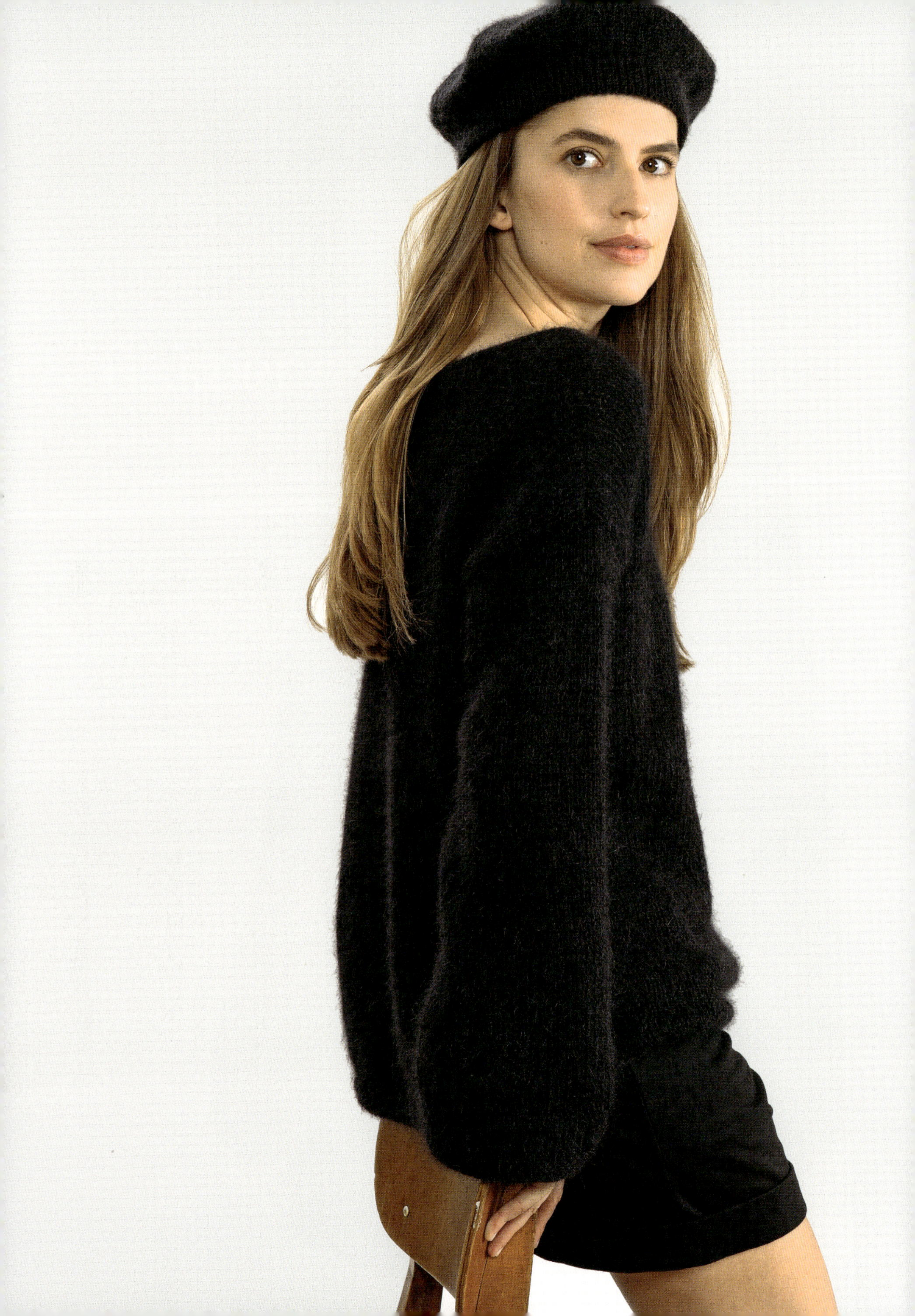

Für das **Vorderteil** 66 (70/74/78) M zweifädig mit Nadel 6 mm anschlagen und 2 cm kraus rechts stricken. Zur Nadel 7 mm wechseln und glatt rechts weiterarbeiten. Für die Seitenschrägen 5x in jeder 12. (14./16./16.) Reihe wie folgt an beiden Seiten jeweils 1 M zunehmen: 1 Randm, 1 M rechts, 1 rechte M rechtsgeneigt zunehmen, bis zu den letzten 2 M rechts stricken, 1 rechte M linksgeneigt zunehmen, 1 M rechts, Randm = 76 (80/84/88) M. Für den vorderen Halsausschnitt in 50 (51/52/52) cm Höhe die mittleren 8 (10/10/12) M abketten und beide Seiten getrennt fertigstellen, dabei an der Seite des Halsausschnitts in jeder 2. Reihe 1x 4 M, 1x 3 M, 2x 2 M und in jeder 4. Reihe noch 2x 1 M abketten.

Für den **Ärmel** 50 (52/54/56) M zweifädig mit Nadel 5,5 mm anschlagen und zunächst 2 cm kraus rechts stricken. Dann zur Nadel 6,5 mm wechseln und glatt rechts weiterarbeiten. Nach 4 Reihen für den Keulenärmel wie folgt zunehmen: Randm, 8 (9/9/10) M rechts, 1 MM auf die rechte Nadel hängen, 1 rechte M rechtsgeneigt zunehmen, 32 (32/34/34) M rechts, 1 rechte M linksgeneigt zunehmen, 8 (9/9/10) M rechts, Randm. Dann noch 2x in jeder 4. Reihe nach dem 1. MM 1 rechte M rechtsgeneigt zunehmen, und vor dem 2. MM 1 rechte M linksgeneigt zunehmen = 56 (58/60/62) M. Nach 4 weiteren Reihen nach dem 1. MM 1 Überzug arbeiten und vor dem 2. MM 2 M rechts zusammenstricken. Diese Abnahmen noch 3x in jeder 2. Reihe wiederholen = 48 (50/52/54) M. Dann weiter glatt rechts stricken und in 46 cm Höhe alle M locker abketten.

Fertigstellen

Die Schulter-, Seiten- und Ärmelnähte schließen. Dann die Ärmel einnähen. In einen doppelten Faden einen Laufknoten mit einem langen Fadenende (Länge ca. 300 cm) machen, um damit aus dem Halsausschnitt 92 (96/96/100) M aufzunehmen. Dann einen I-Cord-Rand stricken: Am Rundenanfang mit dem Fadenende aus dem Knäuel 4 M dazu anschlagen. Mit einer Nadel des Nadelspiels * 3 M rechts stricken, die 4. M jeweils mit der 1. M aus dem Halsausschnitt rechts zusammenstricken, nicht wenden, sondern die M wieder zurückschieben, ab * stets wiederholen, bis alle M abgekettet sind. Dann die beiden Enden der I-Cord-M im Maschenstich verbinden.

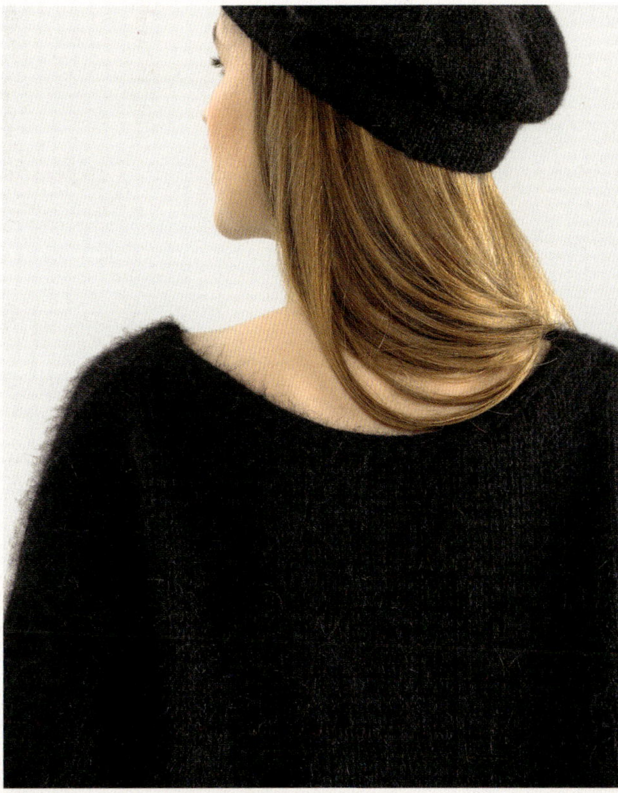

Zierkragen mit Pailletten

Schwierigkeitsgrad

leicht/mittel

Maschenprobe

Kraus rechts mit Nadel 4 mm:
22 Maschen und 46 R = 10 cm x 10 cm

Material

Langyarns Merino 400
100 % Schurwolle
LL = 400 m/25 g
25 g Schwarz (Fb 0004)

und

Langyarns Paillettes
55 % Polyamid, 45 % Polyester
LL = 112 m/25 g
25 g Schwarz/Silber (Fb 0004)

kurze Rundstricknadel 4 mm
2 Nadeln eines Nadelspiels 4 mm
Maschenmarkierer

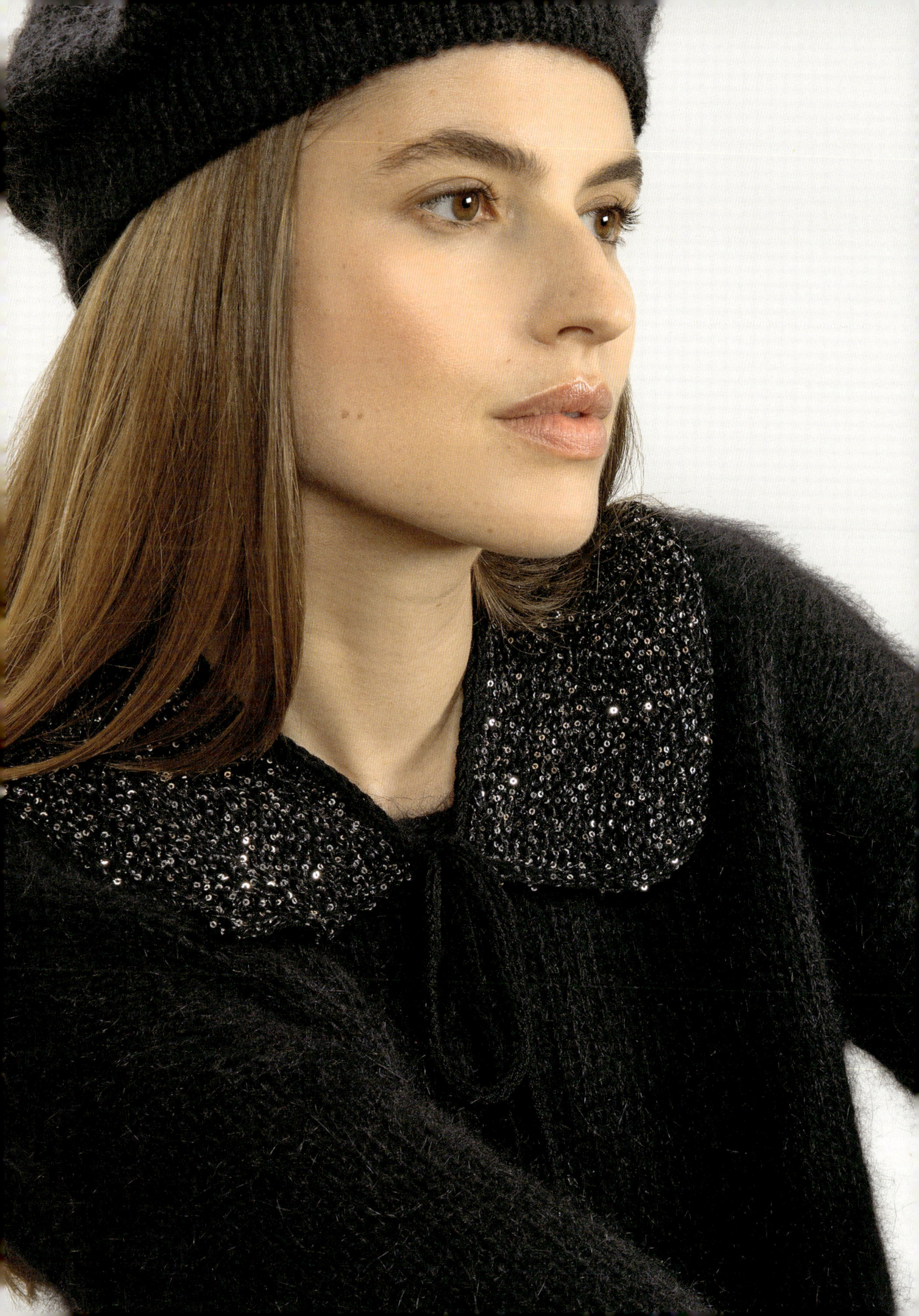

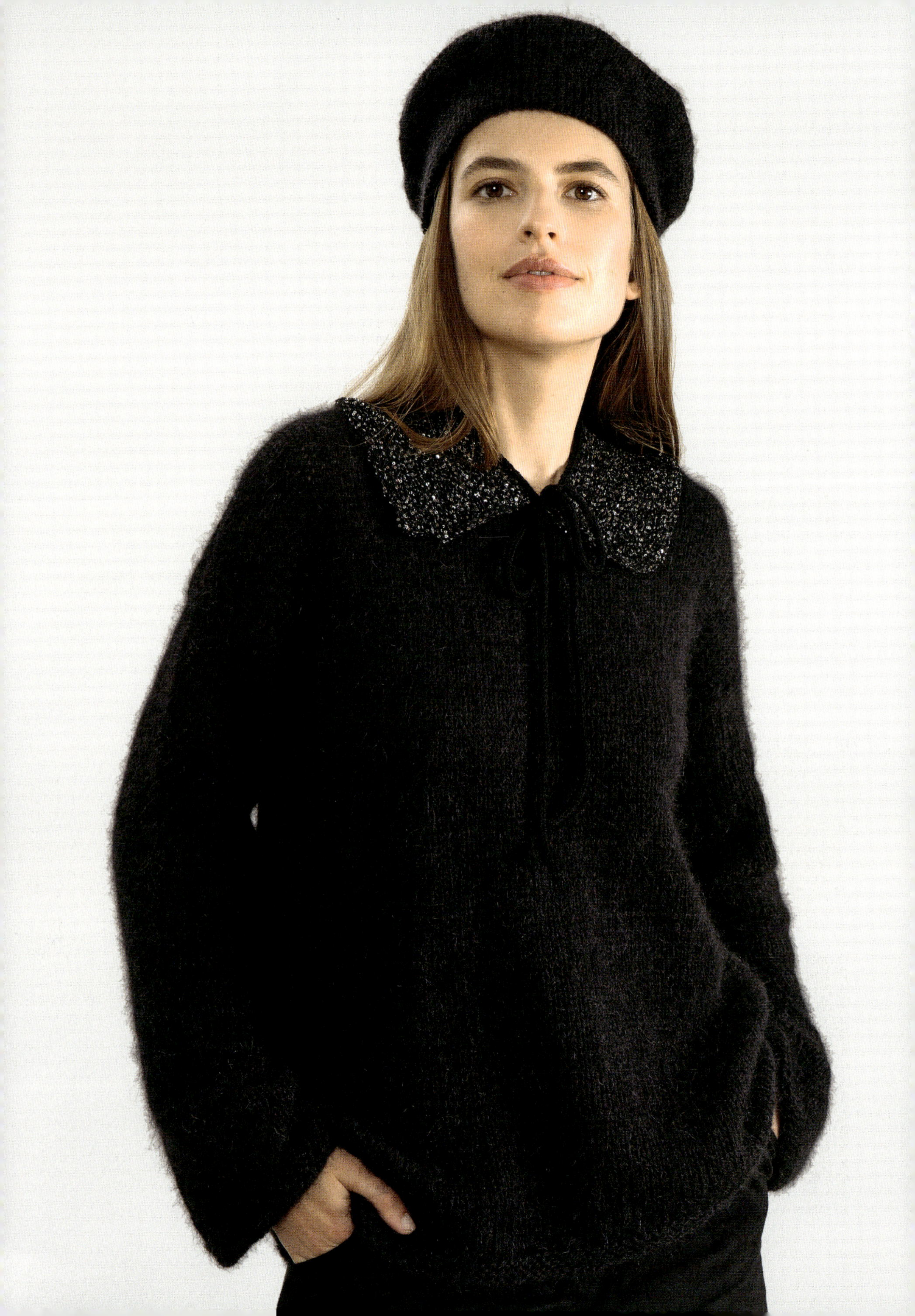

Muster und Maschen

Kraus rechts

In Hin- und Rückreihen rechte M stricken.

I-Cord

3 M auf einer Spielnadel anschlagen, wenden, * 3 M rechts stricken, nicht wenden, sondern die M an das andere Ende der Nadel schieben, den Faden hinter der Arbeit wieder zur 1. M holen, ab * stets wiederholen.

I-Cord-Rand

Die letzten 3 M wie zum Linksstricken abheben, der Faden liegt vor der Arbeit, wenden, den Faden zur ersten M holen und die ersten 3 M rechts stricken und die Reihe zu Ende stricken.

Mit I-Cord abketten

* Die ersten 2 I-Cord-Randm rechts stricken, die 3. I-Cord-M mit der folgenden M rechts zusammenstricken, die 3 M zurück auf die linke Nadel heben, ab * wiederholen, bis keine M mehr übrig sind.

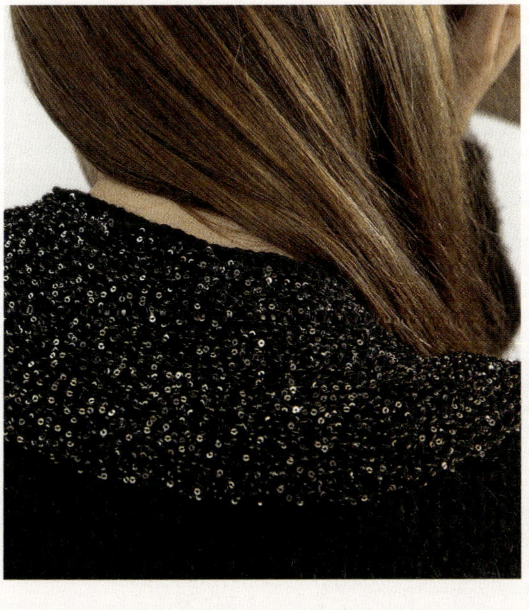

So wird's gemacht

Hinweis: Es wird zweifädig mit je 1 Faden beider Garne gearbeitet.

88 M anschlagen und kraus rechts stricken, dabei die Randm wie beschrieben als I-Cord-Rand arbeiten, dabei nach der 16. M, der 28. M, der 59. M und der 71. M je 1 MM setzen. In der 6. Reihe jeweils die M vor den ersten beiden MM und die M nach den letzten beiden MM verdoppeln (= 1 M rechts und 1 M rechts verschränkt aus der M herausstricken). Diese Zunahmen noch 8x in jeder 4. Reihe wiederholen = 124 M. Nach der 9. Zunahmereihe noch 2 Reihen ohne Zunahmen arbeiten, dann am Anfang der Reihe nach den 3 Randm 1 Überzug arbeiten, am Ende der Reihe vor den 3 Randm 2 M rechts zusammenstricken. Diese Abnahmen noch 2x in jeder 2. Reihe wiederholen = 118 M. In der folgenden Hinreihe die M mit I-Cord abketten.

Fertigstellen

Aus der Anschlagkante 74 M mit doppeltem Faden Merino 400 herausstricken. Den Faden abschneiden und die M stilllegen. 3 M mit doppeltem Faden Merino 400 anschlagen und eine I-Cord von ca. 50 cm Länge stricken. Dann die M mit den stillgelegten M aus der Anschlagkante mit I-Cord abketten, bis nur noch 3 M übrig sind. Über diese 3 M an der anderen Kragenseite ebenfalls eine I-Cord von ca. 50 cm Länge arbeiten. Die restlichen 3 M abketten.

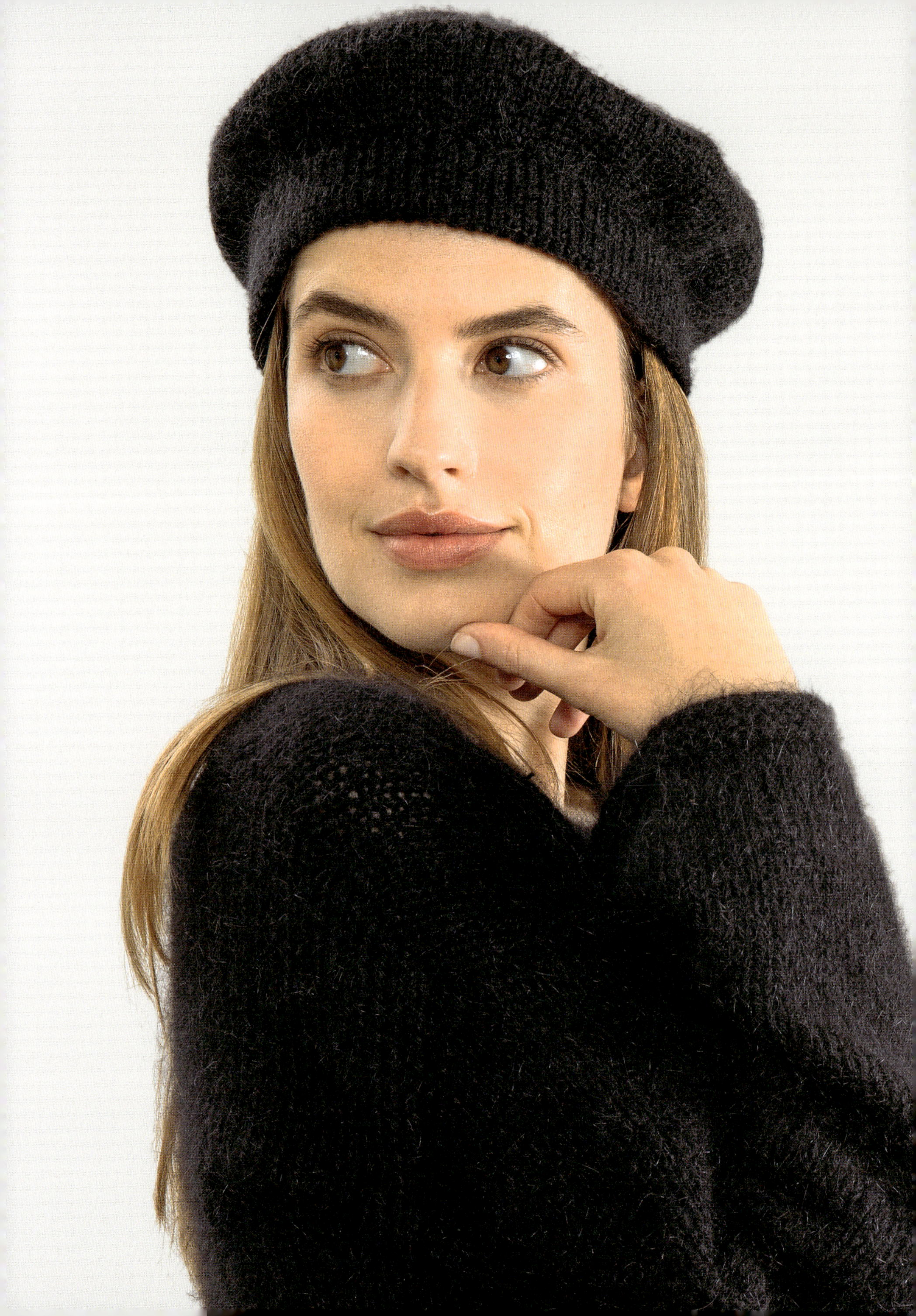

Baskenmütze

53–55 cm (56–58) cm Kopfumfang

Die Angaben für die kleinere Größe stehen vor der Klammer, die für die größere Größe in den Klammern. Einzelne Angaben gelten für beide Größen.

Schwierigkeitsgrad

leicht

Maschenprobe

Glatt rechts zweifädig mit Nadel 4 mm:
18 Maschen und 30 Reihen = 10 cm x 10 cm

Material

Lana Grossa Cool Merino
90 % Schurwolle, 10 % Polyamid
LL = 150 m/50 g
50 g Schwarz (Fb 014)

und

Lana Grossa Silkhair
70 % Mohair, 30 % Seide
LL = 210 m/25 g
25 g Schwarz (Fb 014)

Rundstricknadel 3,5 mm und 4 mm
Nadelspiel 4 mm
Maschenmarkierer

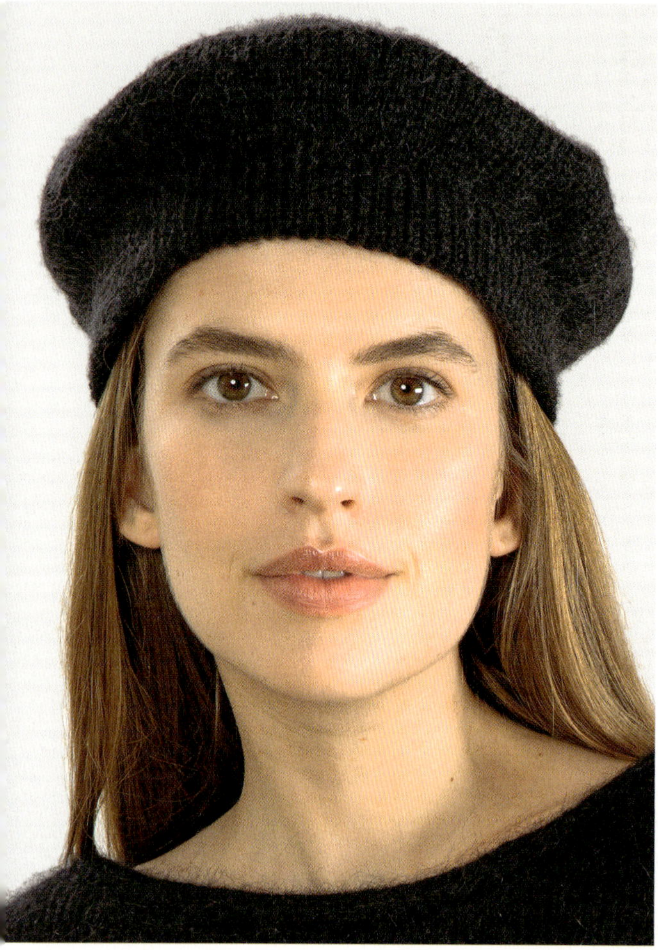

Muster und Maschen

Glatt rechts in Runden
Alle M in allen Runden rechts stricken.

I-Cord

4 M rechts, * nicht wenden, sondern die M an das Ende der Spielnadel schieben, den Faden hinter der Arbeit entlang zur 1. M führen und 4 M rechts stricken, ab * stets wiederholen.

So wird's gemacht

Hinweis: Es wird stets zweifädig mit je 1 Faden beider Garne gearbeitet.

4 M mit 1 Spielnadel anschlagen und eine 2 cm lange I-Cord arbeiten. Die M auf 4 Nadeln verteilen = je 1 M pro Nadel, den Rundenübergang markieren und glatt rechts in Runden stricken, dabei wie folgt in der 1. Runde und dann in jeder weiteren 2. Runde zunehmen:

1. Runde: Jede M verdoppeln = 8 M, 2 M pro Nadel.

3. Runde: Jede 2. M verdoppeln = 16 M, 4 M pro Nadel.

5. Runde: Jede 3. M verdoppeln = 24 M, 6 M pro Nadel.

7. Runde: Jede 4. M verdoppeln, dabei zur besseren Übersicht nach jeder verdoppelten M 1 MM setzen – 8 MM pro Runde für 8 Segmente = 32 M, 8 M pro Nadel.

Die Zunahmen auf diese Weise in jeder 2. Runde weiterarbeiten (= 1 Zunahme pro Segment bzw. 2 Zunahmen pro Nadel), bis 144 (160) M auf der Nadel liegen = 18 (20) M pro Segment und 36 (40) M pro Nadel. Noch ca. 4 cm = 12 Runden ohne Zunahmen arbeiten.

Für die **Blende** in der folgenden Runde 48x (52x) jede 3. und 4. M zusammenstricken = 96 (108) M. In der folgenden 2. Runde 6x die 16. und 17. M zusammenstricken = 96 M. 10 weitere Runden rechts stricken, für den Bruch 1 Runde links. Anschließend mit der Rundstricknadel 3,5 mm weitere 10 Runden rechts, dann alle M abketten. Ein langes Fadenende hängen lassen, die Blende entlang der Umbruchkante nach innen einschlagen und festnähen. Dabei, falls gewünscht, 2 – 3 cm Naht offenlassen, ein Gummiband einziehen und verknoten.

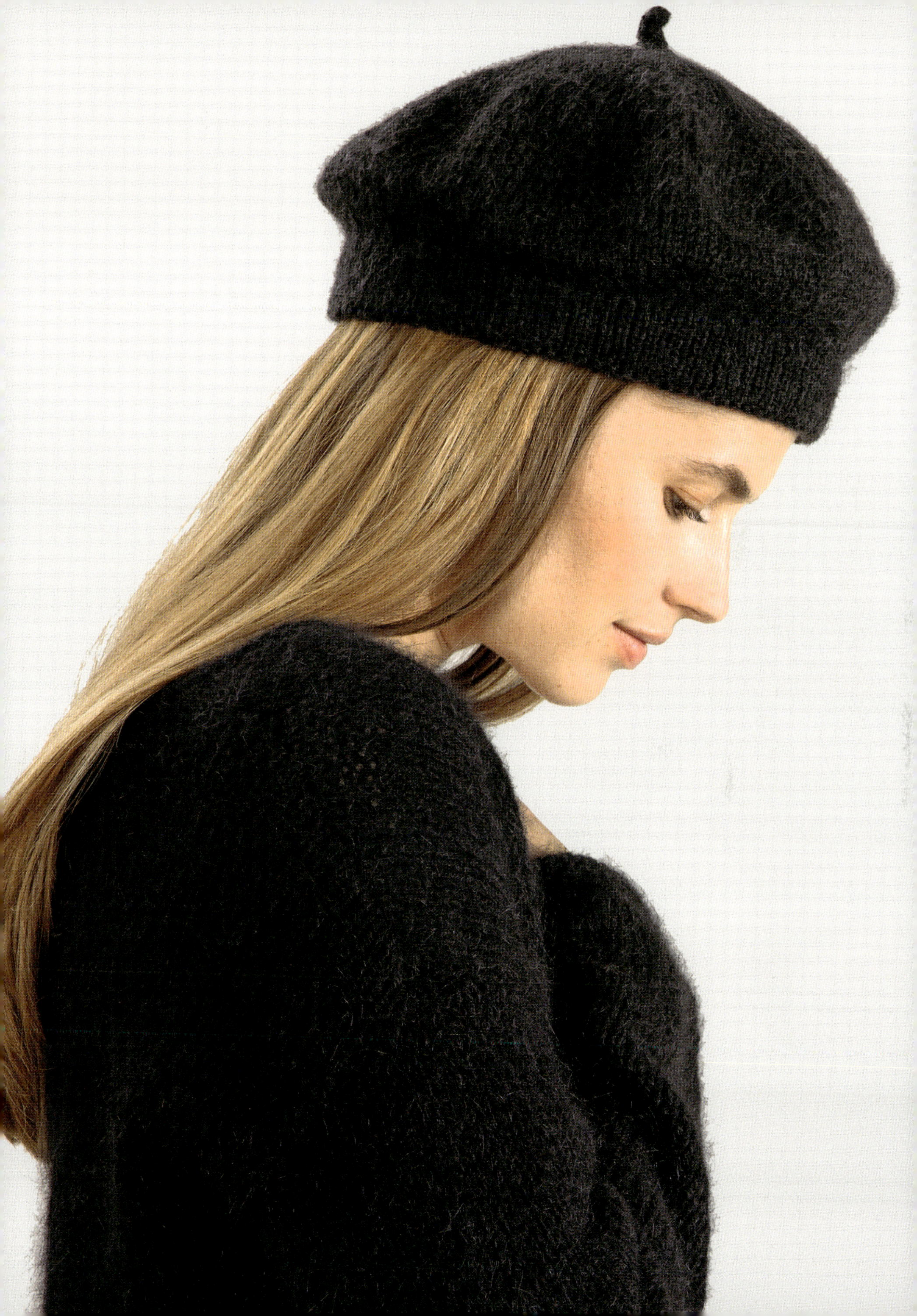

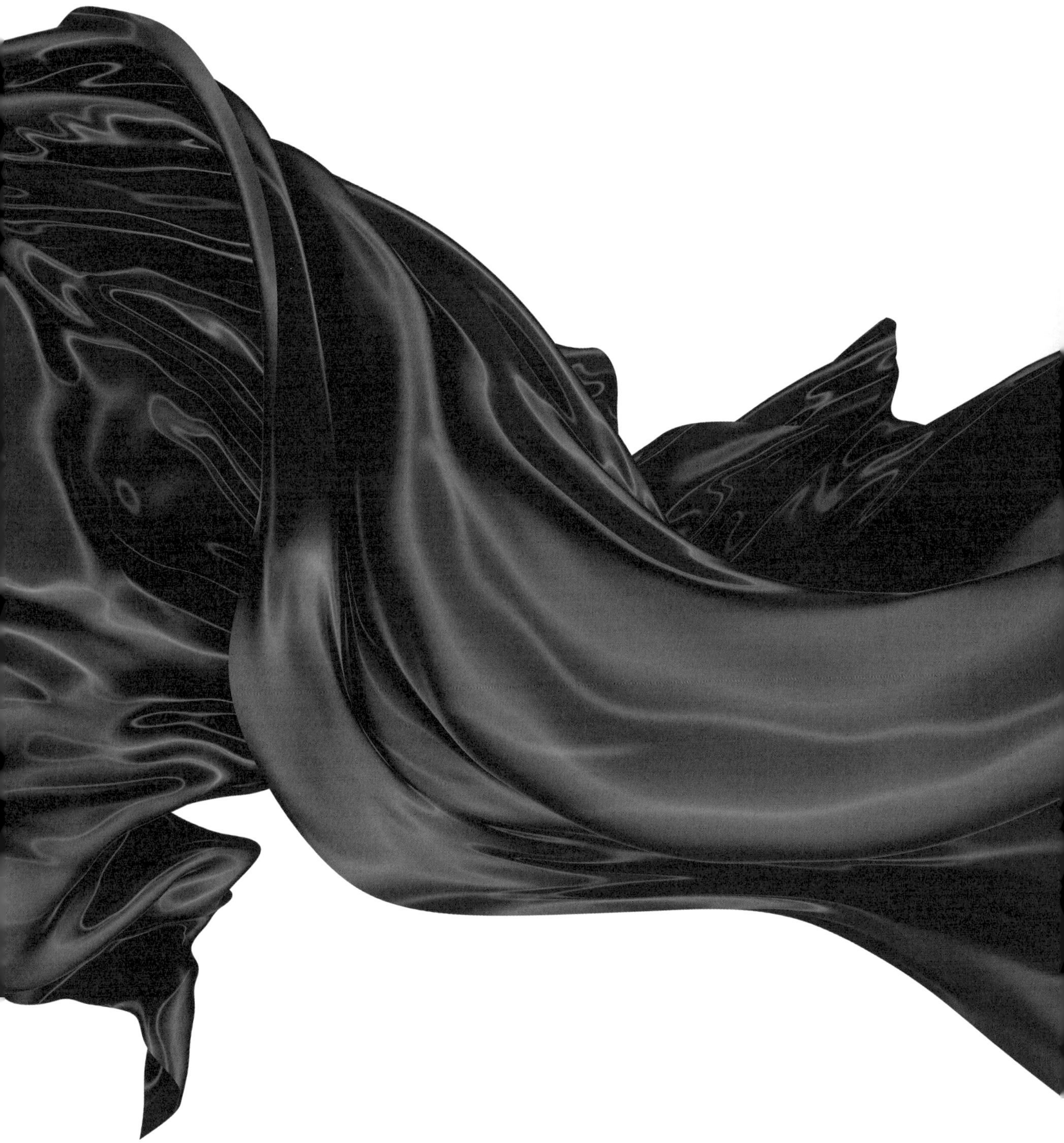

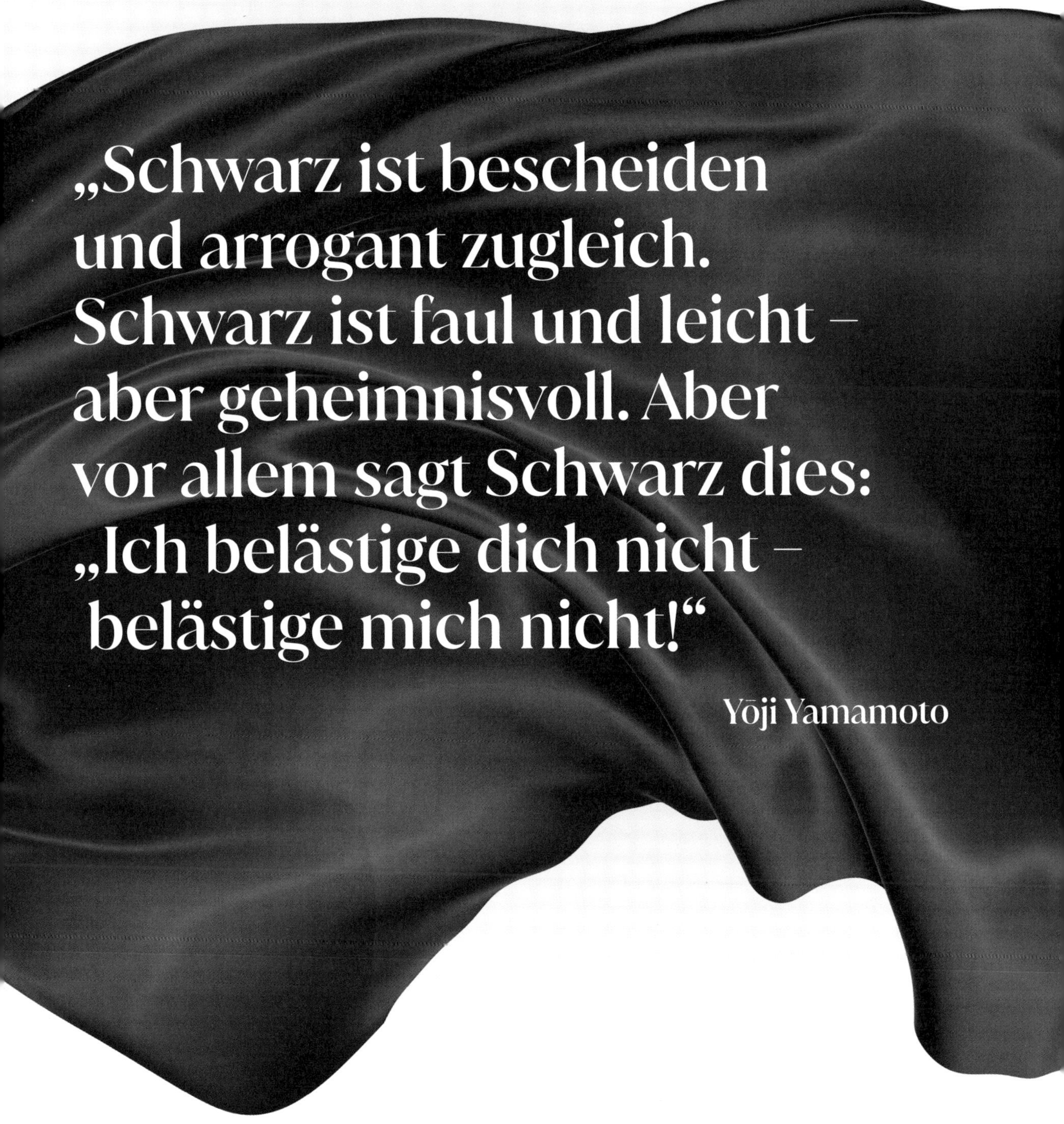

„Schwarz ist bescheiden und arrogant zugleich. Schwarz ist faul und leicht – aber geheimnisvoll. Aber vor allem sagt Schwarz dies: „Ich belästige dich nicht – belästige mich nicht!“

Yōji Yamamoto

Schwarz ist cool

Eines hat ein schwarzes Outfit immer: den Coolness-Faktor! Schwarz wirkt nie aufgeregt, mit dem richtigen Styling aber durchaus dramatisch. Schwarz ist nie schnelllebiger Trend, aber auch nie offiziell out, nie kindlich, immer erwachsen. Und Schwarz ist seit Beginn des 20. Jahrhunderts die Farbe der Freigeister. Marlene Dietrich küsste 1930 in ihrem ersten Hollywoodfilm im schwarzen Smoking eine andere Frau und brach damit en ganzen Haufen Konventionen auf einmal – unter anderem, dass schwarze Herrenkleidung für Damen tabu war. Edith Piaf trat aus einem ganz anderen Grund immer in Schwarz auf: Sie wollte nicht von ihrer Musik ablenken, ihr Outfit sollte sie als Person in den Hintergrund treten lassen – auch das kann Schwarz. Genau das macht Kleidung in dieser Farbe für Frauen im Geschäftsleben so attraktiv: Schwarz wirkt immer seriös und eher ernsthaft, lenkt nie von Fachkompetenz ab. Juliette Gréco wurde ganz in Schwarz gekleidet mit gekrempelter Hose und Rollkragenpullover zur Stilikone der Existentialisten – Männern wie Frauen! – im Paris der 1950er-Jahre. Ich habe Besseres zu tun, als mir Gedanken um mein Outfit zu machen, vermittelt dieser Look – und wirkt nicht nur kultiviert und intellektuell, sondern auch sehr fotogen.

Schwarz hat aber auch Protestpotenzial. Johnny Cash, der stets in Schwarz auftrat, erklärte in seinem Song „Man in Black": „Ich trage Schwarz für die Armen und die Niedergeschlagenen, die im hoffnungslosen, hungrigen Viertel der Stadt leben. Ich trage es für den Gefangenen, der schon lange für sein Verbrechen bezahlt hat, aber noch immer sitzt, weil er ein Opfer der Zeit ist." Dramatisch wird Schwarz in Verbindung mit Nieten, Leder und Glitzer im Glamrock oder der Gothic-Szene, die sich von der dunklen Seite der Farbe angezogen fühlen. Heute trägt Schwarz, wer trauert, wer damit schlanker erscheinen möchte, wer hip und stylish aussehen möchte, Wert auf Eleganz legt, betont lässig rüberkommen will oder geschäftsmäßig – Schwarz ist immer ein Statement, allerdings für durchaus verschiedene Dinge.

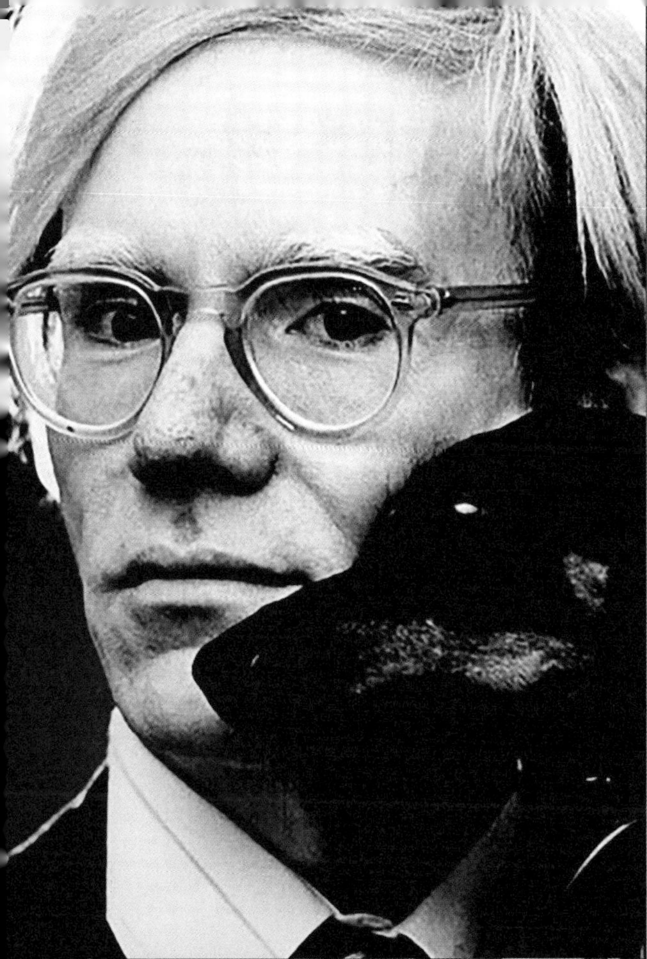
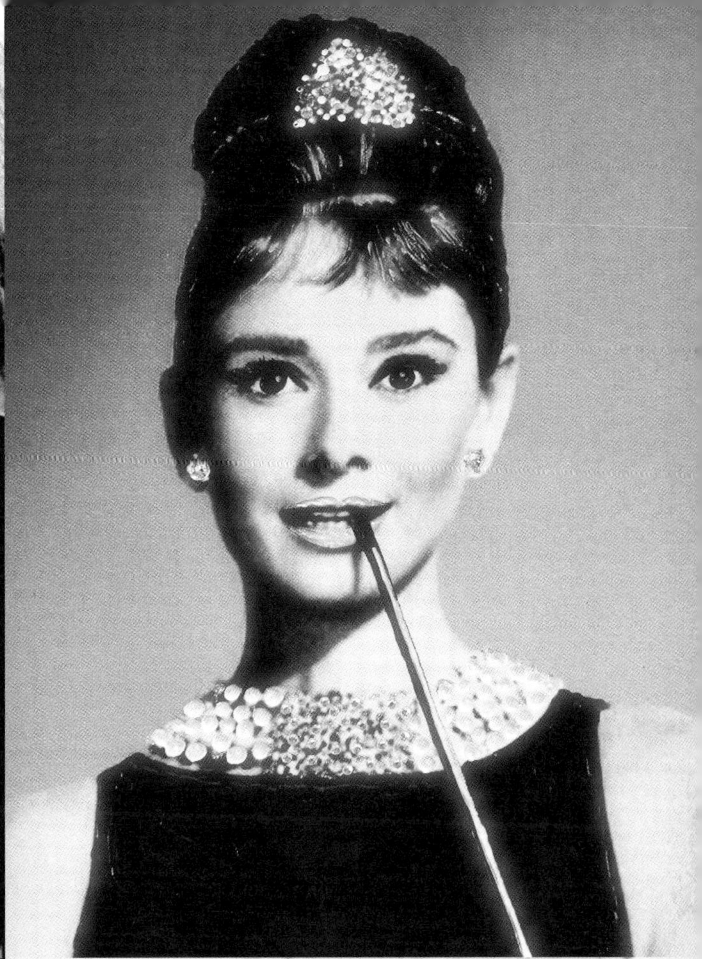
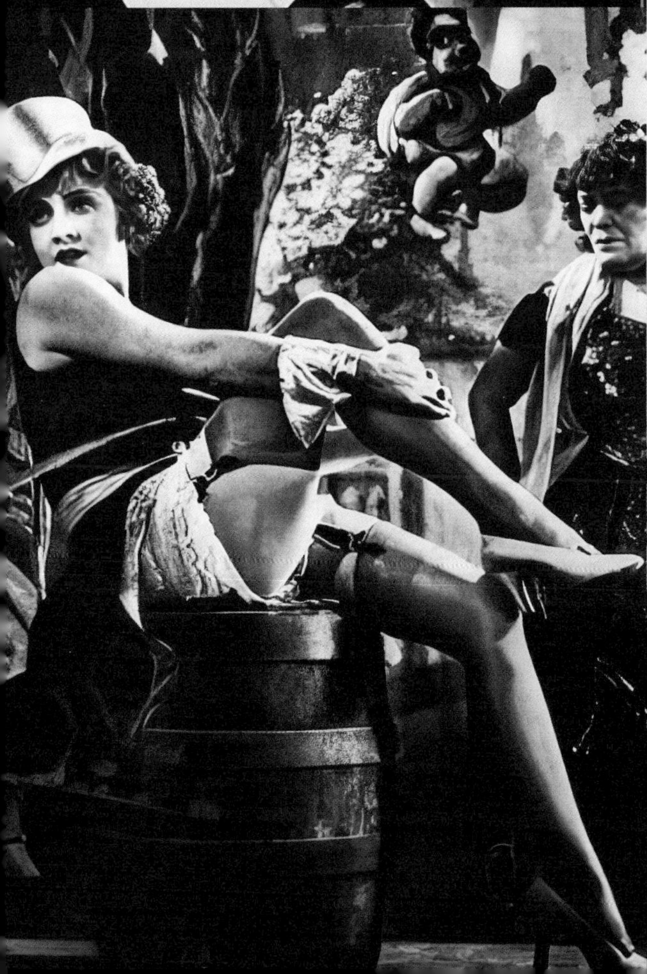
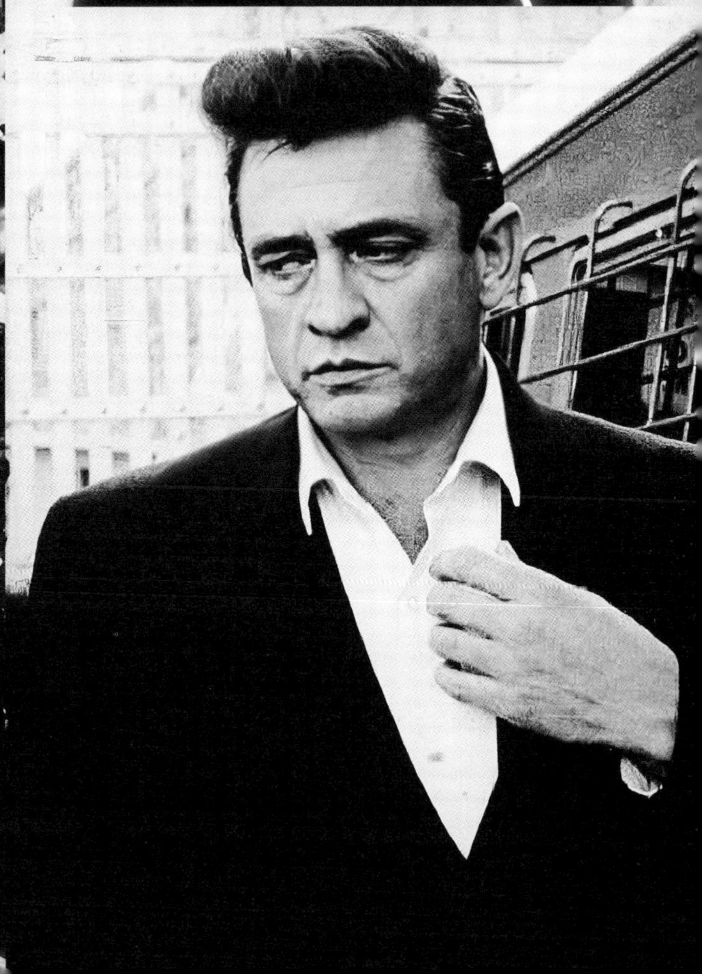

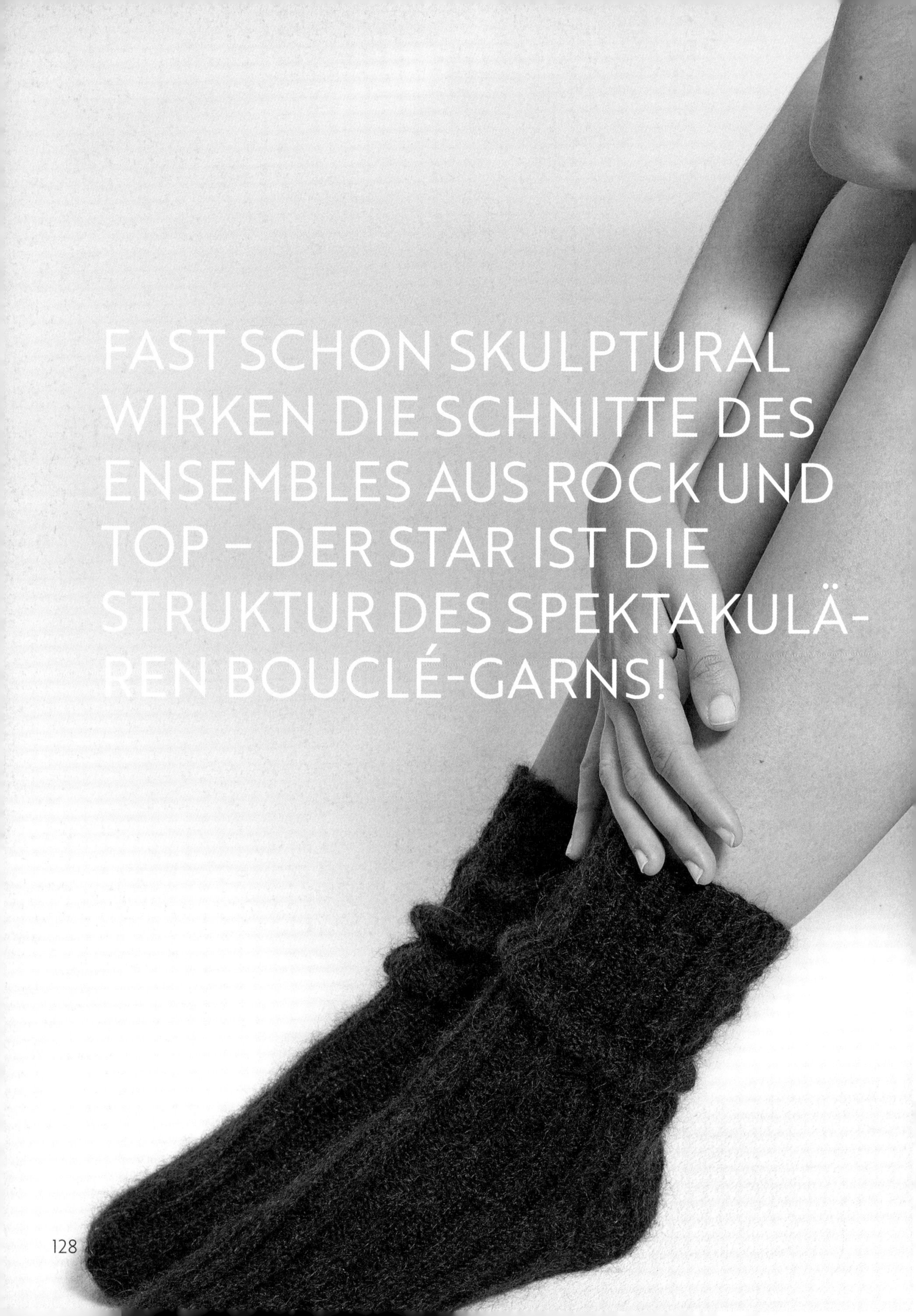

FAST SCHON SKULPTURAL WIRKEN DIE SCHNITTE DES ENSEMBLES AUS ROCK UND TOP – DER STAR IST DIE STRUKTUR DES SPEKTAKULÄREN BOUCLÉ-GARNS!

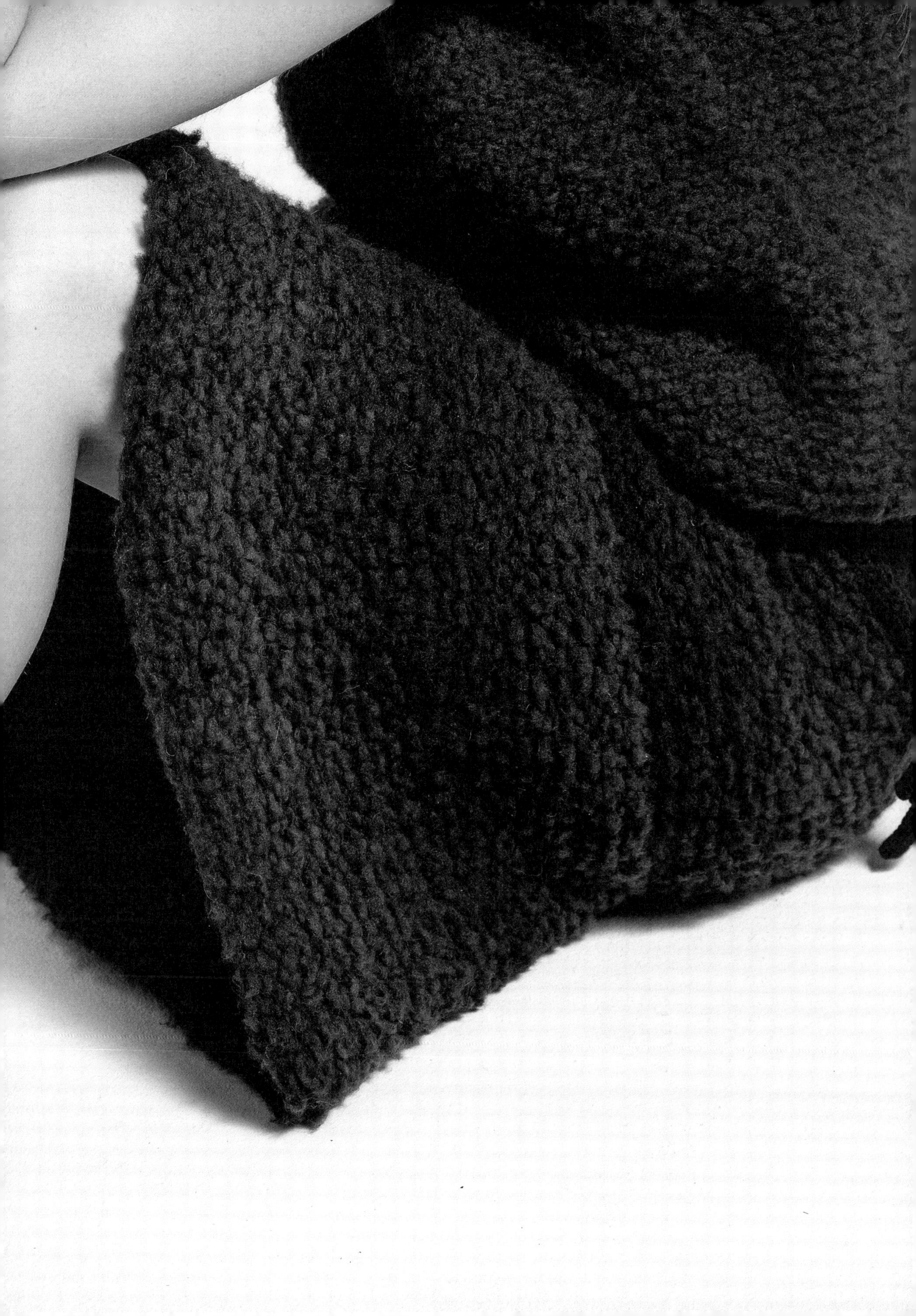

Top mit überschnittenen Schultern

34/36, 38/40 und 40/42

Die Angaben für die kleinste Größe stehen vor der Klammer, die für die beiden größeren Größen aufsteigend in den Klammern. Einzelne Angaben gelten für alle Größen.

Schwierigkeitsgrad

leicht

Maschenprobe

Kraus rechts mit Nadel 7 mm:
10 Maschen und 20 Reihen = 10 cm x 10 cm

Material

Lana Grossa Lala Berlin Cloudy
93 % Schurwolle, 7 % Nylon
LL = 100 m/50 g
200 (250/300) g Schwarz (Fb 10)

Rundstricknadel 7 mm
Maschenmarkierer

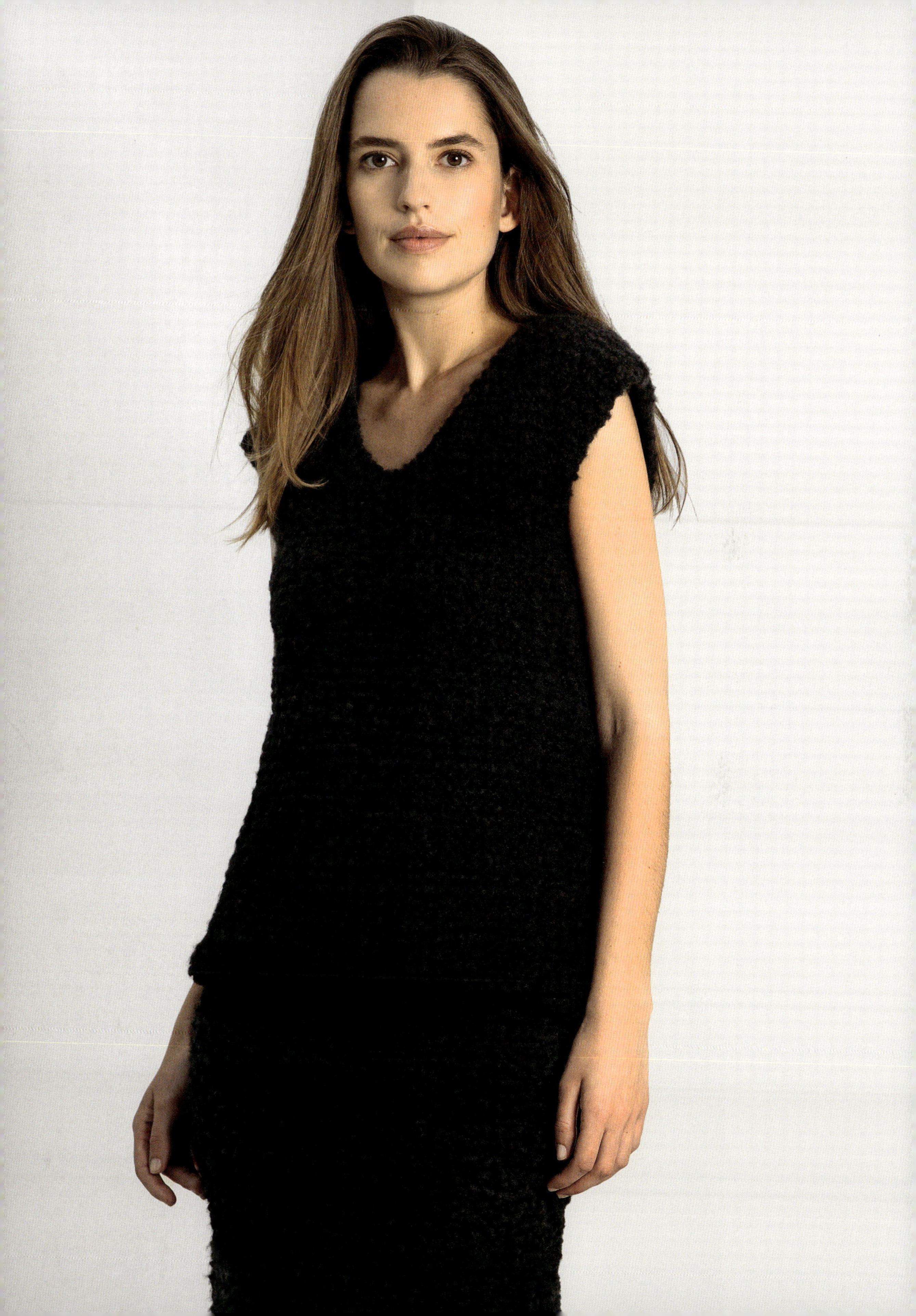

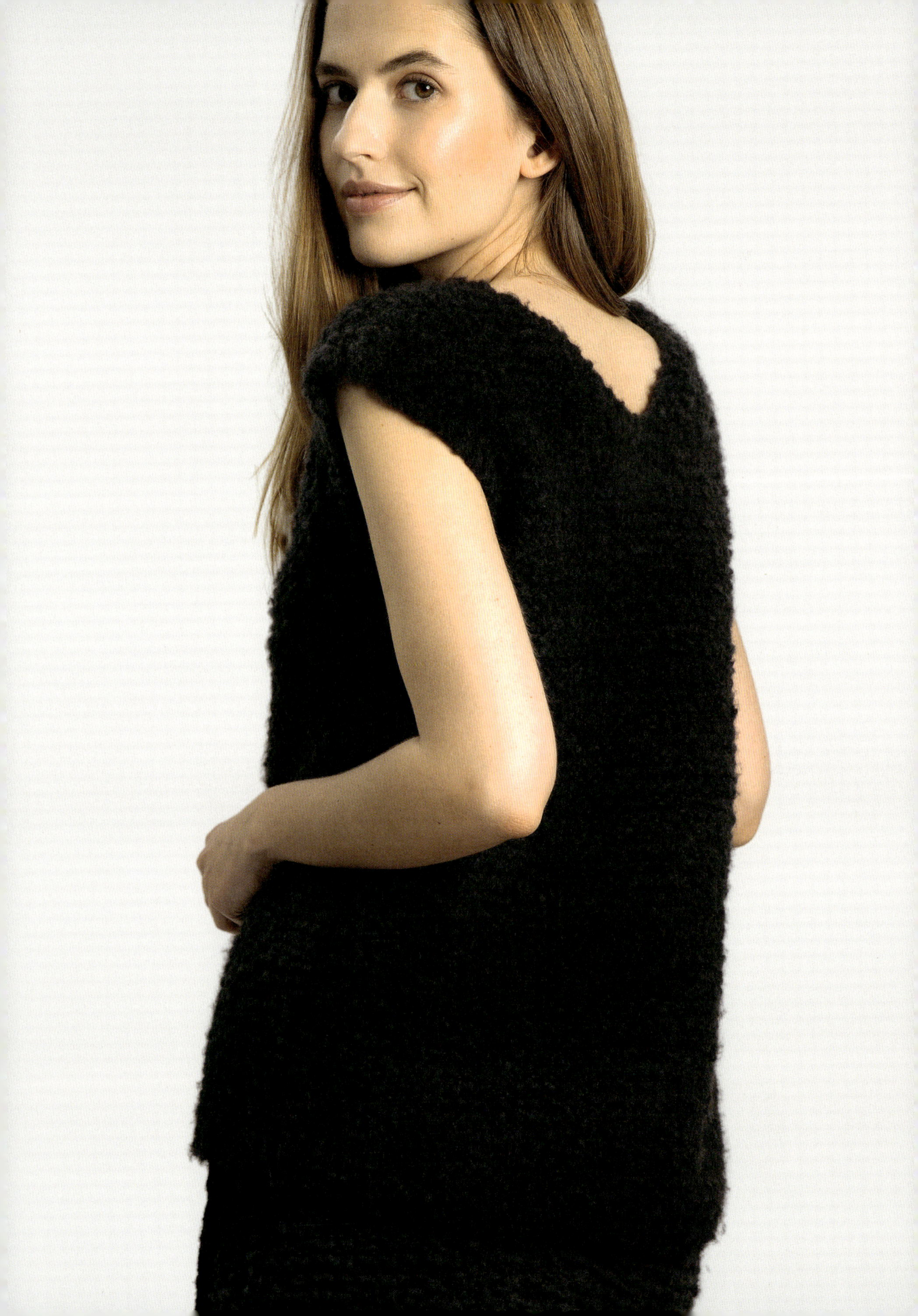

Muster und Maschen

Kraus rechts

In Hin- und Rückreihen rechts stricken.

1 rechte M rechtsgeneigt zunehmen

(siehe Seite 184)

Den Querfaden zwischen 2 M von hinten nach vorne aufnehmen und rechts stricken.

1 linke M rechtsgeneigt zunehmen

(siehe Seite 184)

Den Querfaden zwischen 2 M von hinten nach vorne aufnehmen und links stricken.

So wird's gemacht

Für das **Rückenteil** 54 (58/62) M anschlagen und kraus rechts stricken. In einer Höhe von 22 cm mit den Abnahmen für die Seitenschrägen beginnen, dazu 2 MM einhängen: 15 (16/17) M stricken, 1 MM einhängen, 1 Überzug (= 1 M wie zum Rechtsstricken abheben, 1 M rechts stricken, dann die abgehobene M über die gestrickte M ziehen), 20 (21/22) M rechts, 2 M rechts zusammenstricken, 1 MM einhängen, 15 (16/17) M rechts.

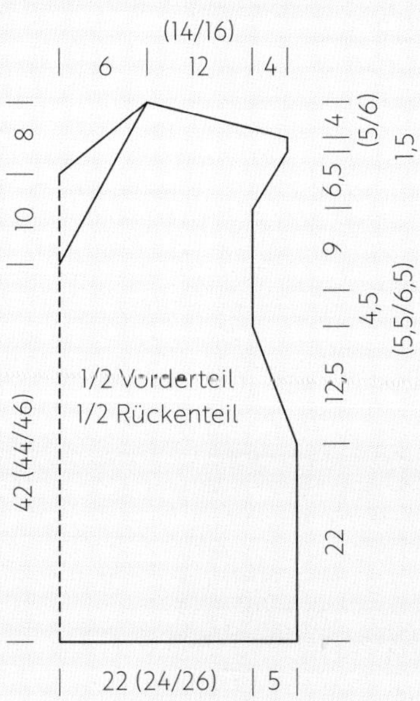

Anschließend noch 4x in jeder 6. Reihe jeweils nach dem 1. MM 1 Überzug und vor dem 2. MM 2 M rechts zusammenstricken = 44 (48/52) M.

In einer Höhe von 39 (40/41) cm den Beginn der Armausschnitte markieren. In 48 (49/50) cm Höhe für die Armschrägen zunehmen: 1 Randm, 1 M rechts, 1 rechte M rechtsgeneigt zunehmen, bis zu den letzten 2 M stricken, 1 rechte M linksgeneigt zunehmen, 1 M rechts, 1 Randm. Diese Zunahmen noch 3x in jeder 4. Reihe wiederholen = 52 (56/60) M.

Noch 2 Reihen stricken, dann in einer Höhe von 56 (58/62) cm für die Schultern an beiden Seiten in jeder 2. Reihe 4x 4 M (2x 3 M und 3x 4 M / 4x 3 M und 2x 4 M) abketten. Gleichzeitig für den rückwärtigen Halsausschnitt in einer Höhe von 50 (52/54) cm an beiden Seiten 10x in jeder 2. R 1 M abnehmen: 1 Randm, 1 M rechts, 2 M rechts zusammenstricken, auf der rechten Ausschnittseite am Ende der Hinreihe bis 4 M vor Ende der Reihe stricken, 1 Überzug (= 1 M wie zum Rechtsstricken abheben, 1 M rechts stricken, dann die abgehobene M über die gestrickte M ziehen), 1 M rechts, 1 Randm.

Das **Vorderteil** wie das Rückenteil arbeiten, dabei aber die Abnahmen an die Seitennähte verlegen: in 22 cm Höhe am Anfang der Reihe 1 Randm, 1 M rechts, 1 Überzug arbeiten, bis 4 M vor Ende der Reihe stricken, 2 M rechts zusammenstricken, 1 M rechts, 1 Randm.

Für den vorderen Halsausschnitt in 42 (44/46) cm Höhe an beiden Seiten 3x in jeder 2. Reihe und 7x in jeder 4. Reihe jeweils 1 M wie beim Rückenteil abnehmen.

Fertigstellen

Die Schulter- und Seitennähte schließen.

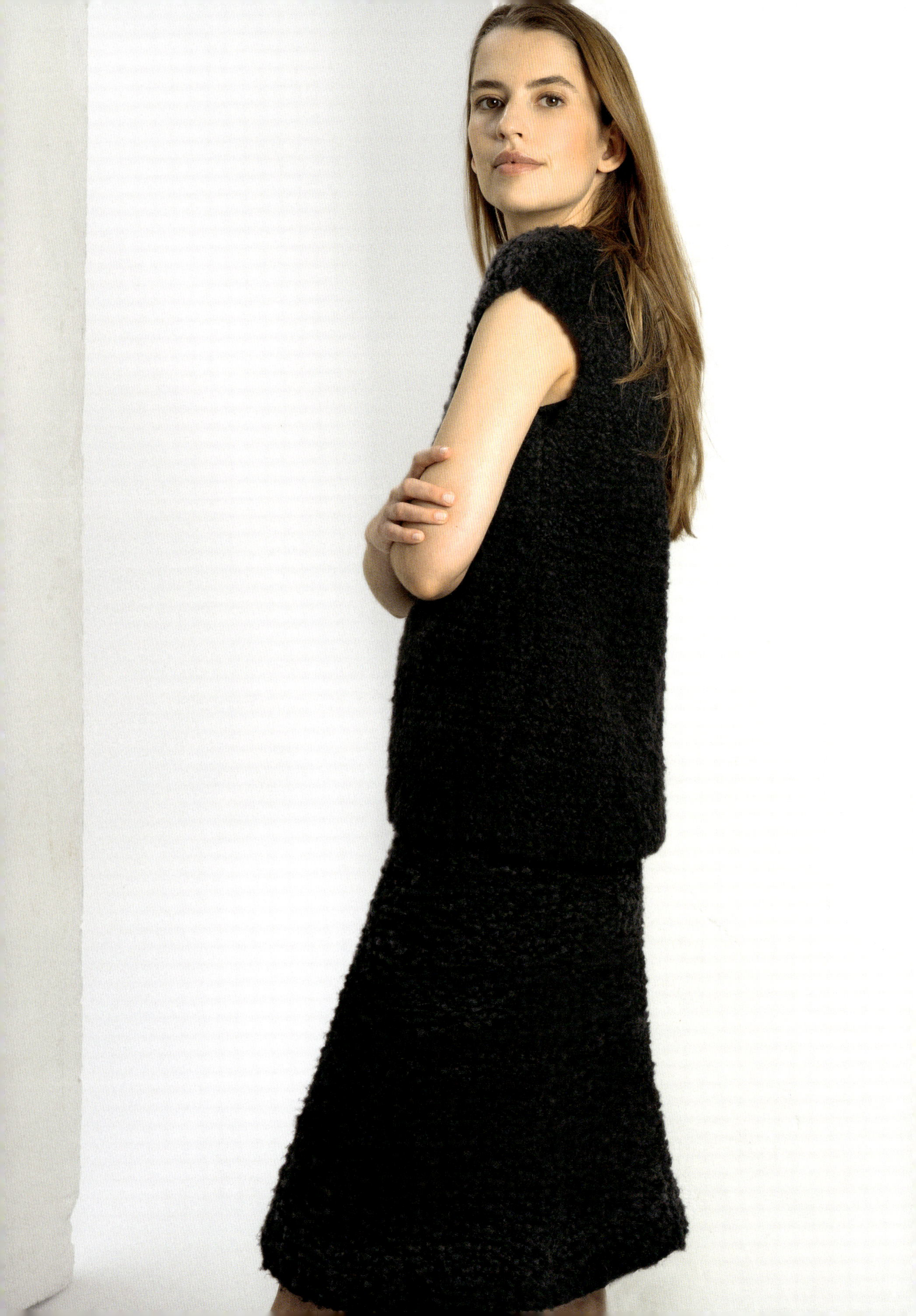

Bouclé-Rock

36/38, 40/42 und 44/46

Die Angaben für die kleinste Größe stehen vor der Klammer, die für die größeren Größen aufsteigend in den Klammern. Einzelne Angaben gelten für beide Größen.

Schwierigkeitsgrad

leicht

Maschenprobe

Kraus rechts mit Nadel 9 mm:
9 Maschen und 19 Runden = 10 cm x 10 cm

Material

Lana Grossa Cloudy
93 % Schurwolle, 7 % Nylon
LL = 100 m/50 g
200 g Schwarz (Fb 0010)

und

Lana Grossa Cool Merino
90 % Schurwolle, 10 % Polyamid
LL = 150 m/50 g
150 g Schwarz (Fb 0014)

Rundstricknadel 9 mm, 100 cm lang
2 Nadeln eines Nadelspiels 5 mm

Maschenmarkierer, dabei einen andersfarbigen MM für den Rundenübergang

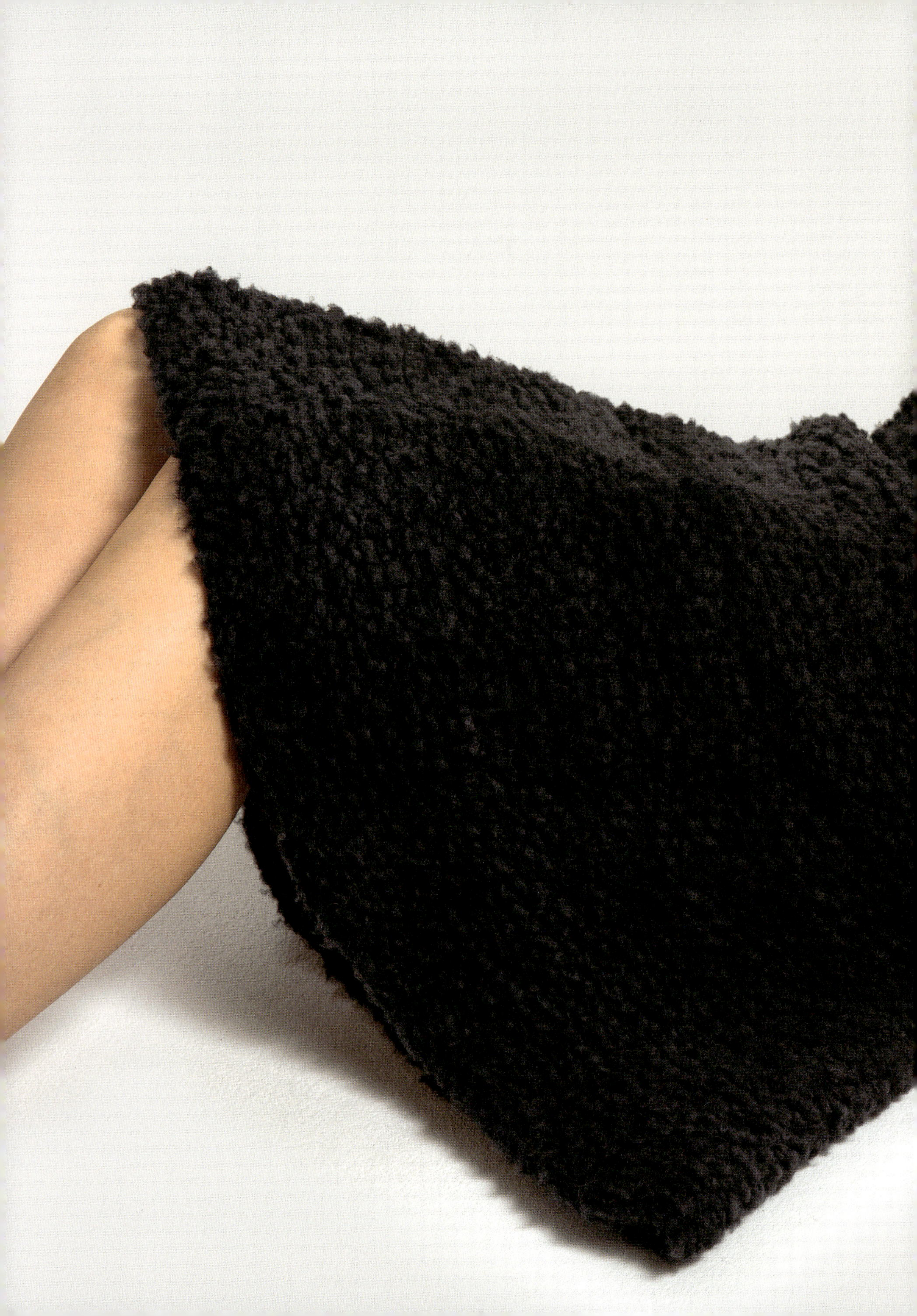

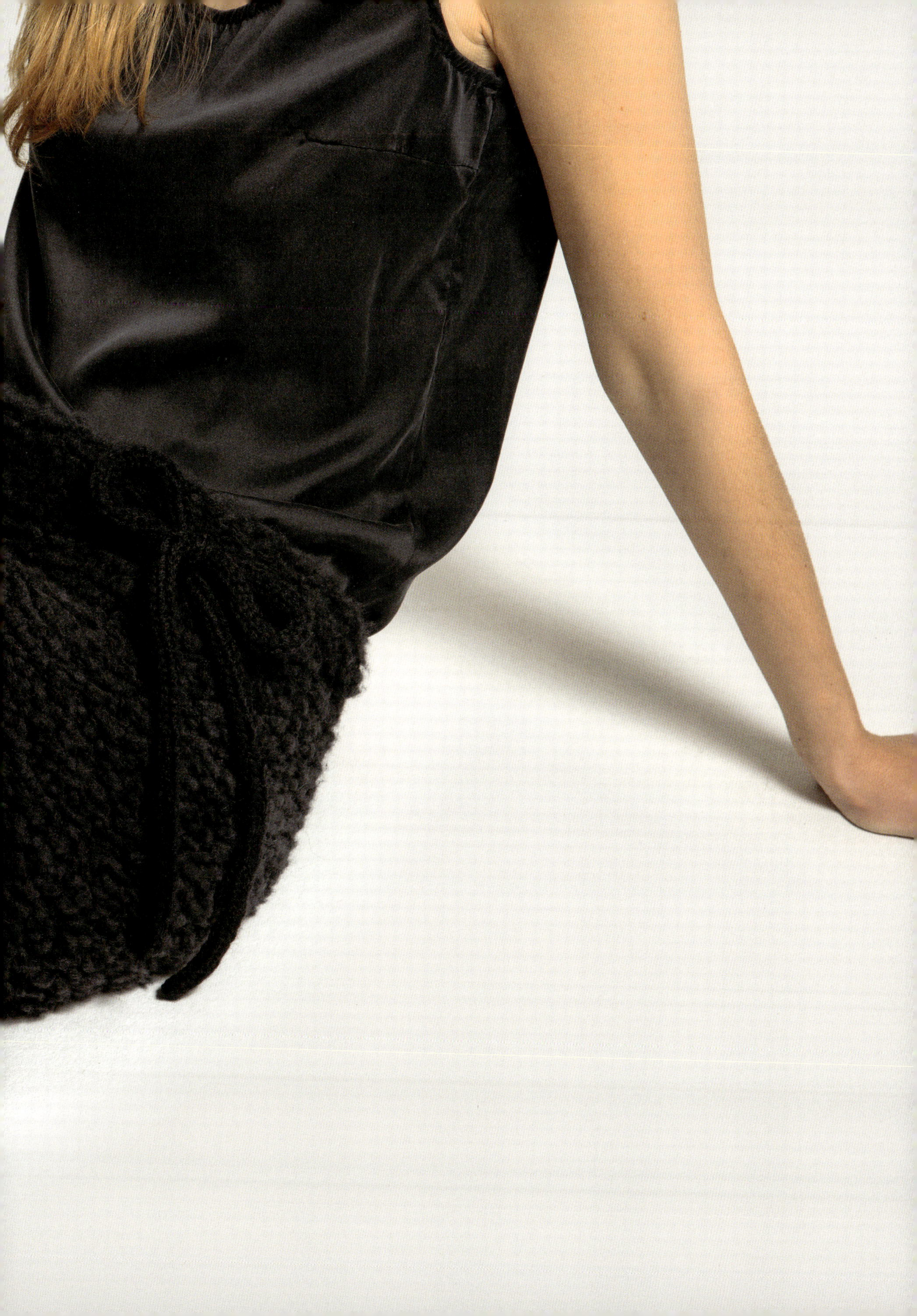

Muster und Maschen

Kraus rechts in Runden

1 Runde rechte M, 1 Runde linke M im Wechsel stricken.

Abnahme mit aufliegender Mittelmasche
(siehe Seite 185)

2 M zusammen wie zum Rechtsstricken abheben, 1 M rechts stricken, dann die abgehobenen M über die gestrickte M ziehen.

So wird's gemacht

Hinweis: Es wird stets zweifädig mit je 1 Faden beider Garne gearbeitet.

138 (142/146) M zweifädig anschlagen und zur Runde schließen, dabei für den Rundenanfang den einzelnen MM einhängen.

In Runden kraus rechts stricken, dabei in der 6. Runde (einer links gestrickten Runde) wie folgt 5 MM auf die rechte Nadel platzieren: je 1 MM nach der 11. (12./13.) M, der 36. (37./38.) M (Seite), der 68. (70./72.) M (vordere Mitte), der 100. (103./106.) M (Seite) und der 125. (128./131) M einhängen.

In der folgenden Runde (einer rechts gestrickten Runde) nach jedem MM jeweils 1 Abnahme mit aufliegender Mittel-M arbeiten, dabei den MM für den Rundenbeginn auslassen – 10 M abgenommen = 128 (132/136) M. Diese Abnahmen noch 1x in der folgenden 6. Runde, 1x in der folgenden 8. Runde und 2x in jeder 10. Runde wiederholen = 88 (92/96) M.

In einer Höhe von 24 (25/26) cm nach einer rechts gestrickten Runde 1 weitere Runde rechts stricken, dann weiter kraus rechts arbeiten. In der 12. Runde die Abnahmen an den 4 MM nach und vor dem Rundenbeginn sowie an den Seiten wiederholen (den MM für den Rundenübergang und den MM in der vorderen Mitte auslassen) = 80 (84/88) M. Dann 4x in jeder 12. Runde die Abnahmen nur noch an den MM an den beiden Seiten arbeiten = 64 (68/72) M.

In einer Höhe von 54 (56/58) cm für den Tunneldurchzug eine Lochmusterreihe arbeiten: 1 M rechts, 1 Umschlag, 2 M rechts zusammenstricken, * 3 M rechts, 1 Umschlag, 2 M rechts zusammenstricken, ab * wiederholen, 1 Umschlag, 2 M rechts zusammenstricken, 2 M rechts. Noch 6 Runden kraus rechts stricken, dann alle M abketten.

Mit 2 Fäden Cool Merino und einer Spielnadel 5 mm 4 M anschlagen und eine I-Cord von 165 (170/175) cm Länge stricken. Die Kordel durch die Lochmusterreihe fädeln, dazu jeweils an der linken Körperseite beginnen und enden.

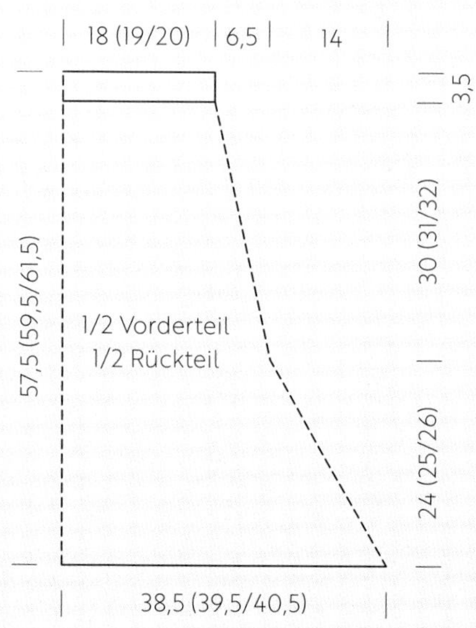

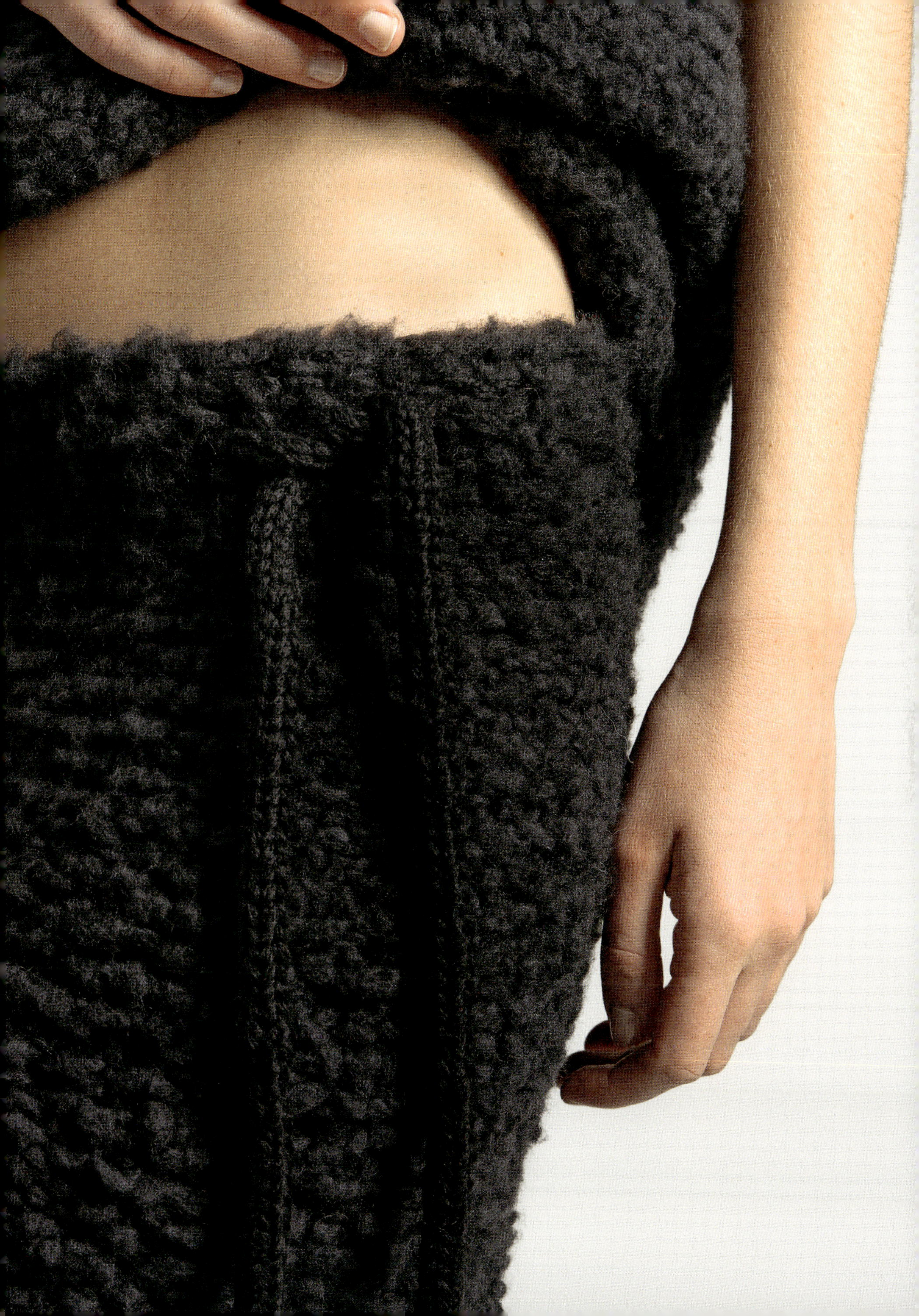

„Kaufe weniger. Wähle gut. Mach es haltbar.“

Vivienne Westwood

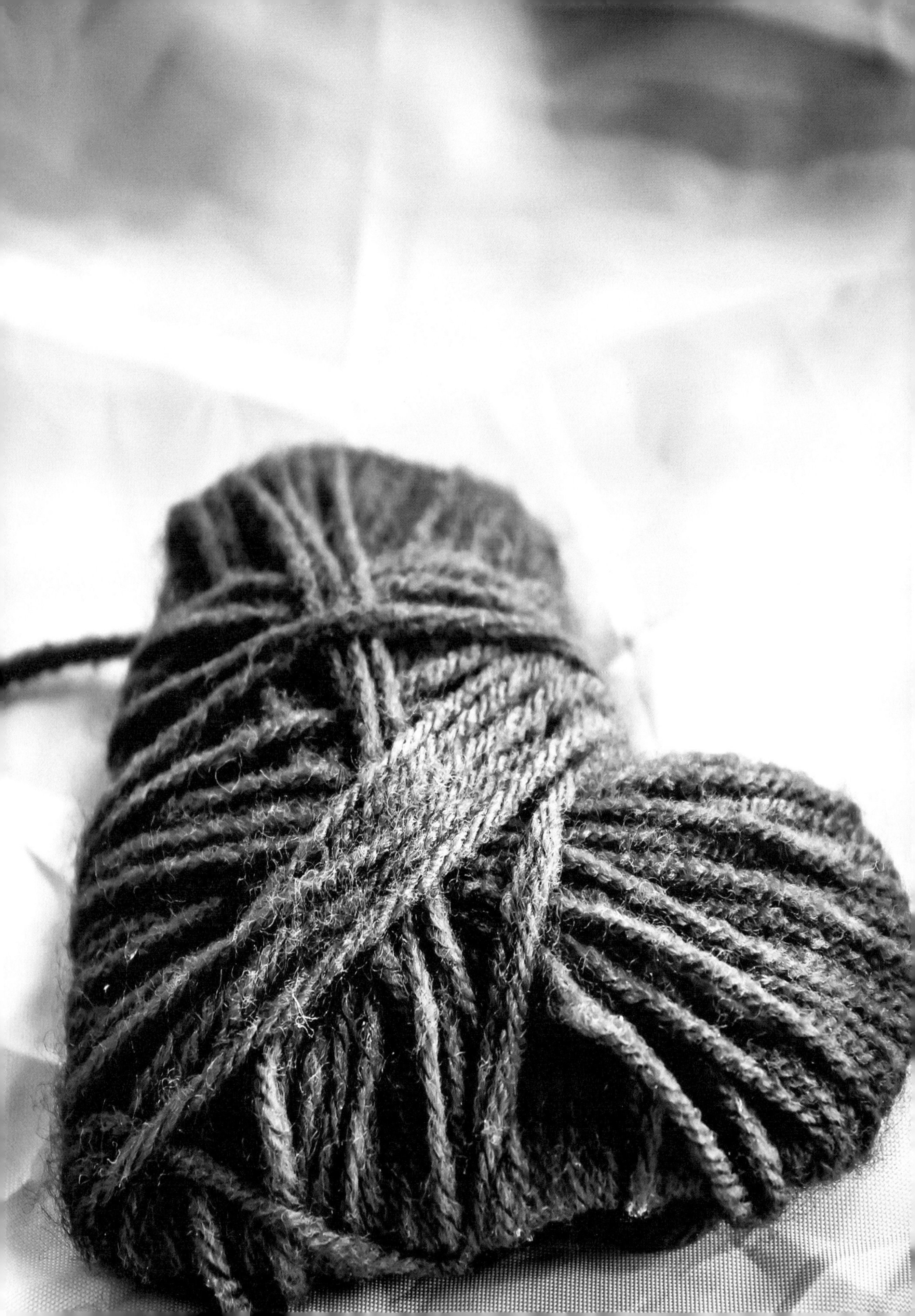

Stricken in Schwarz

Jede Farbkarte hat Schwarz! Das ist ein Riesenvorteil für alle, die ein Projekt in Schwarz anschlagen möchten: Egal welches Garn Sie sich aussuchen, Schwarz ist in so gut wie jeder Uni-Farbpalette vertreten, man findet immer die richtige Nuance. Wer schwarz strickt, kann in Sachen Garn aus dem Vollen schöpfen.

Wer schwarz strickt, weiß aber auch, dass die dunkle Farbe das Maschenbild schluckt – es kann mühsam werden, die richtige Einstichstelle zu treffen. Auszählen, einen Fehler finden oder auch nur nachzuvollziehen, wie die letzten Maschen gestrickt wurden, ist nicht immer einfach. Es gibt aber ein paar Tricks, die das Stricken in Schwarz erleichtern.

An erster Stelle: für gutes Licht sorgen! Rücken Sie den Stricksessel ans Fenster und stricken Sie im Sonnenschein. Wenn es zu dunkel wird, gönnen Sie sich eine Stehlampe mit Leselicht, empfohlen wird eine Beleuchtungsstärke von mindestens 500 Lux, genau wie am Schreibtisch. Spezielle Stricklampen zum Umhängen sorgen für punktgenau helles Licht. Sehr hilfreich ist es auch, den Kontrast zum Untergrund zu verstärken: Helle, am besten weiße Stricknadeln und ein untergelegtes weißes Handtuch haben sich da bewährt. Ein Trumpf ist auch, dass Handstrickdesigns, die für Schwarz konzipiert wurden, dieses Handicap im Blick haben und Muster auswählen, die sich auch im schwarzen Maschenbild klar und markant abzeichnen. Rippen, kurze Rapporte oder besonders plastische Strukturen gehören dazu. Schlicht passt aber auch wunderbar zu Schwarz und da verkehrt sich der Nachin einen Vorteil: Nicht jede falsch gestrickte Masche fällt ins Auge, kleine Fehler schummelt das Strickbild einfach weg. Außerdem hilft es natürlich, das Auszählen durch viel Übersicht überflüssig zu machen: Maschenmarkierer für längere Rapporte oder Ab- und Zunahmestellen sowie Reihenzähler sind eine gute Hilfe. Dazu gibt es beim Stricken mit Schwarz immer das eine große Plus: Sie haben die edelste Farbe der Welt auf den Nadeln und stricken Ihr neues Lieblingsstück!

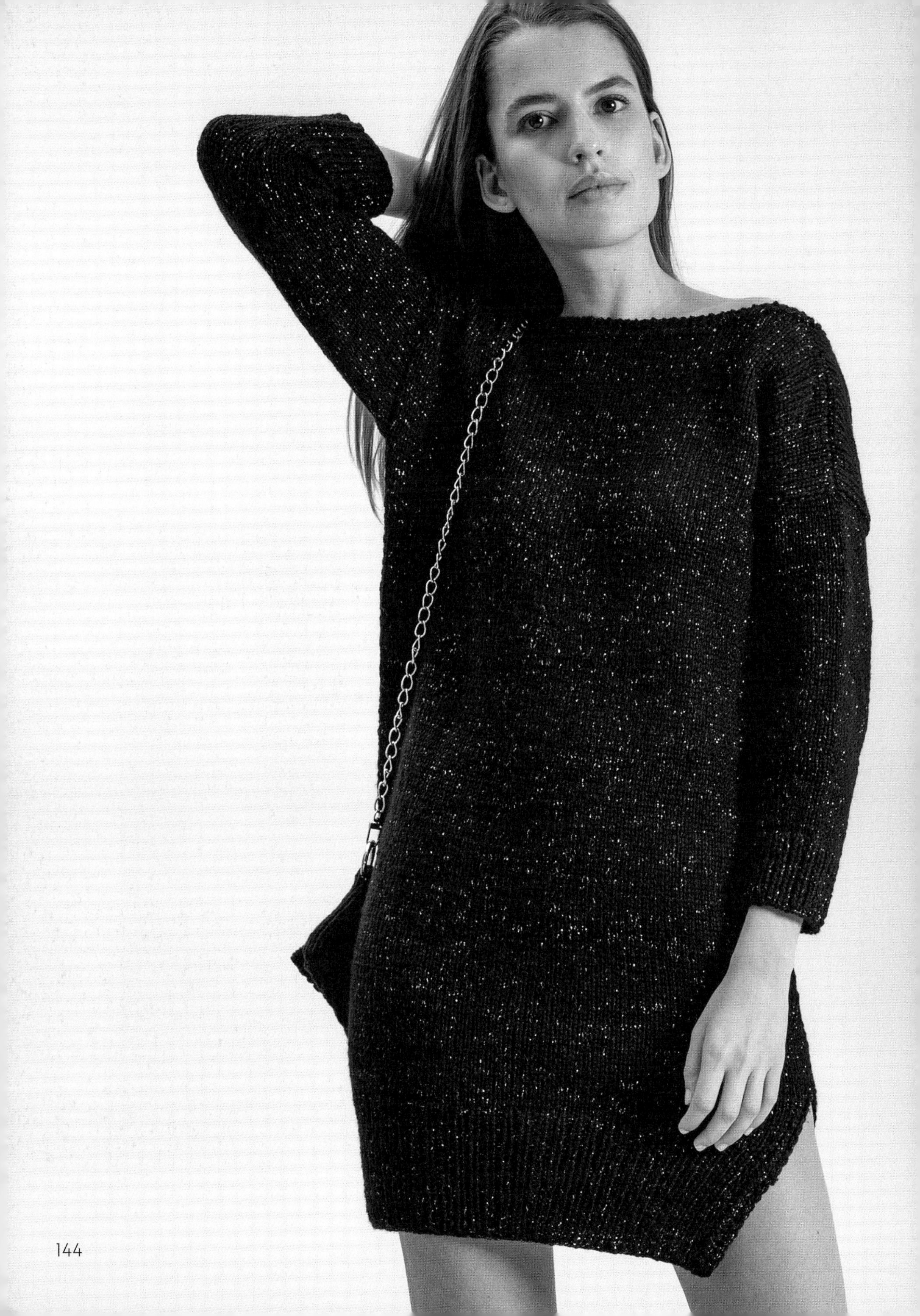

SCHLICHT MIT SCHLITZ IN DER FRONTANSICHT, REIZVOLL DER RÜCKEN MIT TIEFEM V-AUSSCHNITT, DAS BEILAUFGARN BRINGT EINEN DEZENTEN GLITZEREFFEKT IN DIE MASCHE.

Pulloverkleid mit Schlitz

34/36, 38/40, 42/44 und 46/48

Die Angaben für die kleinste Größe stehen vor der Klammer, die für die beiden größeren Größen aufsteigend in den Klammern. Einzelne Angaben gelten für alle Größen.

Schwierigkeitsgrad

leicht

Material

Lana Grossa Cool Merino
90 % Schurwolle, 10 % Polyamid
LL = 150 g/50 g
400 (450/500/550) g Schwarz (Fb 014)

und

Lana Grossa Brillino
83 % Viskose, 17 % Metallische Fasern
LL = 200 m/25 g
125 (150/175/200) g Schwarz/Silber (Fb 013)

Rundstricknadel 5,5 mm und 6 mm

Maschenproben

Glatt rechts mit Nadel 6 mm:
17 Maschen und 24 Reihen = 10 cm x 10 cm

Bündchenmuster mit Nadel 5,5 mm:
19 Maschen und 25 Reihen = 10 cm x 10 cm

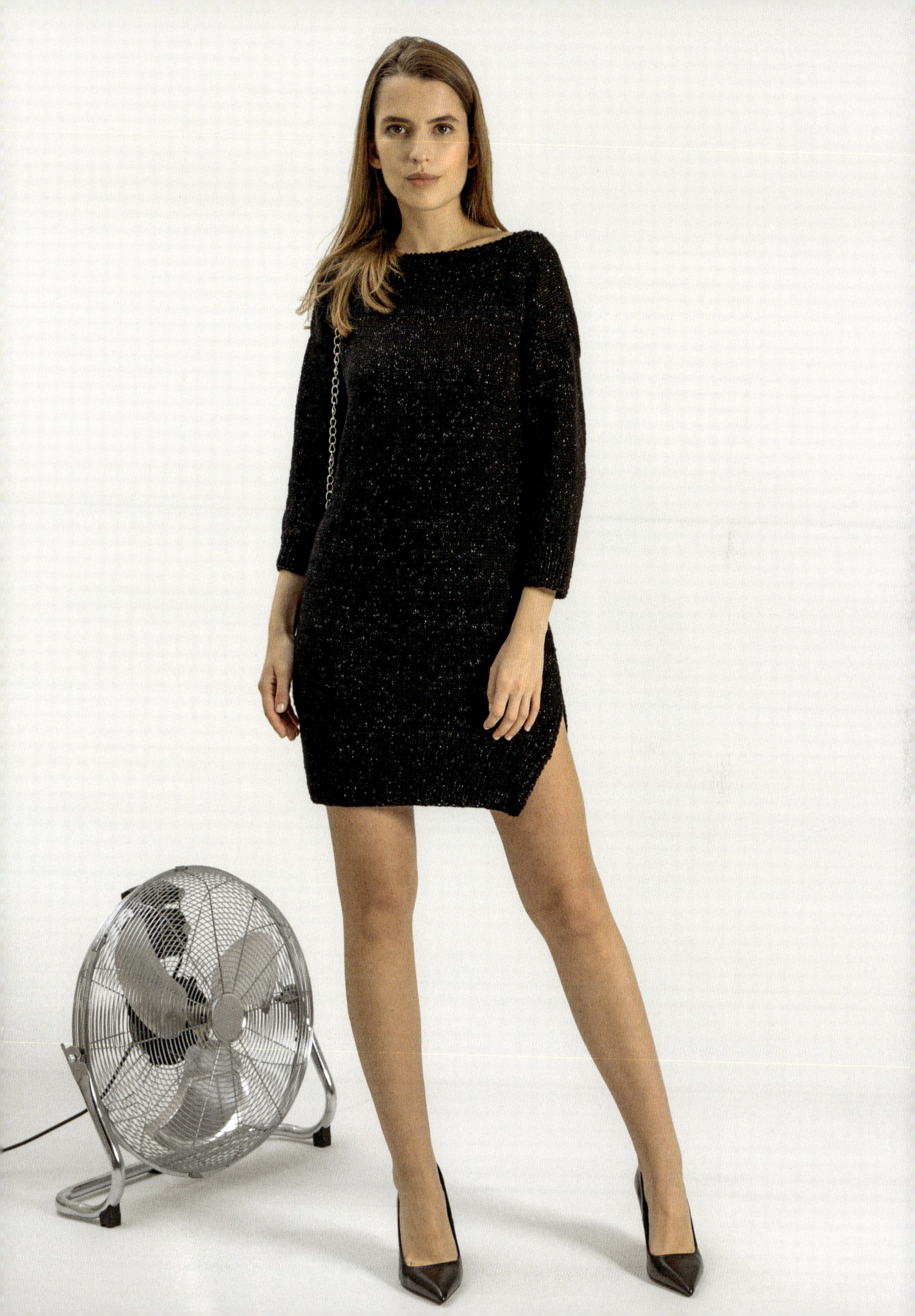

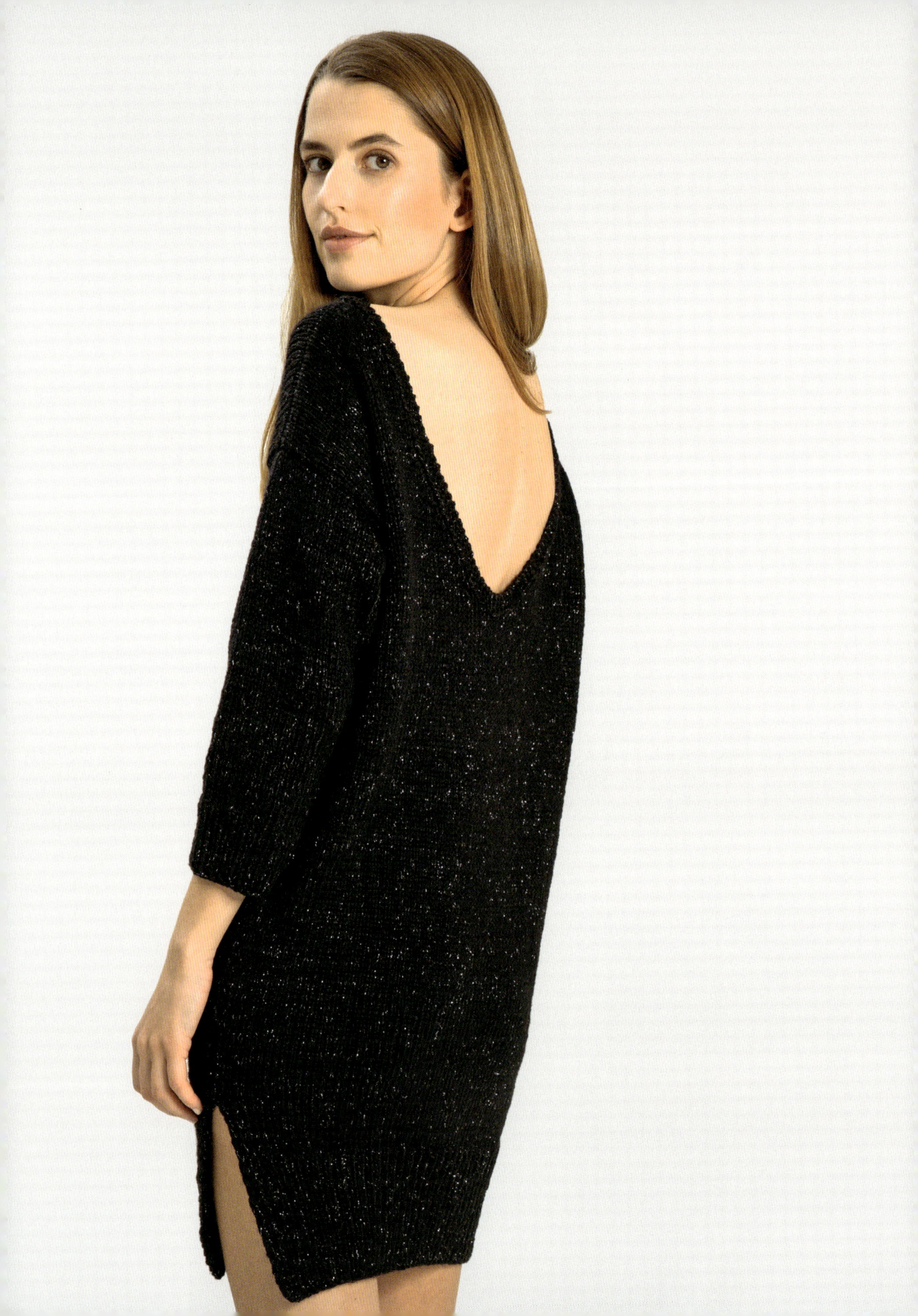

Muster und Maschen

Glatt rechts

In Hinreihen rechte M, in Rückreihen linke M stricken.

Bündchenmuster

1 M rechts, 1 M links im Wechsel stricken.

Randm am Schlitz

In jeder Reihe die 1. M rechts stricken, die letzte M mit dem Faden vor der Arbeit links abheben.

Blendenm am Schlitz (über je 5 M)

Am Vorderteil: Am Anfang der Hinreihen 1 Randm, [1 M rechts verschränkt, 1 M links] 2x arbeiten; am Ende der Rückreihen bis zu den letzten 5 M stricken, [1 M rechts verschränkt, 1 M links] 2x arbeiten, Randm.

Am Rückenteil: Am Ende der Hinreihen bis zu den letzten 5 M stricken, [1 M links, 1 M rechts] 2x arbeiten, 1 Randm; am Anfang der Rückreihen 1 Randm, [1 M links, 1 M rechts verschränkt] 2x arbeiten.

So wird's gemacht

Vorne hat das Kleid einen leichten U-Boot-Ausschnitt, hinten einen tiefen, leicht gerundeten V-Ausschnitt und einen Schlitz an der linken Rockseite.

Hinweis: Es wird stets zweifädig mit je 1 Faden beider Garne gearbeitet.

Für das **Rückenteil** 75 (79/85/91) M mit Nadel 5,5 mm zweifädig mit je 1 Faden beider Garne anschlagen und im Bündchenmuster stricken, dabei mit einer Hinreihe beginnen und die letzten 5 M als Blendenm für den Schlitz arbeiten. In einer Höhe von 12 cm zur Nadel 6 mm wechseln und glatt rechts stricken, die Blendenm für den Schlitz für weitere 4 cm Höhe arbeiten, dann glatt rechts weiterarbeiten. Für die Seitenschrägen an beiden Seiten 4x in jeder 26. (28./30./32.) Reihe je 1 M zunehmen = 83 (87/93/99) M.

In einer Höhe von 58 (60/62/64) cm ab Anschlag die mittleren 3 M abketten und beide Seiten getrennt fertigstellen, dabei an der Halsausschnittseite jeweils 14x in jeder 2. Reihe und noch 4x in jeder 6. Reihe je 1 M wie folgt abnehmen: an der linken Ausschnittseite 1 M rechts, 2 M rechts zusammenstricken; an der rechten Ausschnittseite bis 3 M vor Ende der Reihe stricken, 1 Überzug (= 1 M wie zum Rechtsstricken abheben, 1 M rechts stricken, dann die abgehobene M über die gestrickte M ziehen), 1 M rechts.

In einer Höhe von 81 (83/85/87) cm ab Anschlag an beiden Seiten die jeweils ersten 22 (24/27/30) M für die Schultern abketten.

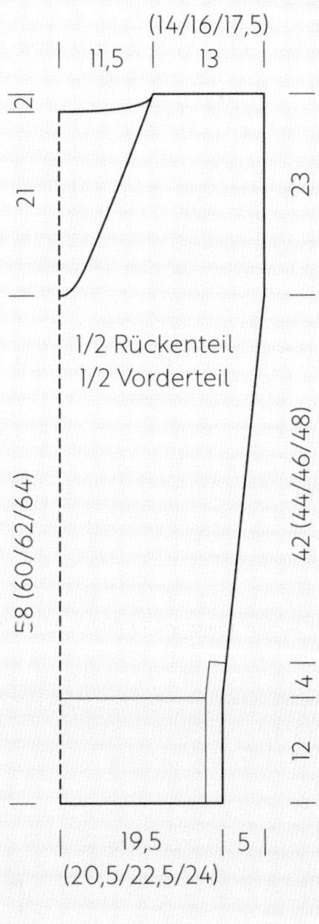

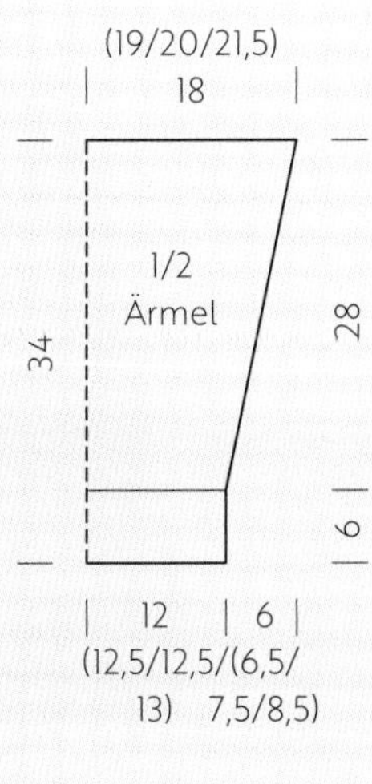

Das **Vorderteil** wie das Rückenteil stricken, den Schlitz dabei auf der anderen Seite arbeiten, dazu die ersten 5 M als Blendenm stricken. Für den vorderen Halsausschnitt in einer Höhe von 79 (81/83/85) cm die mittleren 21 M abketten und beide Seiten getrennt fertigstellen, dabei an der Halsausschnittseite in jeder 2. Reihe je 1x 5 M und 1x 4 M abketten.

Für den **Ärmel** 43 (45/45/47) M zweifädig mit je 1 Faden beider Garne mit Nadel 5,5 mm anschlagen und in folgender Aufteilung arbeiten: 12 (13/13/14) M rechts, 19 M im Bündchenmuster, beginnend mit 1 M links, 1 M rechts, 12 (13/13/14) M rechts. In einer Höhe von 6 cm Höhe zur Nadel 6 mm wechseln und über alle M glatt rechts weiterarbeiten. Für die Armschrägen an beiden Seiten 3x in jeder 8. Reihe und 6x in jeder 6. Reihe (10x in jeder 6. Reihe / 8x in jeder 6. Reihe und 4x in jeder 4. Reihe / 13x in jeder 4. Reihe) je 1 M zunehmen = 61 (65/69/73) M. In einer Höhe von 34 cm ab Anschlag alle M abketten.

Fertigstellen

Alle Nähte schließen. An der linken Schulternaht beginnend aus dem Halsausschnitt 114 M herausstricken: aus dem Vorderteil 33 M, aus dem Rückenteil 81 M. Dafür aus beiden Garnen je 1 Stück Garn abwickeln, das jeweils ca. 3x so lang wie die Halsausschnittkante ist, und damit die M aus dem Halsausschnitt herausstricken. Am Rundenanfang mit je 1 Faden beider Garne aus dem Knäuel 4 M neu anschlagen. **1. Reihe (Hinreihe):** 3 M rechts stricken, die 4. M mit der folgenden M aus dem Halsausschnitt rechts verschränkt zusammenstricken. **2. Reihe (Rückreihe):** Alle M rechts stricken. Diese beiden Reihen wiederholen, bis alle M abgekettet sind. Die Anschlag- und Abkettkanten aneinandernähen.

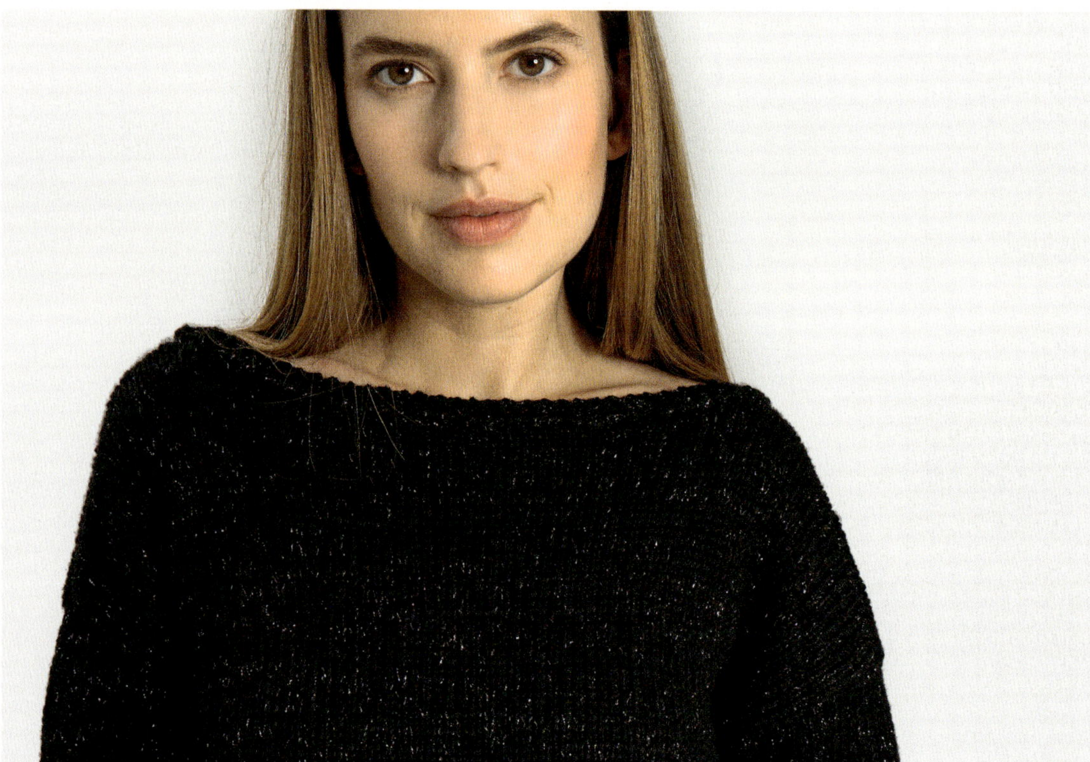

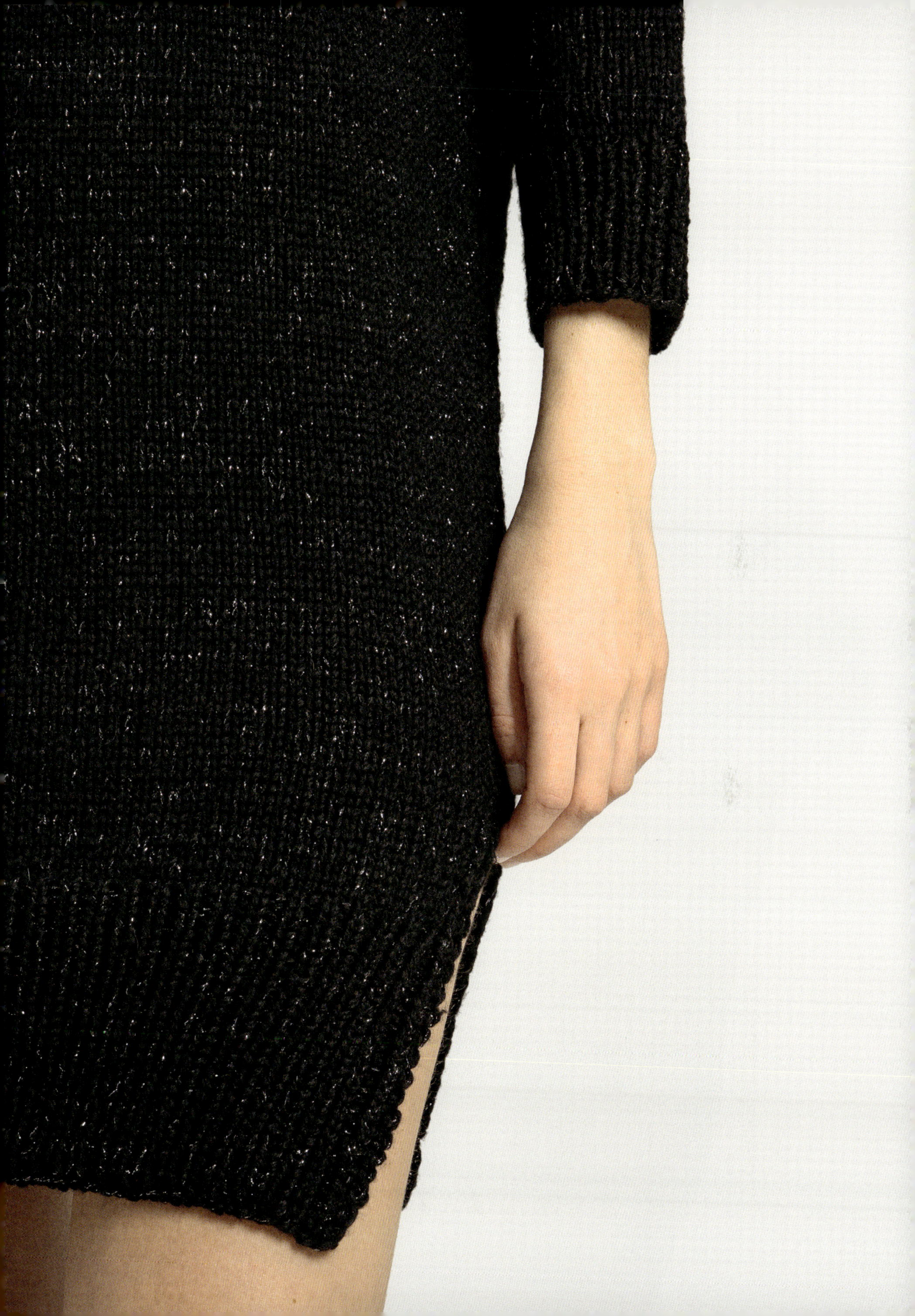

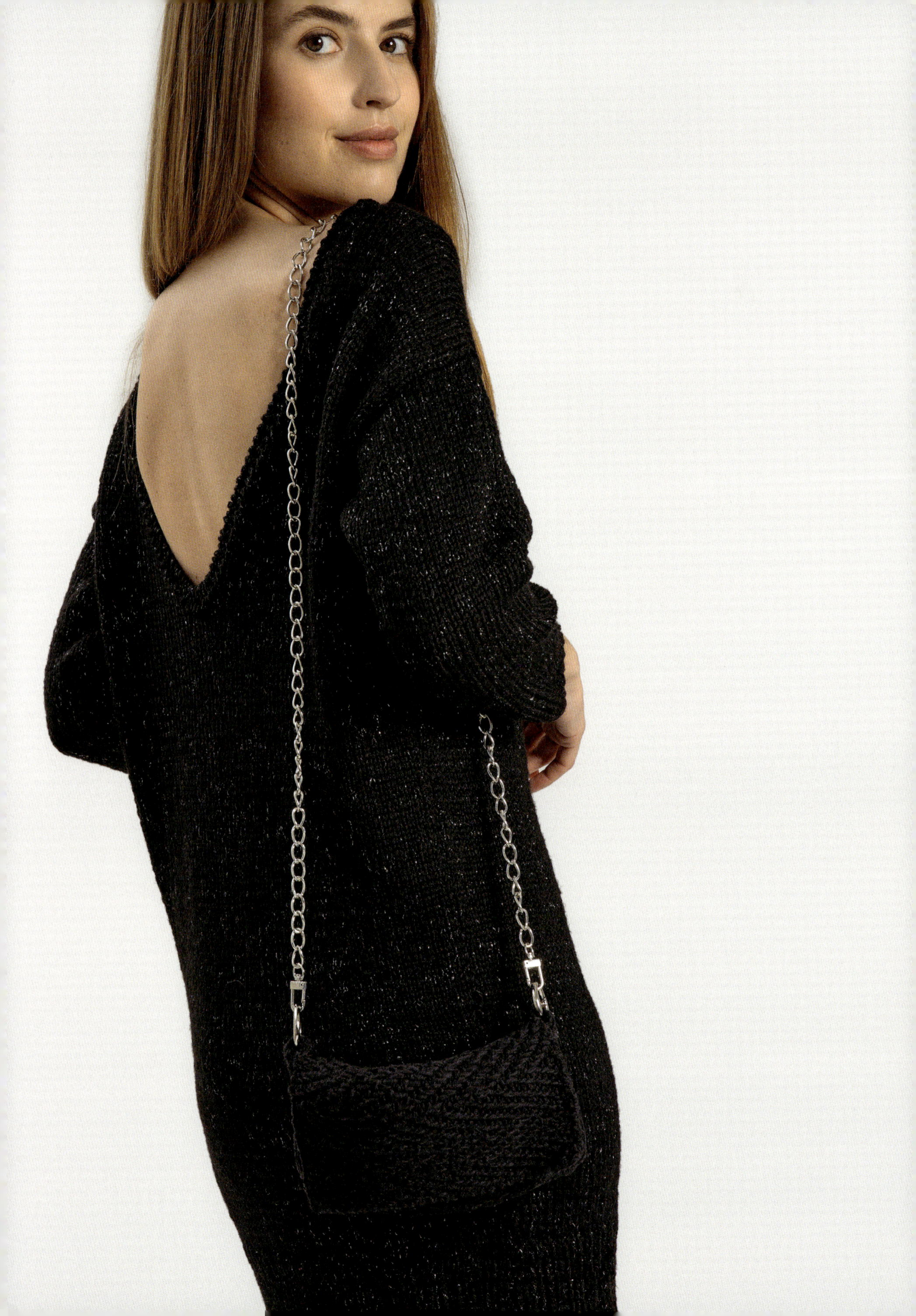

Kleine Schultertasche

23 cm breit und 12 cm hoch

Schwierigkeitsgrad

mittel

Material

Buttinette Woll Butt Primo Kaschmirina
85 % Baumwolle, 15 % Kaschmir
LL = 125 m/50 g
50 g Schwarz (Fb 99.142.07)

und

Buttinette Woll Butt Primo Madeleine
100 % Schurwolle
LL = 150 m/50 g
50 g Schwarz (Fb 99.381.51)

Stricknadeln 5 mm und 4,5 mm

2 Magnetverschlüsse mit Ösen zum Annähen, 19 mm Durchmesser, Silber, Art. 99.118.03 von Buttinette,

1 Gliederkette Silber, Länge 110 cm, Art. 99.126.06 von Buttinette,

2 Taschenringe mit Karabineröffnung, 35 mm Durchmesser, Silber, Art. 99.108.96 von Buttinette

Maschenprobe

Hebemaschenmuster mit Nadel 5 mm:
20 Maschen und 50 Reihen = 10 cm x 10 cm

Muster und Maschen

Diagonales Hebemaschenmuster

Hinweis: Der Spannfaden jeder Hebemasche verläuft für das Muster stets auf der Vorderseite der Arbeit. In Hinreihen wird die M also mit dem Faden vor der M abgehoben, in Rückreihen mit dem Faden hinter der M. Eine Ausnahme bilden nur die Randm, die mit beschrieben, aber nicht ausdrücklich benannt werden.

1. Reihe (Hinreihe): Die 1. M mit dem Faden vor der M links abheben, 1 M rechts, * den Faden nach vorne bringen, 2 M mit dem Faden vor den M links abheben, 2 M rechts, ab * stets wiederholen.

2. Reihe (Rückreihe): 1 M mit dem Faden vor der M links abheben, * den Faden nach hinten bringen, 2 M mit dem Faden hinter den M links abheben, 2 M links; ab * wiederholen, bis nur noch 1 M übrig ist, 1 M links stricken.

3. Reihe: 2 M mit dem Faden vor den M links abheben, * 2 M rechts, den Faden nach vorne bringen, 2 M mit dem Faden vor den M links abheben, ab * wiederholen, bis noch 4 M übrig sind, 2 M rechts, den Faden nach vorne bringen, 1 M mit dem Faden vor der M links abheben, 1 M rechts.

4. Reihe: 1 M mit dem Faden vor der M links abheben, 2 M links, * den Faden nach hinten bringen, 2 M mit dem Faden hinter den M links abheben, 2 M links, ab * wiederholen, bis noch 3 M übrig sind, 2 M mit dem Faden hinter den M links abheben, 1 M links.

5. – 8. Reihe: Die 1. – 4. Reihe noch 2x wiederholen.

9. Reihe (Hinreihe): Wie die 3. Reihe arbeiten.

10. Reihe (Rückreihe): Wie die 2. Reihe arbeiten.

11.Reihe: Wie die 1. Reihe arbeiten.

12. Reihe: Wie die 4. Reihe arbeiten.

13. – 20. Reihe: Die 9. – 12. Reihe noch 2x wiederholen.

So wird's gemacht

Hinweis: Es wird stets zweifädig mit beiden Materialien gearbeitet.

Für den Taschenkörper 46 M mit Nadel 5 mm italienisch anschlagen und 2 Übergangsreihen stricken (siehe Seite 182). Im diagonalen Hebemaschenmuster bis zu einer Höhe von 31 cm stricken, dann die M abketten.

Für das **Seitenteil** jeweils 11 M im Kreuzanschlag mit Nadel 4,5 mm anschlagen und im Tunnelpatent stricken:

1. Reihe (Hinreihe): 1 M wie zum Rechtsstricken abheben, * 1 M rechts, 1 M mit dem Faden vor der M links abheben, ab * 3x wiederholen, 1 M rechts, 1 M mit dem Faden vor der M links abheben.

2. Reihe (Rückreihe): 1 M rechts, * 1 M mit dem Faden vor der M links abheben, 1 M rechts; ab * 3x wiederholen, 1 M mit dem Faden vor der M links abheben, 1 M rechts.

In einer Höhe von 11 cm alle M abketten. Das **2. Seitenteil** ebenso arbeiten.

Fertigstellen

Den Taschenkörper an der Längsseite 11 cm nach oben umschlagen, die Seitenteile ringsum an die seitlichen Kanten nähen. Die obere Klappe umlegen. Die Druckknöpfe annähen, dabei die Unterteile von außen ca. 2,5 cm von den Seitenkanten, 4 cm von der oberen Kante annähen. Die Oberteile von innen ebenfalls 2,5 cm von den Seitenkanten und 3 cm von der Anschlagkante annähen.

Die Taschenringe durch die obere Kante der Seitenteile stecken. Die Gliederkette einhängen.

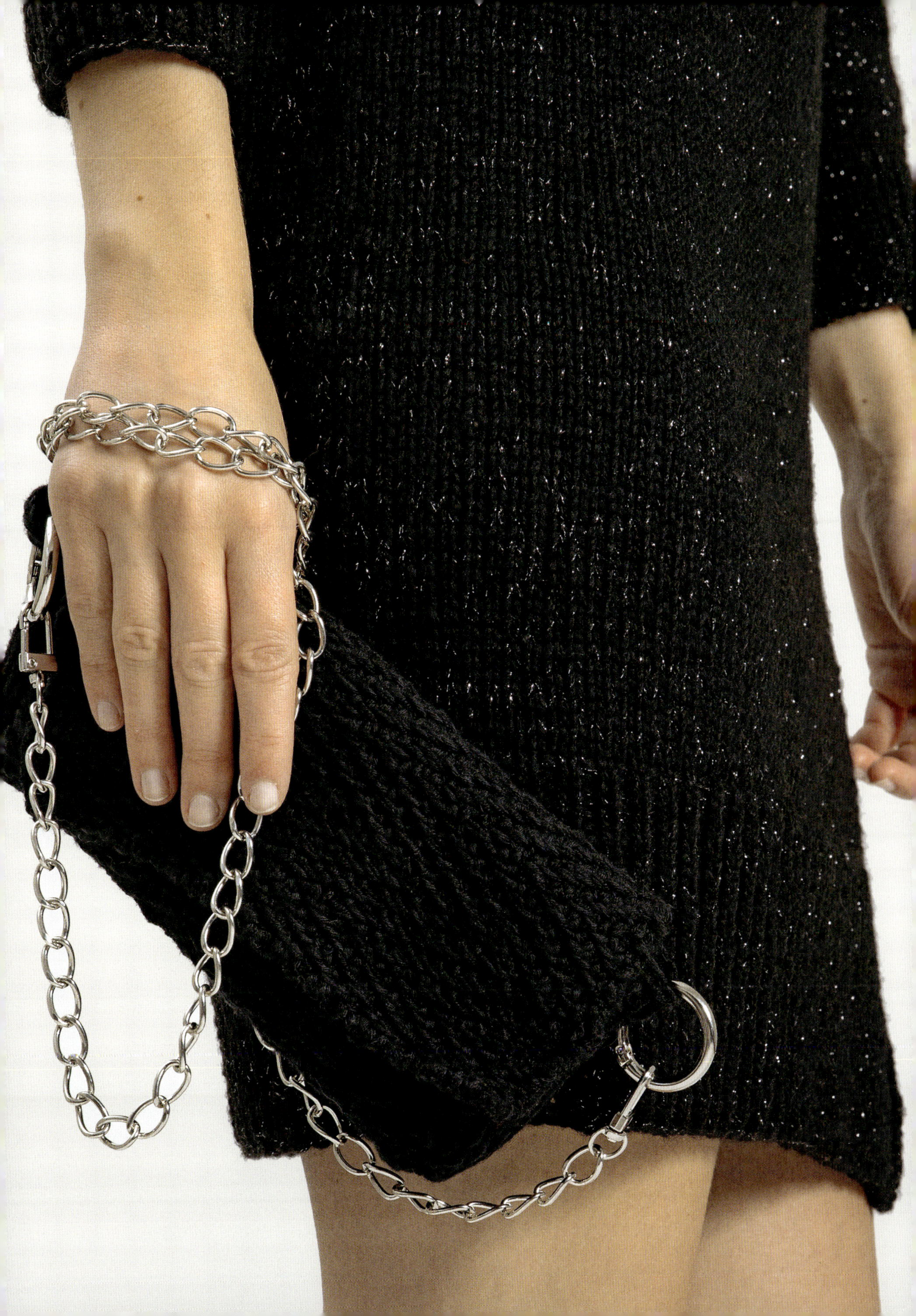

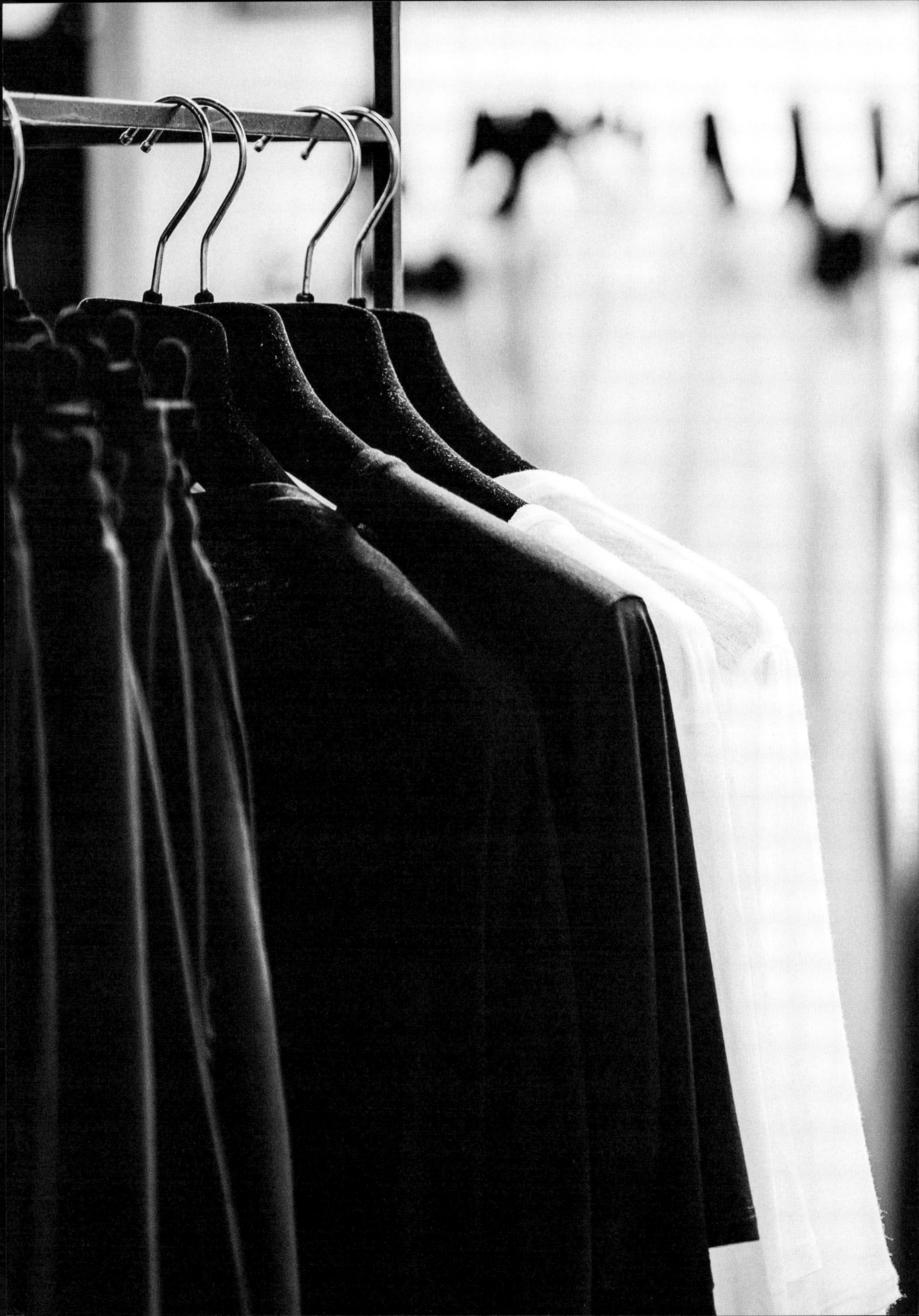

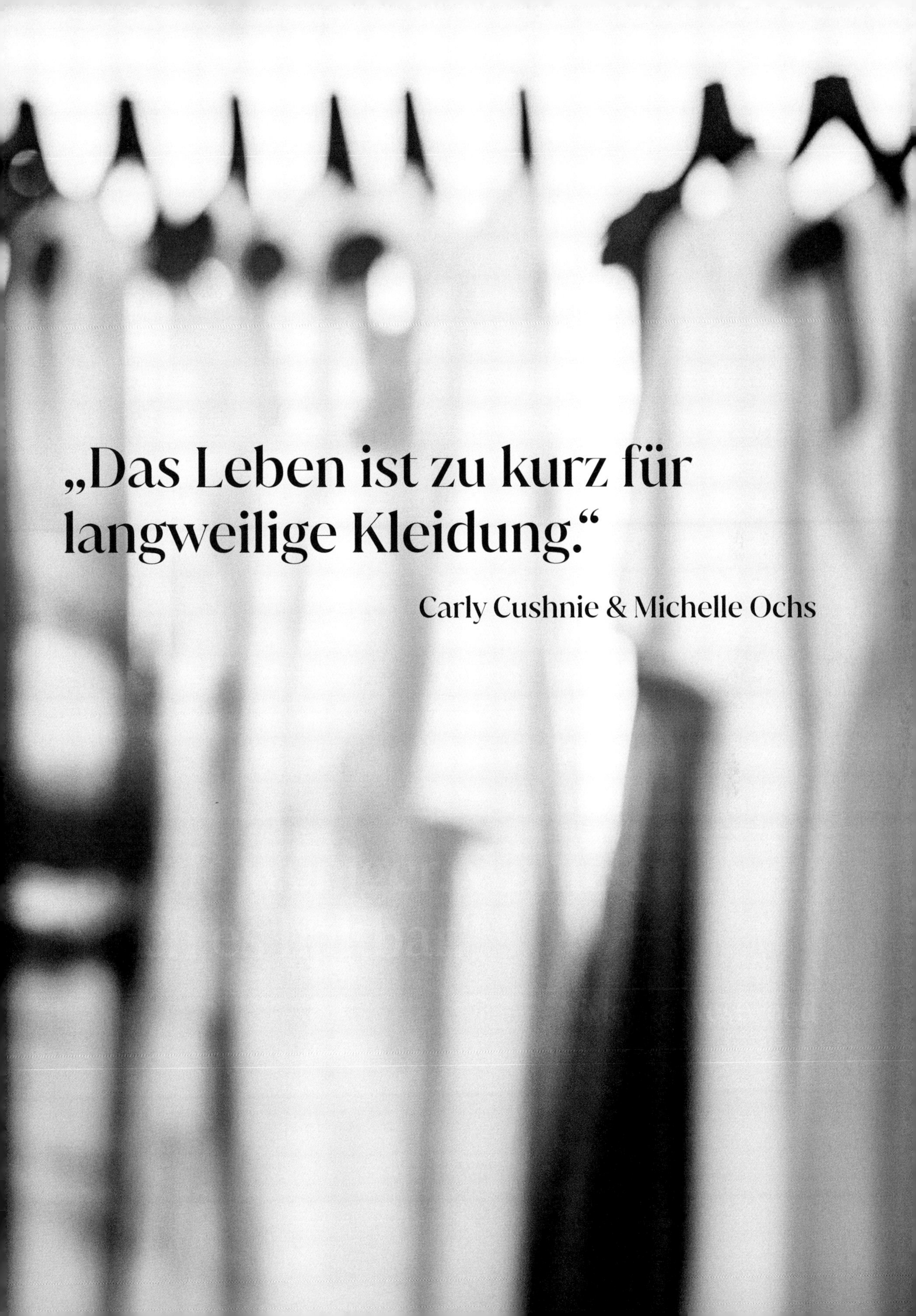

„Das Leben ist zu kurz für langweilige Kleidung.“

Carly Cushnie & Michelle Ochs

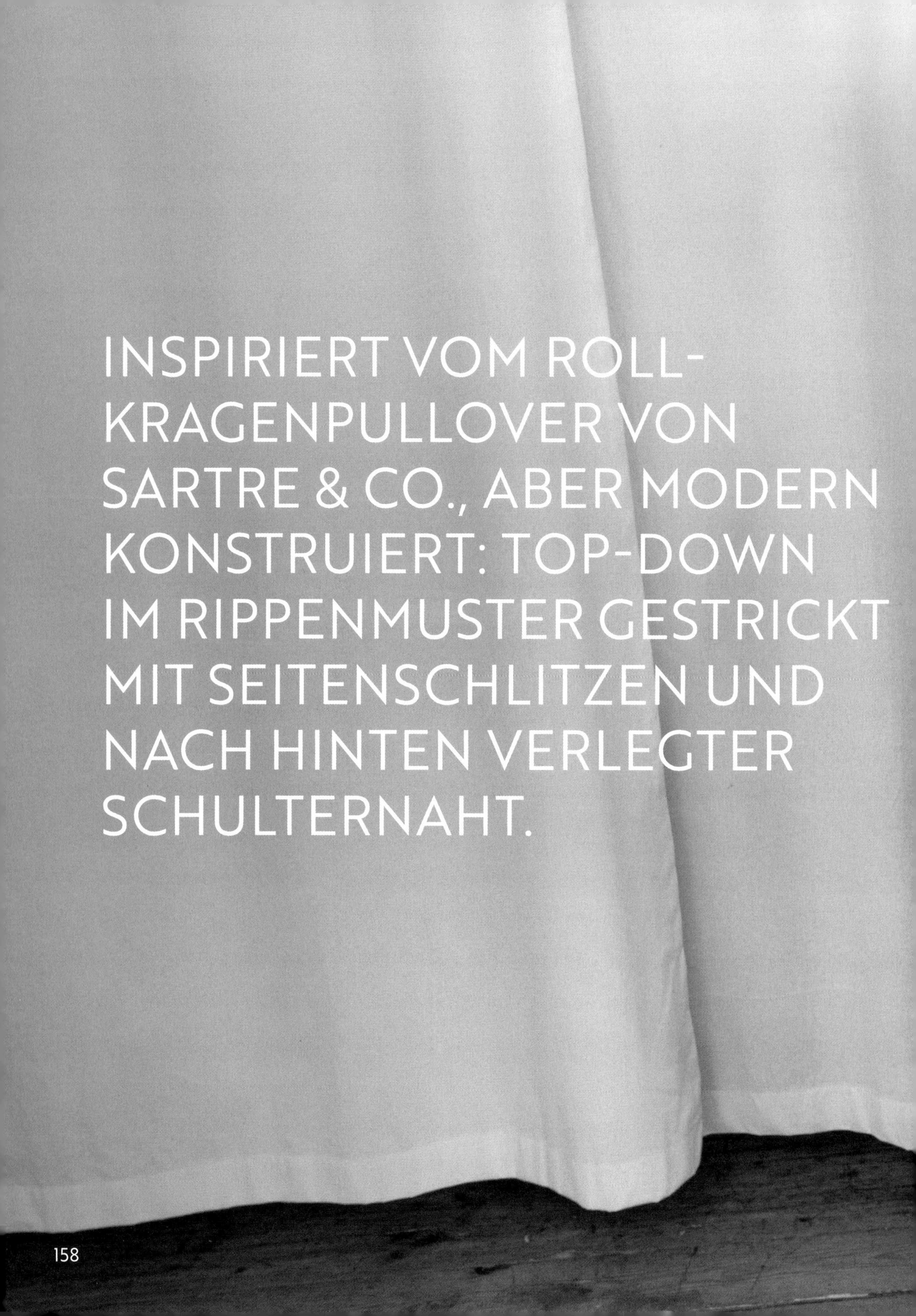

INSPIRIERT VOM ROLLKRAGENPULLOVER VON SARTRE & CO., ABER MODERN KONSTRUIERT: TOP-DOWN IM RIPPENMUSTER GESTRICKT MIT SEITENSCHLITZEN UND NACH HINTEN VERLEGTER SCHULTERNAHT.

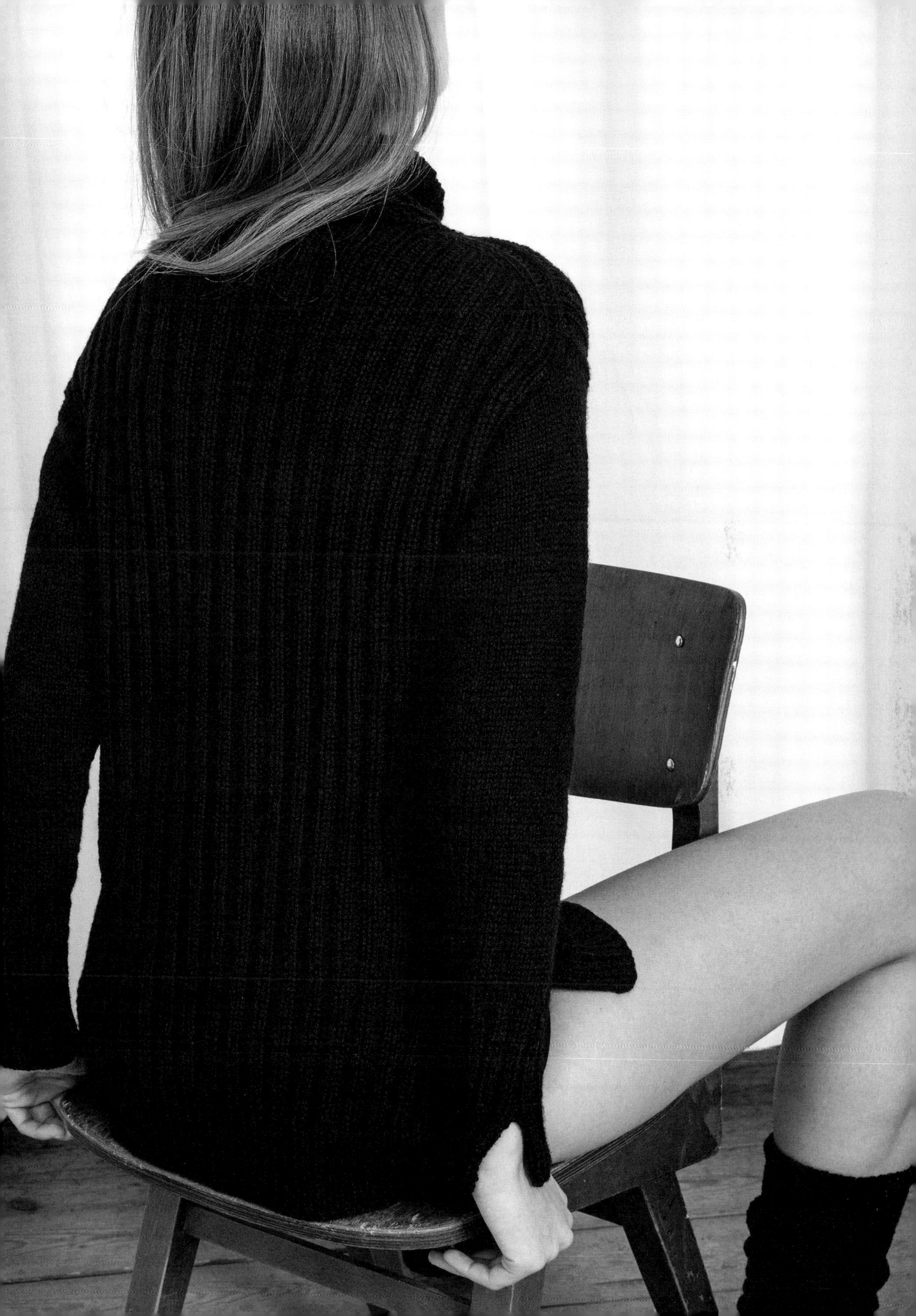

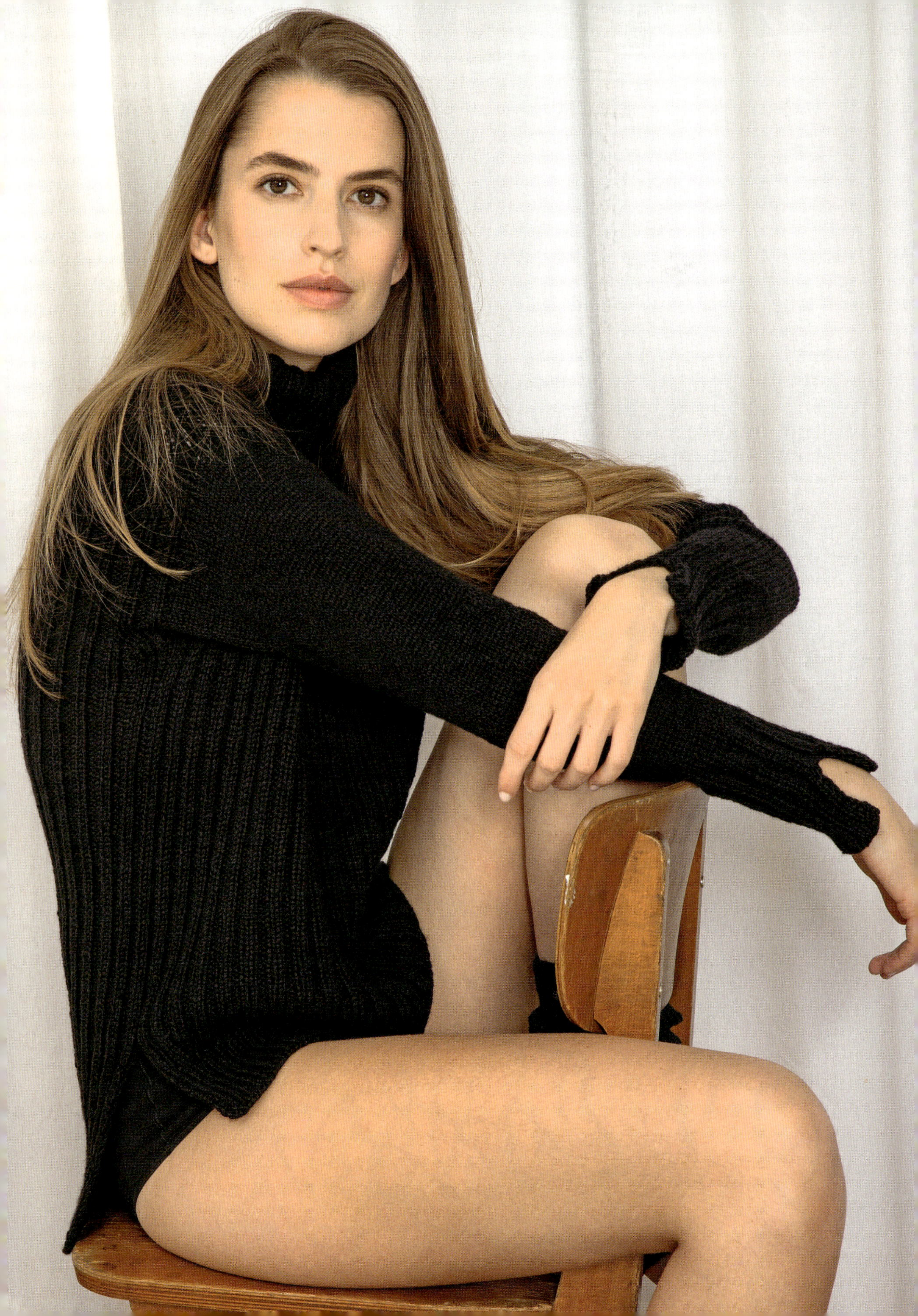

Rippenpullover Top Down mit Rollkragen

34/36, 38/40, 42/44 und 44/46

Die Angaben für die kleinste Größe stehen vor der Klammer, die für die größeren Größen aufsteigend in den Klammern. Einzelne Angaben gelten für alle Größen.

Schwierigkeitsgrad

anspruchsvoll

Material

Lana Grossa Cool Merino
90 % Schurwolle, 10 % Polyamid
LL = 150 m/50 g
450 (450/500/550) g Schwarz (Fb 014)

eine lange und kurze Rundstricknadel 5 mm,
Rundstricknadel 4,5 mm
Nadelspiel 4,5 mm
Maschenmarkierer

Maschenproben

Rippenmuster mit Nadel 5 mm:
22 Maschen und 28 Reihen = 10 cm x 10 cm

Glatt rechts mit Nadel 5 mm:
20 Maschen und 28 Reihen = 10 cm x 10 cm

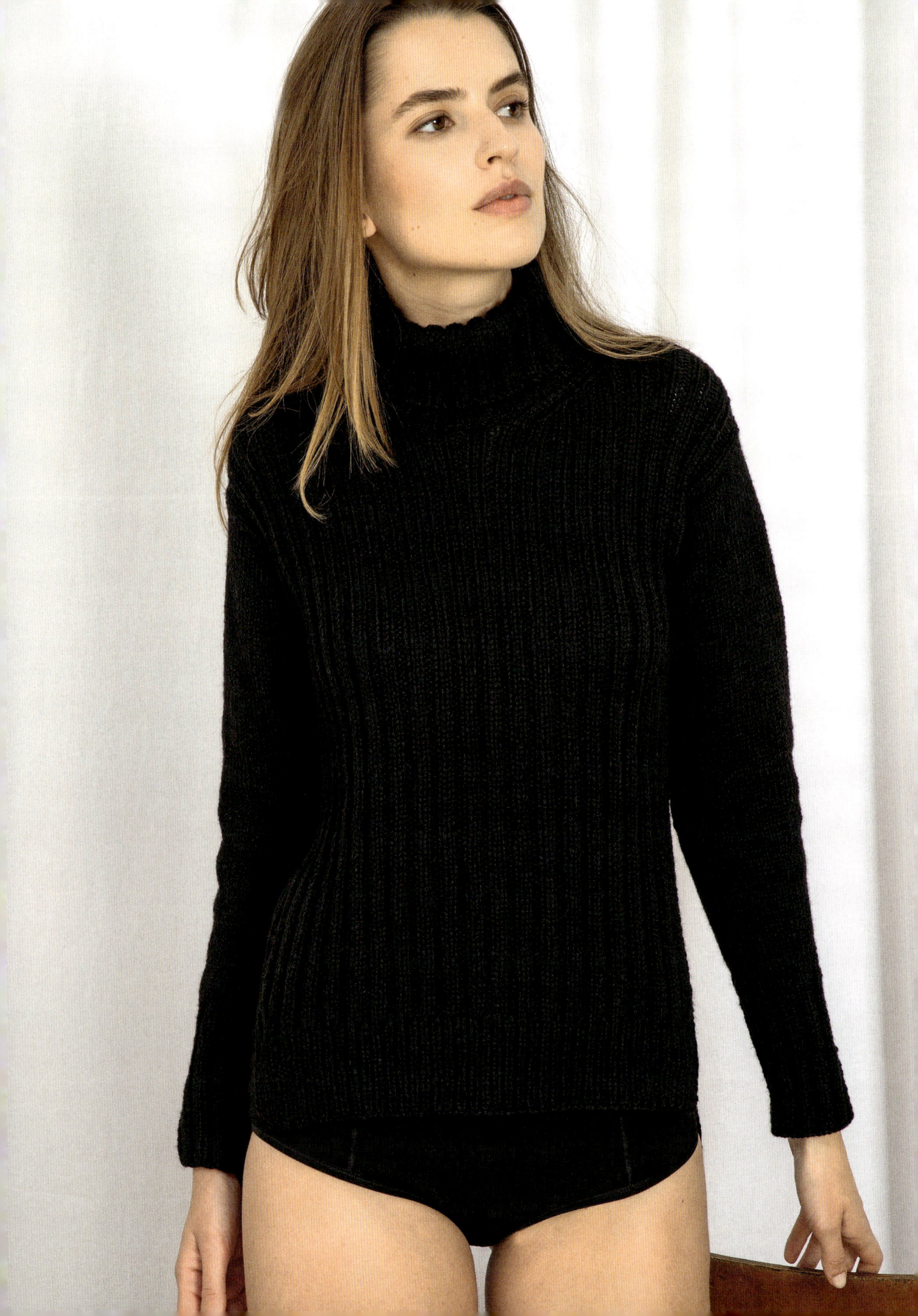

Muster und Maschen

Rippenmuster

2 M rechts, 2 M links im Wechsel stricken.

Glatt rechts

In Runden stets rechte M stricken.

Bündchenmuster (Saumbündchen)

1 M rechts, 1 M links im Wechsel stricken.

Rechtsgeneigte Zunahmen
(siehe Seite 184)

1 rechte M rechtsgeneigt zunehmen: Den Querfaden zwischen 2 M von hinten nach vorne aufnehmen und rechts stricken.

1 linke M rechtsgeneigt zunehmen: Den Querfaden zwischen 2 M von hinten nach vorne aufnehmen und links stricken.

Linksgeneigte Zunahmen
(siehe Seite 184)

1 rechte M linksgeneigt zunehmen: Den Querfaden zwischen 2 M von vorne nach hinten aufnehmen und rechts verschränkt stricken.

1 linke M linksgeneigt zunehmen: Den Querfaden zwischen 2 M von vorne nach hinten aufnehmen und hinten links verschränkt stricken.

So wird's gemacht

Der Pullover wird von oben nach unten gestrickt. Zunächst werden Maschen im Nacken angeschlagen und im Folgenden für die Schultern an jeder Seite zugenommen. Das Rückenteil wird zunächst gerade gestrickt, dann werden für die Armausschnitte Maschen zugenommen. Am Ende der Armausschnitte werden die Maschen auf einem Hilfsfaden stillgelegt. Anschließend werden an jeder Schulter für das rechte und für das linke Vorderteil Maschen aufgenommen. Für den Halsausschnitt werden die Maschen zugenommen, bis die Vorderteile wieder zusammengestrickt werden. Zunahmen für die Armausschnitte werden wie beim Rückenteil gearbeitet. Es wird bis unter den Armausschnitt in Reihen gestrickt, dann werden die Maschen des Rücken- und des Vorderteils zusammengenommen und in Runden gearbeitet. Für die Schlitze werden Rücken- und Vorderteil anschließend wieder getrennt in Reihen gestrickt. Das Rückenteil wird dabei 6 cm länger gearbeitet als das Vorderteil.

Hinweis: Wenn in Hin- und Rückreihen zugenommen wird, werden an jeder Zunahmestelle abwechselnd rechts- und linksgeneigte Zunahmen gearbeitet. Dies ergibt im Rippenmuster ein schönes Maschenbild.

Hinweis: Da sich die Maschen durch die Schulterzunahmen für die zurückverlagerten, angeschrägten Schulternähte im oberen Rückenteil seitlich verziehen, werden keine Höhen für Rückenteilmitte und Schulterschrägen angegeben. Alle Längen werden beim Stricken des Modells stets am äußeren Strickrand ab Schulternaht oder ab Ärmelausschnitt gemessen. Zur besseren Übersicht ist auch der Schnitt des Vorderteils noch einmal separat gezeichnet.

Für das **Rückenteil** 40 (40/44/44) M mit Nadel 5 mm anschlagen und zunächst 1 Rückreihe stricken, dabei mit 1 Randm, 2 M links, 2 M rechts beginnen und für die Zunahmen wie folgt 2 MM setzen: 1 Randm, 6 M im Rippenmuster, 1 MM setzen, 26 (26/30/30) M im Rippenmuster, 1 MM setzen, 6 M im Rippenmuster, 1 Randm.

1. Zunahmereihe (Hinreihe): Die M zwischen den Randm stricken, wie sie erscheinen, dabei nach dem 1. MM 1 rechte M rechtsgeneigt zunehmen und vor dem 2. MM 1 rechte M linksgeneigt zunehmen = 42 (42/46/46) M.

2. Zunahmereihe (Rückreihe): Die M zwischen den Randm stricken, wie sie erscheinen, dabei nach dem 1. MM 1 linke M rechtsgeneigt zunehmen und vor dem 2. MM 1 linke M linksgeneigt zunehmen = 44 (44/48/48) M.

3. Zunahmereihe: Die M zwischen den Randm stricken, wie sie erscheinen, dabei nach dem 1. MM 1 linke M rechtsgeneigt zunehmen und vor dem 2. MM 1 linke M linksgeneigt zunehmen = 46 (46/50/50) M.

4. Zunahmereihe: Die M zwischen den Randm stricken, wie sie erscheinen, dabei nach dem 1. MM 1 rechte M rechtsgeneigt zunehmen und vor dem 2. MM 1 rechte M linksgeneigt zunehmen = 48 (48/52/52) M.

Diese 4 Zunahmereihen insgesamt 6x (7x/7x/8x) arbeiten = 88 (96/100/108) M.

Dann im Rippenmuster zwischen den beiden Randm ohne weitere Zunahmen stricken. In einer Höhe von ca. 15 (16/17/18) cm am äußeren Strickrand gemessen für die **Armlochformung** wie folgt zunehmen:

1. Zunahmereihe (Hinreihe): 1 Randm, 2 M rechts, 2 M links, 2 M rechts, 1 rechte M rechtsgeneigt zunehmen, 74 (82/86/94) M im Rippenmuster, 1 rechte M linksgeneigt zunehmen, 2 M rechts, 2 M links, 2 M rechts, 1 Randm.

2. Zunahmereihe (Rückreihe): 1 Randm, 2 M links, 2 M rechts, 2 M links, 1 linke M rechtsgeneigt zunehmen, im Rippenmuster bis zu den letzten 7 M, 1 linke M linksgeneigt zunehmen, 2 M links, 2 M rechts, 2 M links, 1 Randm.

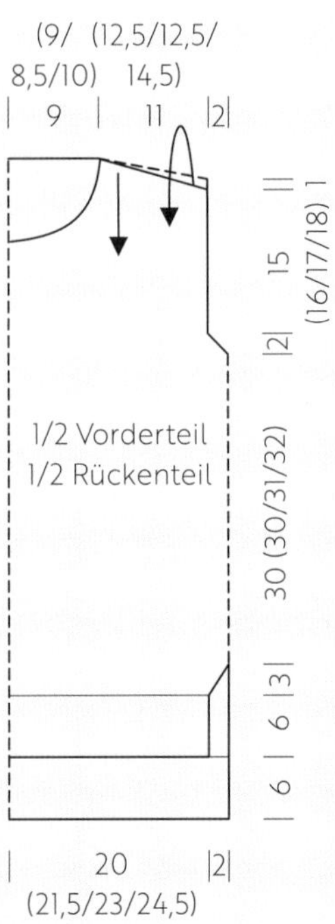

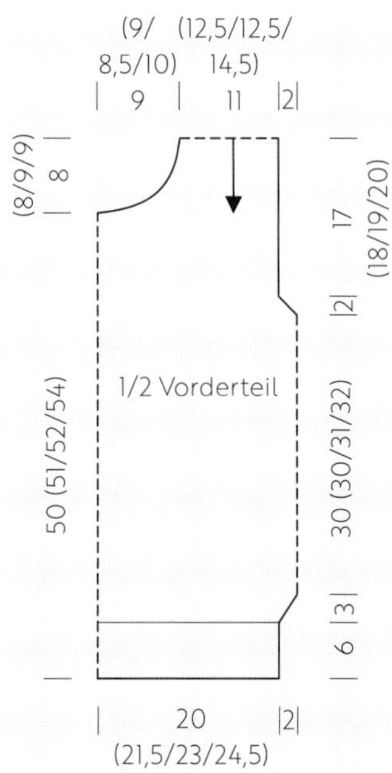

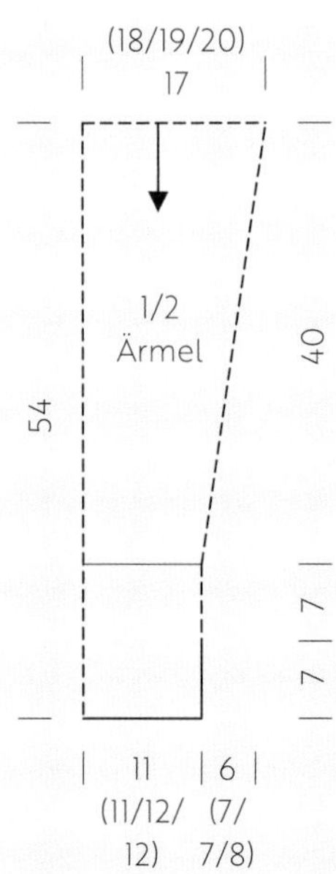

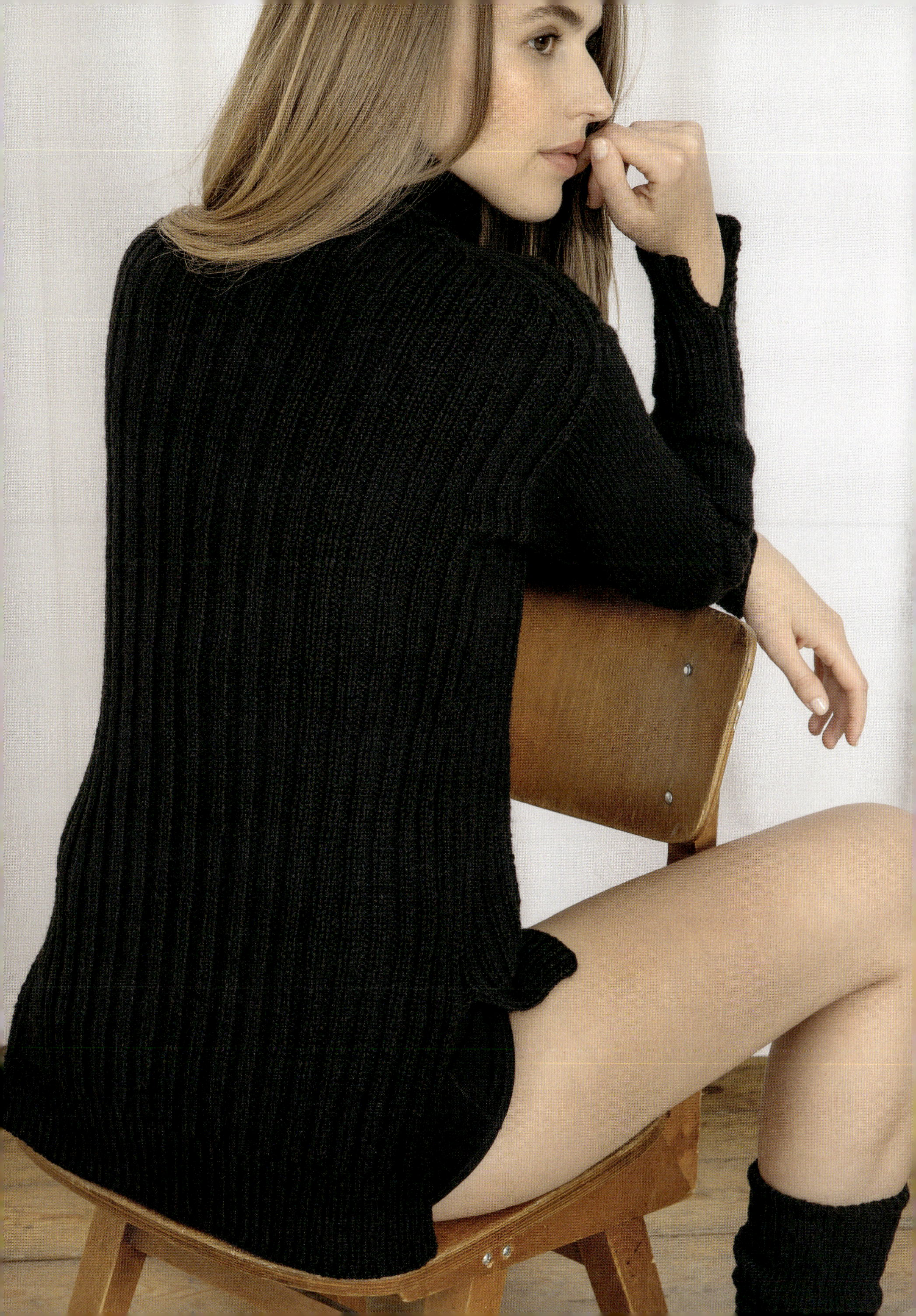

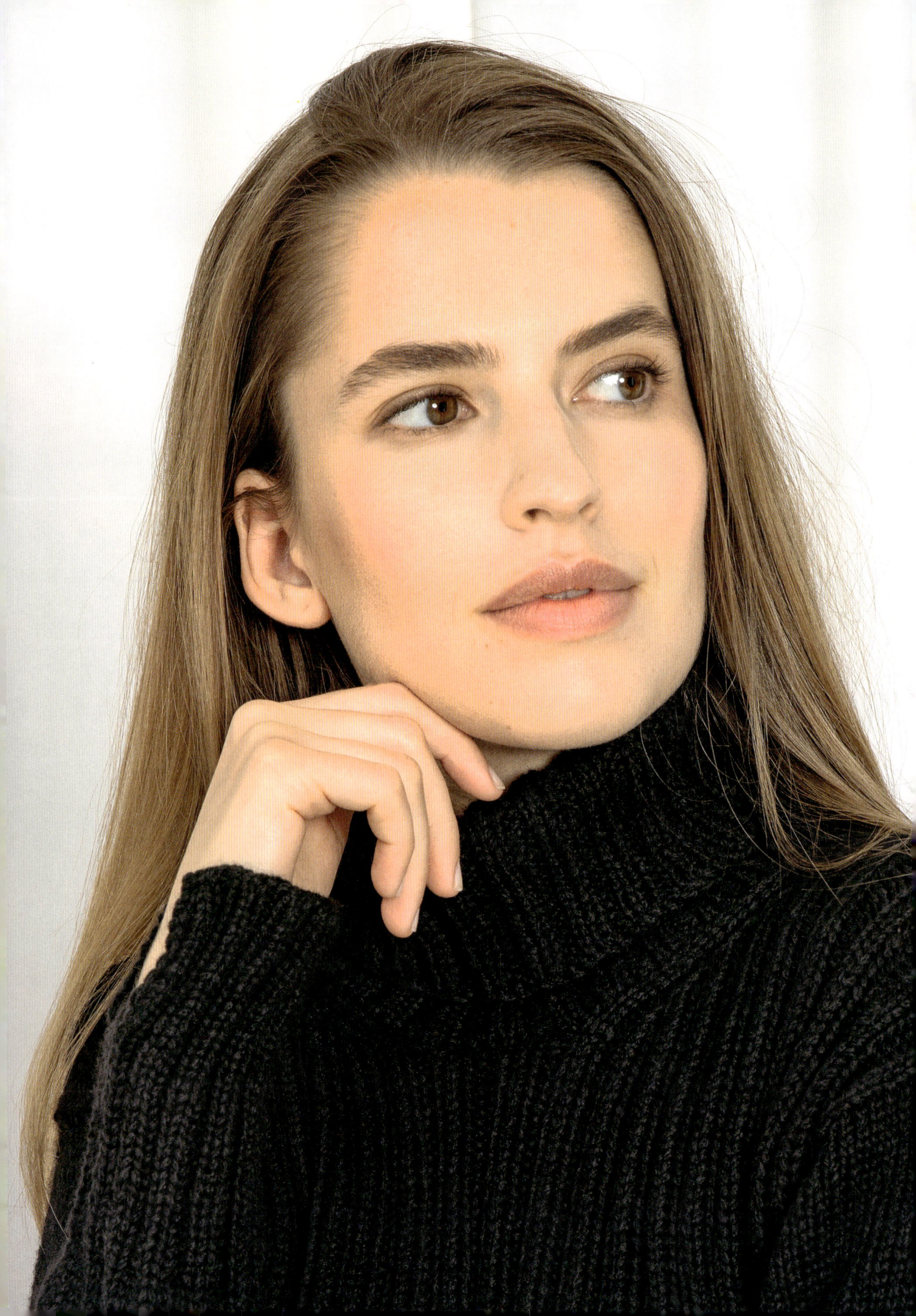

3. Zunahmereihe: 1 Randm, 2 M rechts, 2 M links, 2 M rechts, 1 linke M rechtsgeneigt zunehmen, im Rippenmuster bis zu den letzten 7 M, 1 linke M linksgeneigt zunehmen, 2 M rechts, 2 M links, 2 M rechts, 1 Randm.

4. Zunahmereihe: 1 Randm, 2 M rechts, 2 M links, 2 M rechts, 1 rechte M rechtsgeneigt zunehmen, im Rippenmuster bis zu den letzten 7 M, 1 rechte M linksgeneigt zunehmen, 2 M links, 2 M rechts, 2 M links, 1 Randm = 96 (104/108/116) M.

In einer Höhe von 17 (18/19/20) cm ab äußerer Schulterkante die M nach einer Rückreihe stilllegen.

Aus der **linken Schulter** des Rückenteils 24 (28/28/32) M aufnehmen und in der 1. Rückreihe das Muster einteilen: 1 Randm, * 2 M links, 2 M rechts im Wechsel, enden mit 2 M links, 1 Randm.

In dieser Einteilung insgesamt 3 (3/5/5) Reihen arbeiten, dann in der 4. (4./6./6.) Reihe (Hinreihe) wie folgt mit den Zunahmen beginnen:

1. Zunahmereihe (Hinreihe): 1 Randm, 2 M rechts, 2 M links, 1 rechte M rechtsgeneigt zunehmen, 1 MM setzen, 2 M rechts, 2 M links im Wechsel, enden mit 2 M rechts, 1 Randm.

2. Zunahmereihe (Rückreihe): 1 Randm, 2 M links, 2 M rechts, 2 M links im Wechsel bis zum MM, den MM abheben, 1 linke M linksgeneigt zunehmen, 1 M links, 2 M rechts, 2 M links, 1 Randm.

3. Zunahmereihe: 1 Randm, 2 M rechts, 2 M links, 2 M rechts im Wechsel bis zum MM, 1 linke M rechtsgeneigt zunehmen, den MM abheben, 2 M rechts, 2 M links im Wechsel, enden mit 2 M rechts, 1 Randm.

4. Zunahmereihe: 1 Randm, 2 M links, 2 M rechts, 2 M links im Wechsel bis zum MM, den MM abheben, 1 rechte M linksgeneigt zunehmen, 1 M rechts, 2 M links, 2 M rechts, 2 M links im Wechsel, 1 Randm.

5. Zunahmereihe: 1 Randm, 2 M rechts, 2 M links im Wechsel bis zum MM, 1 rechte M rechtsgeneigt zunehmen, den MM abheben, 2 M rechts, 2 M links im Wechsel, enden mit 2 M rechts, 1 Randm.

6. Zunahmereihe: 1 Randm, 2 M links, 2 M rechts, 2 M links im Wechsel bis zum MM, den MM abheben, 1 linke M linksgeneigt zunehmen, 1 M links, 2 M rechts, 2 M links im Wechsel, 1 Randm.

Die 3. – 6. Zunahmereihe anschließend noch 2x wiederholen, dann die 3. – 4. Zunahmereihe noch 1x arbeiten (= insgesamt 16 Zunahmereihen) = 40 (44/44/48) M. Dann die M stilllegen.

Die **rechte Schulter** gegengleich zur linken Schulter arbeiten. Nach den Zunahmen befinden sich ebenfalls 40 (44/44/48) M auf der Nadel. Die letzte Reihe ist eine Rückreihe.

Für das **Vorderteil** in der folgenden Hinreihe zunächst die 40 (44/44/48) M der rechten Seite mustergemäß stricken, dabei die letzte Randm als linke M stricken, um sie ins Muster zu integrieren. 8 (8/12/12) neue M dazu anschlagen, dann die 40 (44/44/48) M der linken Seite mustergemäß stricken, dabei die 1. Randm ebenfalls als linke M stricken = 88 (96/100/108) M.

In einer Höhe von 15 (16/17/18) cm die **Armlochformung** wie beim Rückenteil arbeiten = 96 (104/108/116) M. In einer Höhe von 17 (18/19/20) cm ab äußerer Schulterkante mit einer Rückreihe enden.

In der folgenden Hinreihe die 192 (208/216/232) M von **Vorder- und Rückenteil** stricken und anschließend zur Runde schließen. Beide Seitenlinien nach der Hälfte der M markieren. Jede Runde beginnt mit 1 M links, * 2 M rechts, 2 M links, ab * wiederholen, 2 M rechts, 1 M links.

In einer Höhe von 30 (30/31/32) cm ab Rundenschluss unter den Armausschnitten die Arbeit an den markierten Seitenlinien wieder in Vorder- und Rückenteil teilen, dabei die linken M als Randm für den Schlitz weiterarbeiten = jeweils 96 (104/108/116) M.

Zunächst das **Rückenteil** beenden. In einer Höhe von 39 (39/40/41) cm ab Armausschnitt zur Nadel 4,5 mm wechseln und 6 cm im Bündchenmuster arbeiten, dabei in der 1. Reihe 1 M abnehmen. Dann alle M abketten.

Anschließend das Vorderteil beenden. Für die Seitenschrägen am Anfang der Hinreihe wie folgt M abnehmen: 1 Randm, 2 M rechts, 2 M links, 2 M rechts, 1 Überzug (= 1 M wie zum Rechtsstricken abheben, 1 M mustergemäß stricken, dann die abgehobene M über die gestrickte M ziehen), bis zu den letzten 7 M stricken, 2 M mustergemäß zusammenstricken, 2 M rechts, 2 M links, 2 M rechts. Diese Abnahmen noch 3x in jeder 2. Reihe wiederholen = 88 (96/100/108) M.

In einer Höhe von 33 (33/34/35) cm ab Armausschnitt zur Nadel 4,5 mm wechseln und 6 cm im Bündchenmuster stricken, dabei in der 1. Reihe 1 M abnehmen. Dann alle M abketten.

Für den **Ärmel** mit der Nadel 5 mm 68 (72/76/80) M aus dem Armloch aufnehmen und zur Runde schließen. Den Rundenbeginn unter dem Arm markieren. Für die Armschrägen in der 8. Runde wie folgt abnehmen: 1 M rechts, 2 M rechts zusammenstricken, bis zu den letzten 3 M stricken, 1 Überzug (= 1 M wie zum Rechtsstricken abheben, 1 M mustergemäß stricken, dann die abgehobene M über die gestrickte M ziehen), 1 M rechts.

Diese Abnahmen noch 7x in jeder 8. Runde und 4x in jeder 10. Runde (3x in jeder 6. Runde und 10x in jeder 8. Runde / 3x in jeder 6. Runde und 10x in jeder 8. Runde / 10x in jeder 6. Runde und 5x in jeder 8. Runde) wiederholen = 44 (44/48/48) M.

In einer Höhe von 40 cm ab Schulter zur Nadel 4,5 mm wechseln und im Rippenmuster weiterarbeiten. Nach 7 cm Rippenmuster für den Schlitz in der Mitte nach 23 (23/25/25) M teilen (jeweils nach 2 M rechts, 1 linke M als Randm) und in Hin- und Rückreihen weiterarbeiten. Bis zu einer Höhe von 14 cm Rippenmuster arbeiten, dann die M locker abketten.

Fertigstellen

Aus dem Halsausschnitt mit Nadel 4,5 mm 92 (92/100/100) M aufnehmen (M-Zahl teilbar durch 4) und 18 cm im Rippenmuster stricken, dabei nach 5 cm zur Nadel 5 mm wechseln. Dann alle M locker abketten.

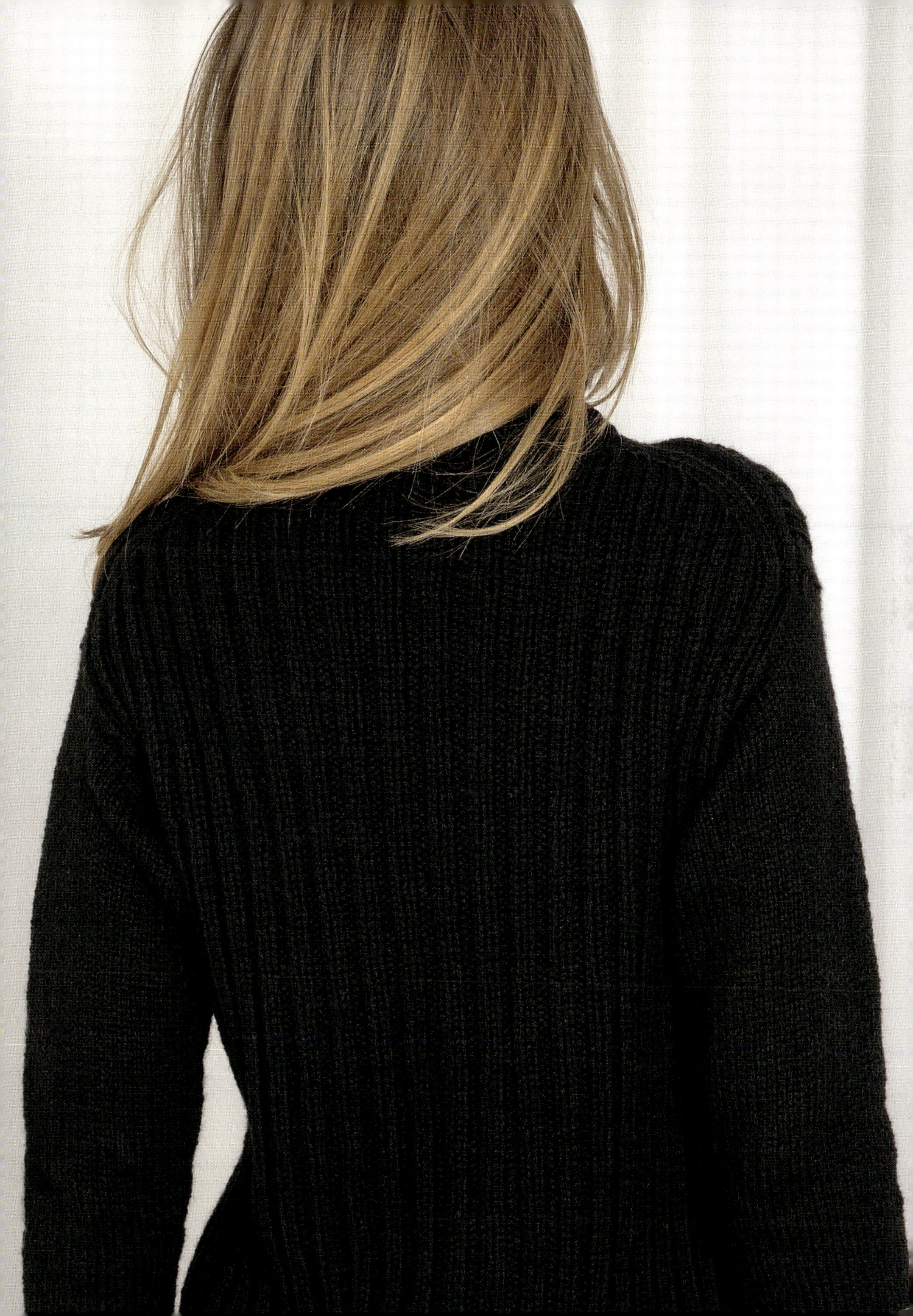

Kniestrumpfstulpen

Schuhgröße 36 – 39 und 40 – 43

Die Angaben für die kleinere Größe stehen vor der Klammer, die für die größere Größe in den Klammern. Einzelne Angaben gelten für beide Größen.

Schwierigkeitsgrad

leicht

Maschenprobe

Rippenmuster mit Nadel 3 mm
38 Maschen und 40 Runden = 10 cm x 10 cm

Material

Lana Grossa Cool Wool 4 Socks
75 % Schurwolle, 25 % Polyamid
LL = 420m/100 g
100 (100) g Schwarz (Fb 7706)

Nadelspiel 3 mm

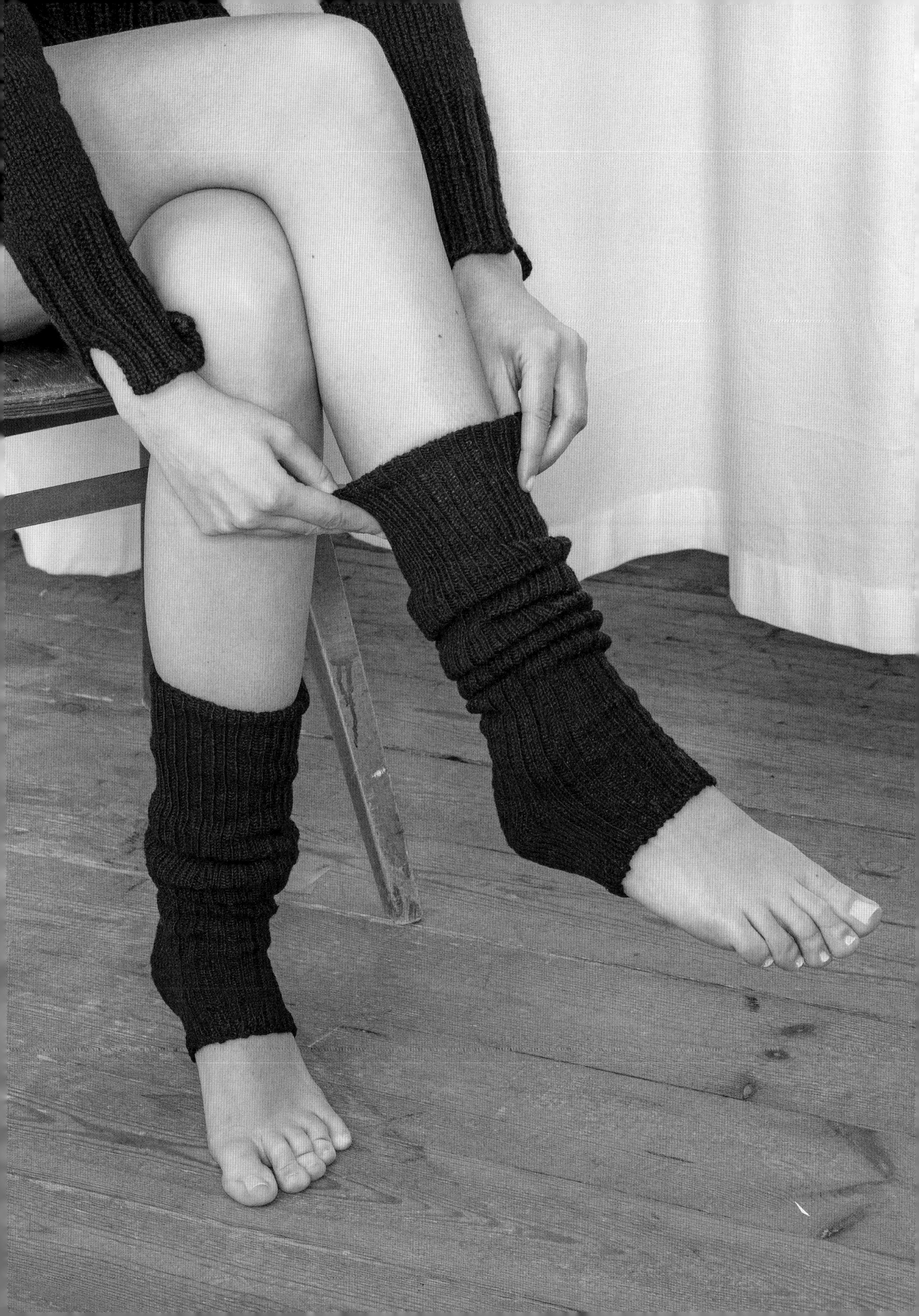

Muster und Maschen

Bündchenmuster in Runden

1 M rechts, 1 M links im Wechsel stricken

Rippenmuster in Runden

3 M rechts, 1 M links im Wechsel stricken

1 rechte M rechtsgeneigt zunehmen
(siehe Seite 184)

Den Querfaden zwischen 2 M von hinten nach vorne aufnehmen und rechts stricken.

1 rechte M linksgeneigt zunehmen
(siehe Seite 184)

Den Querfaden zwischen 2 M von vorne nach hinten aufnehmen und rechts verschränkt stricken.

Verkürzte Reihen mit Doppelmaschen

Bis zu der Stelle stricken, an der gewendet werden soll. Die Arbeit wenden und die 1. M mit dem Faden vor der Arbeit links abheben. Den Faden hinter die Arbeit legen und ziehen, sodass 1 Doppelm entsteht: Die M liegt mit beiden M-Beinchen über der Nadel. Alle übrigen M der Reihen werden weiter im Muster gestrickt. Beim nächsten Abstricken der Doppelm beide M-Beinchen zusammen erfassen und mustergemäß entweder rechts oder links abstricken.

Abketten mit verzögertem Überziehen

Die ersten beiden Maschen rechts stricken. * Mit der linken Nadel die 1. M über die 2 M ziehen, aber nicht von der Nadel gleiten lassen. Die M von der rechten auf die linke Nadel zurückheben. Die rechte Nadel vor dieser M vorbeiführen und die nächste M der linken Nadel rechts stricken. Beide M von der linken Nadel heben. Auf der rechten Nadel befinden sich jetzt 2 M. Ab * wiederholen, bis nur noch 1 M übrig ist. Den Faden abschneiden und durch die letzte M ziehen.

So wird's gemacht

68 (76) M anschlagen, gleichmäßig auf die 4 Nadeln des Nadelspiels verteilen (= 17 (19) M pro Nadel), den Rundenübergang markieren und die M zur Runde schließen, ohne die Anschlagkante zu verdrehen. Bis zu einer Höhe von 12 cm im Bündchenmuster stricken.

Dann im Rippenmuster weiterarbeiten, die Runde beginnt mit 1 M rechts, 1 M links und endet mit 2 M rechts.

In einer Höhe von ca. 30 cm ab Anschlag wie folgt abnehmen: 2 M im Muster, 1 Überzug (= 1 M rechts abheben, 1 M rechts stricken, dann die abgehobene M über die gestrickte M ziehen), im Muster bis zu den letzten 4 M stricken, 2 M rechts zusammenstricken, 2 M rechts = 66 (74) M. Diese Abnahmen noch 3x in jeder 4. Rd wiederholen = 60 (68) M.

In einer Höhe von ca. 39 cm ab Anschlag für den Schaft (oder nach Vorliebe) eine **Fersenerhöhung** über 4 Runden arbeiten, dazu die M der 1. und 4. Nadel glatt rechts, die M der 2. und 3. Nadel weiterhin im Rippenmuster stricken.

Anschließend die M der 2. und 3. Nadel stilllegen und über die M der 1. und 4. Nadel wie folgt eine **Bumerangferse** glatt rechts in Hin- und Rückreihen arbeiten: In der Fersenmitte zwischen der 4. und der 1. Nadel beginnen.

1. Reihe (Hinreihe): Die M der 1. Nadel rechts stricken, wenden.

2. Reihe (Rückreihe): 1 Doppelm arbeiten, dann die M der 1. und 4. Nadel links stricken, wenden.

3. Reihe: 1 Doppelm arbeiten, dann bis vor die Doppelm der Vorreihe rechts stricken, wenden.

4. Reihe: 1 Doppelm arbeiten, dann bis vor die Doppelm der Vorreihe links stricken, wenden.

Die 3. und 4. Reihe wiederholen, bis noch 10 (12) M in der Fersenmitte übrig sind und an beiden Seiten jeweils 10 (11) Doppelm auf der Nadel liegen. Mit einer halben Hinreihe auf der 4. Nadel genau in der Fersenmitte enden.

Nun 2 Zwischenrunden über die M aller 4 Nadeln arbeiten, dabei mit der 2. und 3. Nadel das Rippenmuster fortsetzen, die M der 1. und 4. Nadel weiter glatt rechts stricken, dabei in der 1. Runde die Doppelm wie beschrieben abstricken. Gleichzeitig in der 1. Zwischenrunde zwischen der 1. und 2. Nadel 1 rechte M linksgeneigt zunehmen und zwischen der 3. und 4. Nadel 1 rechte M rechtsgeneigt zunehmen, um Dehnungslöcher an den beiden Seiten zwischen Ferse und Fuß zu vermeiden.

Anschließend die M der 2. und 3. Nadel einschließlich der zugenommenen M wieder stilllegen und die Fersen-M wie folgt in verkürzten Reihen von außen nach innen arbeiten:

1. Reihe (halbe Hinreihe ab Fersenmitte): Die 5 (6) M der halben Fersenmitte und noch 1 weitere M rechts stricken, wenden.

2. Reihe (Rückreihe): 1 Doppelm arbeiten, dann die 10 (12) M der Fersenmitte und noch 1 weitere M links stricken, wenden.

3. Reihe (Hinreihe): 1 Doppelm arbeiten, dann rechts bis zur Doppelm der Vorreihe, diese wie beschrieben rechts abstricken und noch 1 weitere M rechts stricken, wenden.

4. Reihe (Rückreihe): 1 Doppelm arbeiten, dann links bis zur Doppelm der Vorreihe, diese wie beschrieben links abstricken und noch 1 weitere M links stricken, wenden.

Die 3. und 4. Reihe wiederholen, bis die beiden äußeren Fersen-M jeweils als Doppelm auf der Nadel liegen. Nach der letzten Rückreihe noch einmal bis zur Fersenmitte stricken.

Nun wieder in Runden über die M aller 4 Nadeln stricken: die M der 1. und 4. Nadel rechts, die M der 2. und 3. Nadel im Rippenmuster stricken und dabei die zugenommene M zwischen der 1. und 2. Nadel mit der vorhergehenden Doppelm rechts zusammenstricken und über die zugenommene M zwischen der 3. und 4. Nadel und die Doppelm 1 Überzug arbeiten (= 1 M wie zum Rechtsstricken abheben, die Doppelm wie beschrieben rechts abstricken, dann die abgehobene M überziehen).

Für den **Fuß** die M der 1. und 4. Nadel glatt rechts, die M der 2. und 3. Nadel weiter im Rippenmuster stricken.

Nach ca. 10 (12) cm ab äußerer Fersenkante noch 4 Runden im Bündchenmuster stricken, dann alle M mit verzögertem Überziehen abketten.

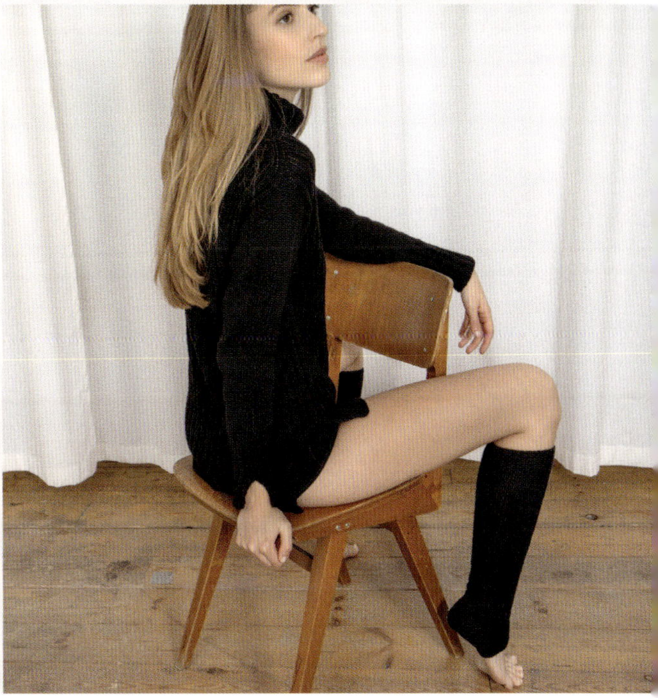

FEMININE DETAILS WIE BINDEBÄNDER, VOLANTS UND EIN TUNNELZUG IN DER TAILLE UND DER GARNMIX MIT FLAUSCH UND LEICHTEM GLANZ GEBEN DEM SHIRT EINE VERSPIELTE NOTE.

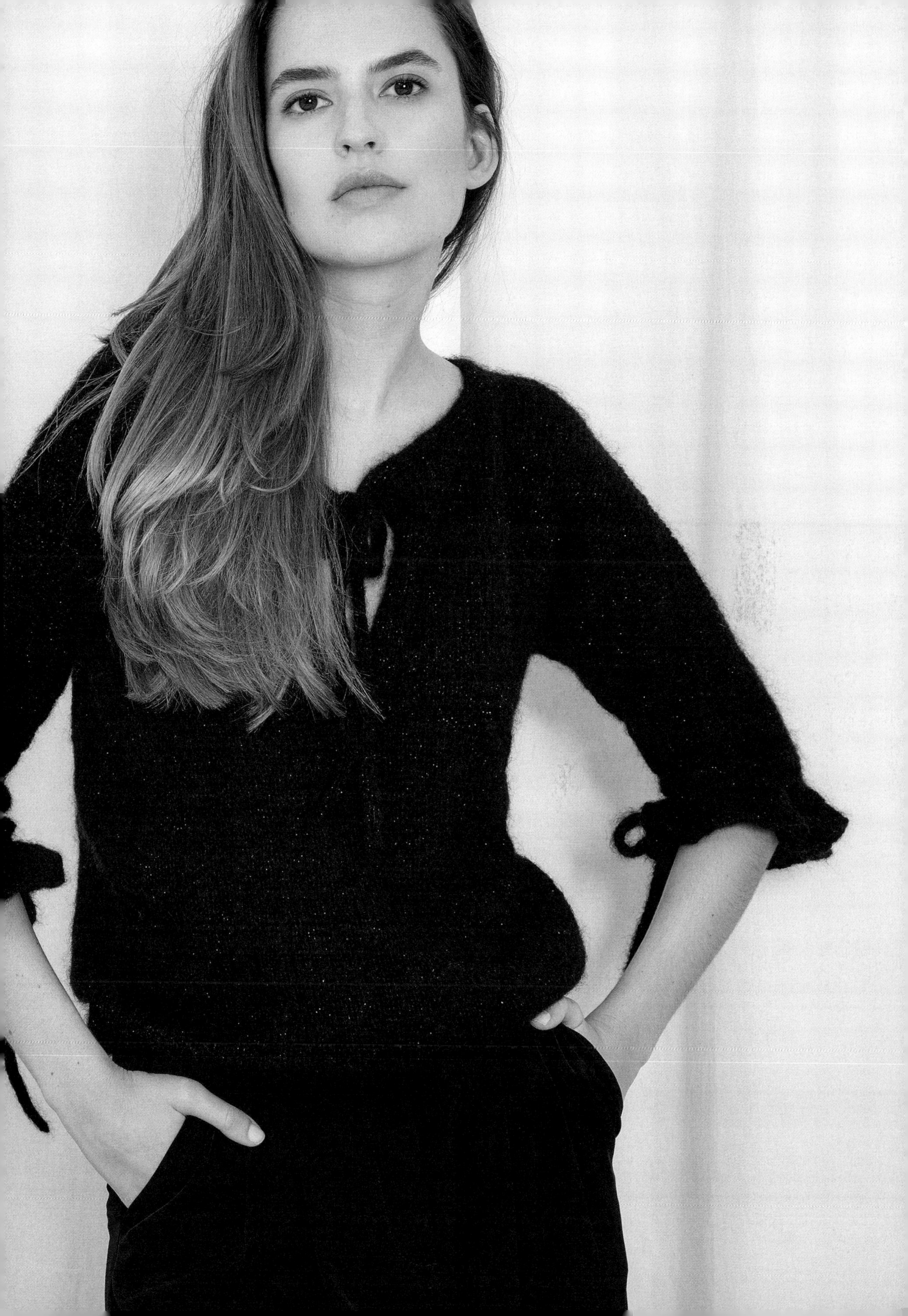

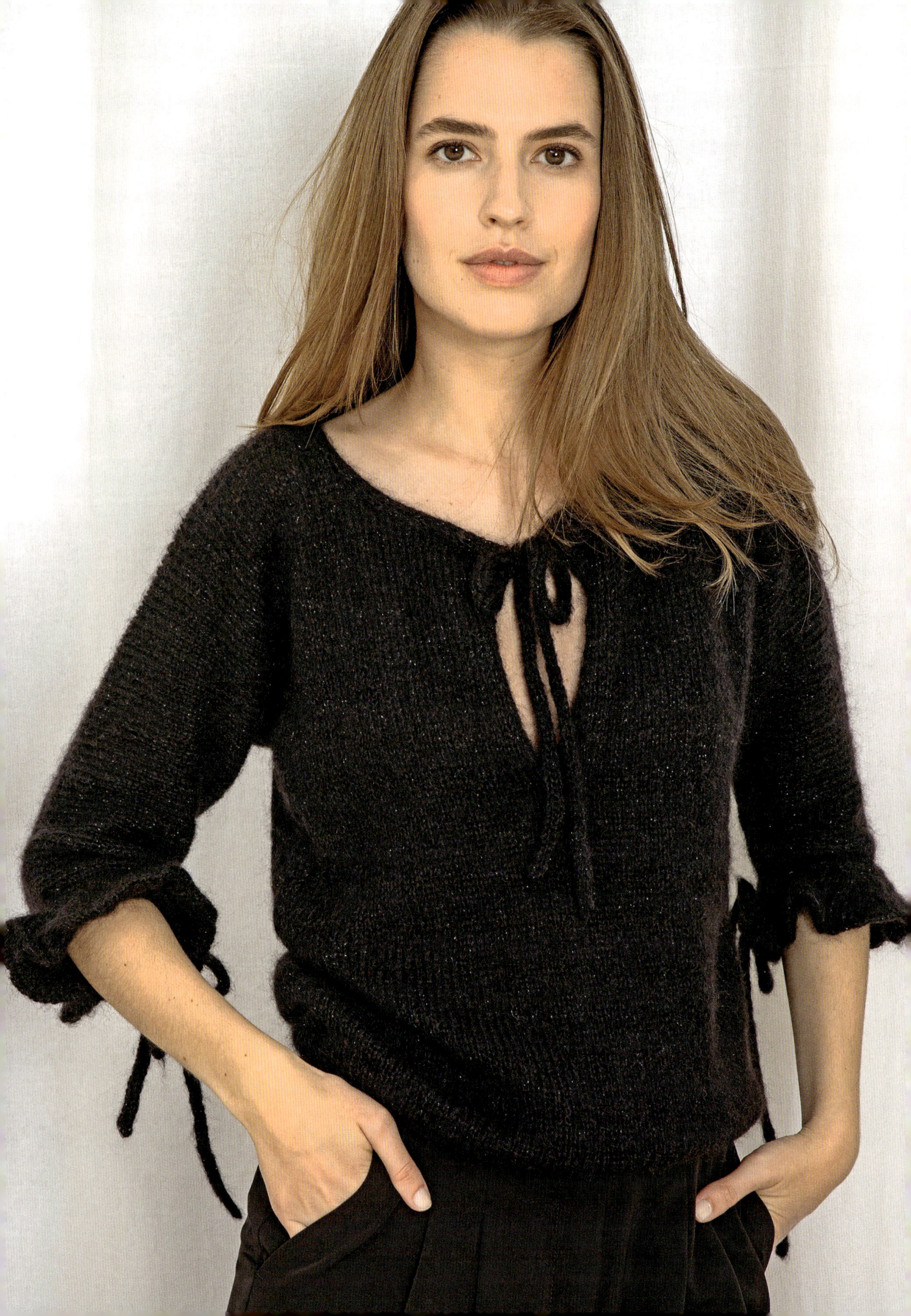

Bluse

34/36, 38/40, 42/44 und 46/48

Die Angaben für die kleinste Größe stehen vor der Klammer, die für die größeren Größen aufsteigend in den Klammern. Einzelne Angaben gelten für alle Größen.

Schwierigkeitsgrad

anspruchsvoll

Maschenprobe

Glatt rechts mit Nadel 5,5 mm:
17 Maschen und 26 Reihen = 10 cm x 10 cm

Material

Langyarns Mohair Luxe Lamé
73 % Mohair, 18 % Seide, 9 % Polyester
LL = 175 m/25 g
150 (175/200/225) g Schwarz (Fb 0004)

und

Langyarns Merino 400 Lace
100 % Schurwolle
LL = 200 m/25 g
175 (200/225/250) g Schwarz (Fb 0004)

Rundstricknadel 5 mm und 5,5 mm
2 Nadeln eines Nadelspiels 4 mm

Muster und Maschen

Glatt rechts

In Hinreihen rechte M, in Rückreihen linke M stricken.

1 rechte Masche rechtsgeneigt zunehmen
(siehe Seite 184)

Den Querfaden zwischen 2 M von hinten nach vorne aufnehmen und rechts stricken.

1 rechte Masche linksgeneigt zunehmen
(siehe Seite 184)

Den Querfaden von vorne nach hinten aufnehmen und rechts verschränkt stricken.

So wird's gemacht

Der Pullover wird an der unteren Kante des Rückenteils mit einer Bruchkante begonnen, dann in einem Stück über die Schulter und den gesamten Halsausschnitt gestrickt und endet an der unteren Kante des Vorderteils mit einer Bruchkante. Aus den Ärmelkanten werden Maschen aufgenommen und im Tunnelpatent ein Lauftunnel und ein Volant gearbeitet.

Hinweis: Es wird stets 2-fädig mit je 1 Faden beider Garne gearbeitet.

Für das **Rückenteil** zweifädig 74 (78/84/88) M mit Nadel 5 mm anschlagen und für den Tunneldurchzug 8 Reihen glatt rechts, dann für die Bruchkante eine Hinreihe links und anschließend weitere 9 Reihen rechts stricken. Zur Nadel 5,5 mm wechseln. Für die Seitenschrägen an beiden Seiten 4x in jeder 18. Reihe (5x in jeder 16. Reihe / 5x in jeder 16. Reihe / 7x in jeder 12. Reihe) je 1 M zunehmen = 82 (88/94/102) M.

In einer Höhe von 37 (38/38/39) cm ab Anschlag für die **Ärmel** am Ende der Hinreihe 4 M neu anschlagen (siehe Seite 187), wenden, 86 (92/98/106) M stricken und am Ende der Rückreihe 4 M neu anschlagen = 90 (96/102/110) M. Diese beiden

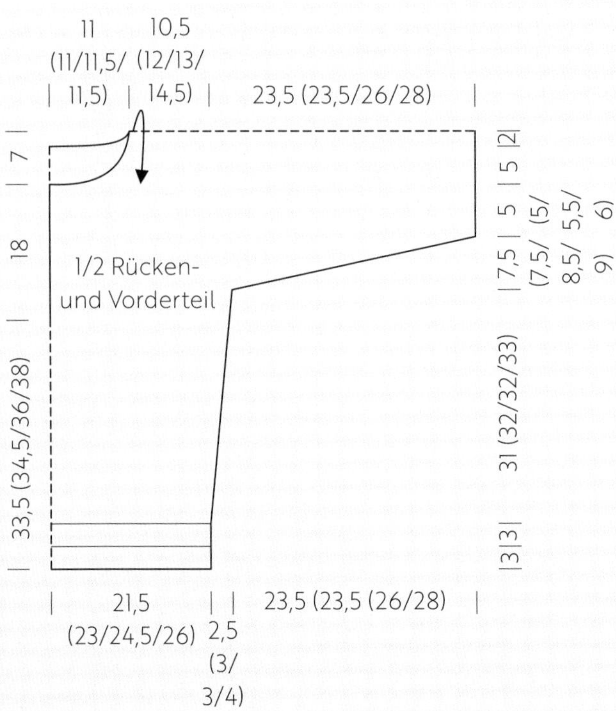

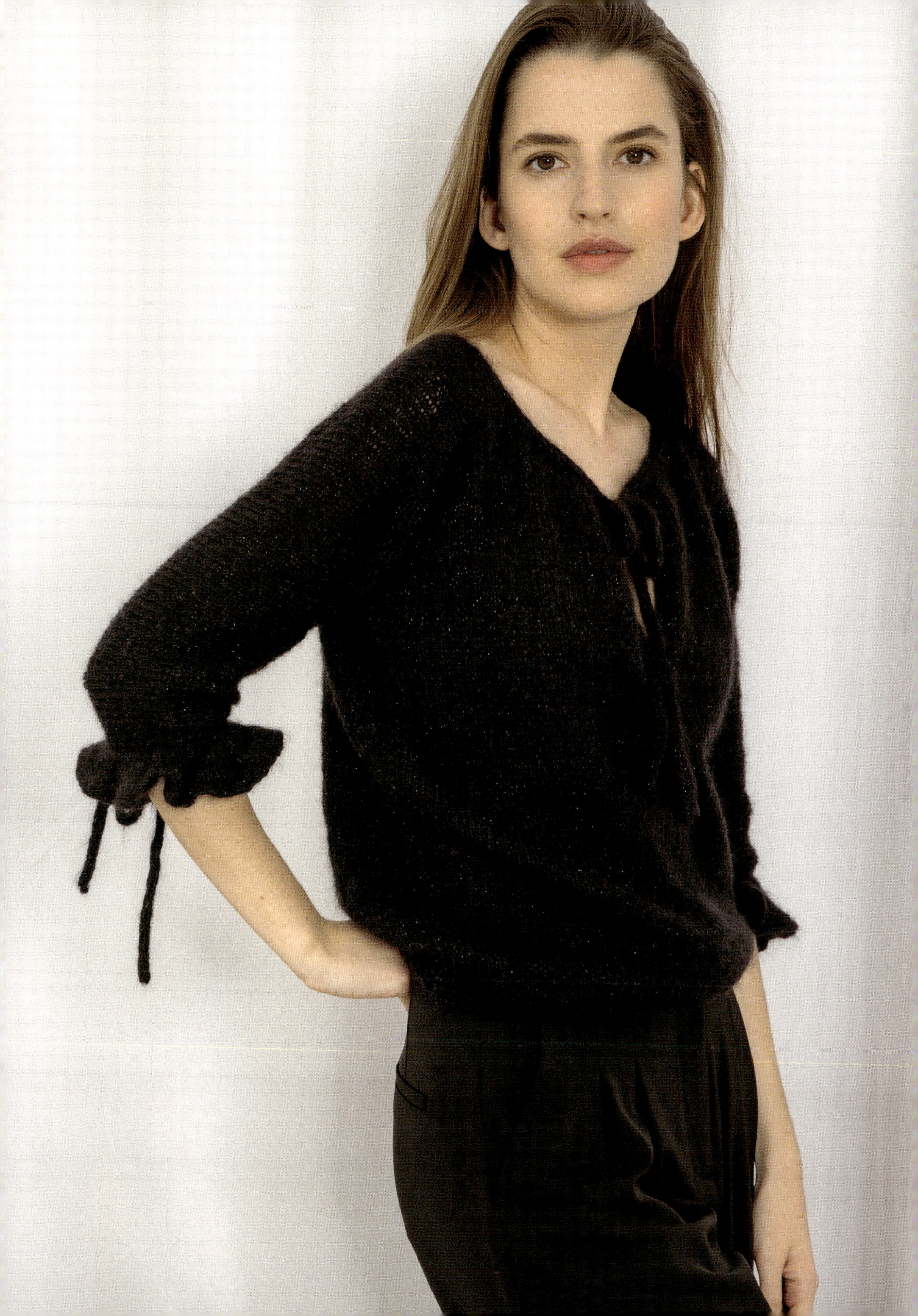

Zunahmereihen insgesamt 10x (10x/11x/12x) stricken = 162 (168/182/198) M. Nach Ende der Armzunahmen weiter gerade hoch über alle M stricken.

In einer Höhe von 56 (57/59/61) cm ab Anschlag 64 (67/73/81) M stricken, 34 (34/36/36) M für den **rückwärtigen Halsausschnitt** abketten, 64 (67/73/81) M stricken. Zunächst die **linke Seite** weiterstricken, die 64 (67/73/81) M der rechten Hälfte stilllegen. An der Seite des Halsausschnitts ab der folgenden Hinreihe in jeder 2. Reihe 2x 1 M wie folgt abnehmen: Randm, 2 M rechts, 1 Überzug (= 1 M wie zum Rechtsstricken abheben, 1 M rechts stricken, dann die abgehobene M über die gestrickte M ziehen), alle übrigen M rechts. In einer Höhe von 58 (59/61/63) cm ab Anschlag Schulterpunkt und Ärmelmitte markieren.

Für den **vorderen Halsausschnitt** an der Seite des Halsausschnitts in der folgenden 4. Reihe wie folgt zunehmen: Randm, 2 M rechts, 1 rechte M linksgeneigt zunehmen. Diese Zunahme noch 1x in der 4. Reihe (1x in der 4. Reihe / 1x in der 4. Reihe und 1x in der 2. Reihe / 1x in der 4. Reihe und 1x in der 2. Reihe) wiederholen, dann in jeder 2. Reihe 2x 2 M, 1x 3 M, 1x 4 und 1x 6 M neu anschlagen, anschließend an der Halsausschnittseite für den Schlitz gerade hochstricken. Gleichzeitig in einer Höhe von 14 (14/14,5/15) cm ab Schulterpunkt bzw. Ärmelmitte die zugenommenen Ärmel-M am äußeren Strickrand im selben Rhythmus wieder abnehmen: in jeder 2. Reihe 10x 4 M (10x 4 M / 11x 4 M / 12x 4 M) abketten = 41 (44/47/51) M.

In einer Höhe von 18 cm ab Ausschnittende und 25 cm ab Schulterpunkt die M stilllegen und die **rechte Seite** gegengleich fertigstellen. Dabei für die Abnahmen des hinteren Halsausschnitts vor den letzten 3 M an der inneren Ausschnittkante 2 M rechts zusammenstricken, für die ersten beiden Zunahmen vor den letzten 3 M jeweils 1 rechte M rechtsgeneigt zunehmen.

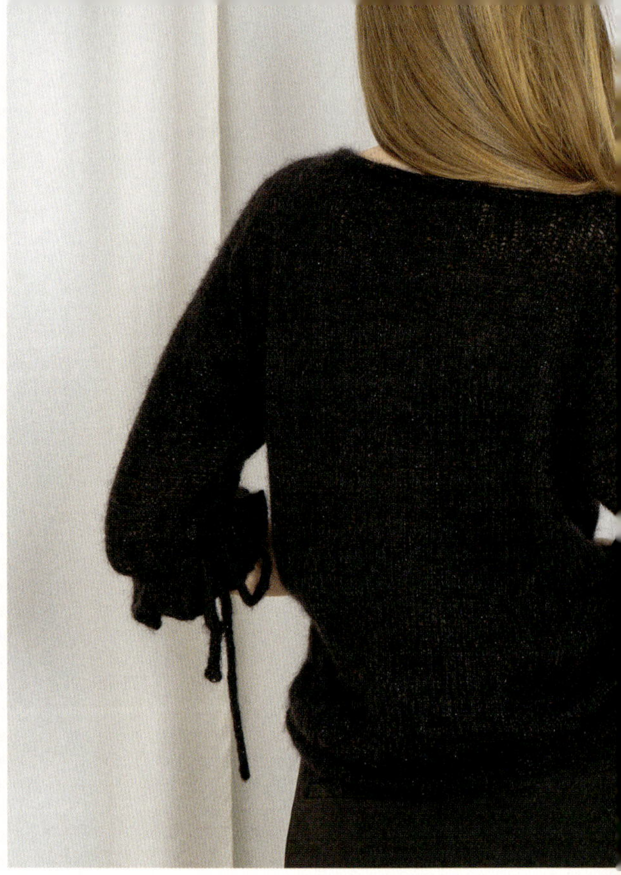

Dann alle M auf einer Nadel zusammennehmen und über die gesamte Breite weiterstricken = 82 (88/94/102) M. Dabei für die Seitenschrägen in der 6. Reihe ab Ende der Abnahmen für die Ärmel am Anfang der Reihe nach der Randm 1 Überzug arbeiten, am Ende der Reihe bis vor die letzten 3 M stricken, 2 M rechts zusammenstricken, 1 Randm. Diese Abnahmen noch 3x in jeder 18. Reihe (4x in jeder 16. Reihe / 4x in jeder 16. Reihe / 6x in jeder 12. Reihe) wiederholen = 74 (78/84/88) M. In einer Höhe von 31 (32/32/33) cm ab Ende der Ärmelabnahmen zur Nadel 5 mm wechseln, noch 4 Reihen stricken, in der folgenden Hinreihe 33 (35/38/40) M stricken, 2 M rechts zusammenstricken, 1 Umschlag, 4 M rechts, 1 Umschlag, 2 M rechts zusammenstricken, 33 (35/38/40) M rechts, 3 Reihen glatt rechts, die nächste Hinreihe links für den Bruch und noch 8 Reihen rechts stricken. Dann alle M abketten.

Aus den Arm-Randm für den Lauftunnel zweifädig mit Nadel 4,5 mm 46 M aufnehmen, in der Rückreihe nach und vor den Randm aus jeder M 1 M links, 1 M links verschränkt

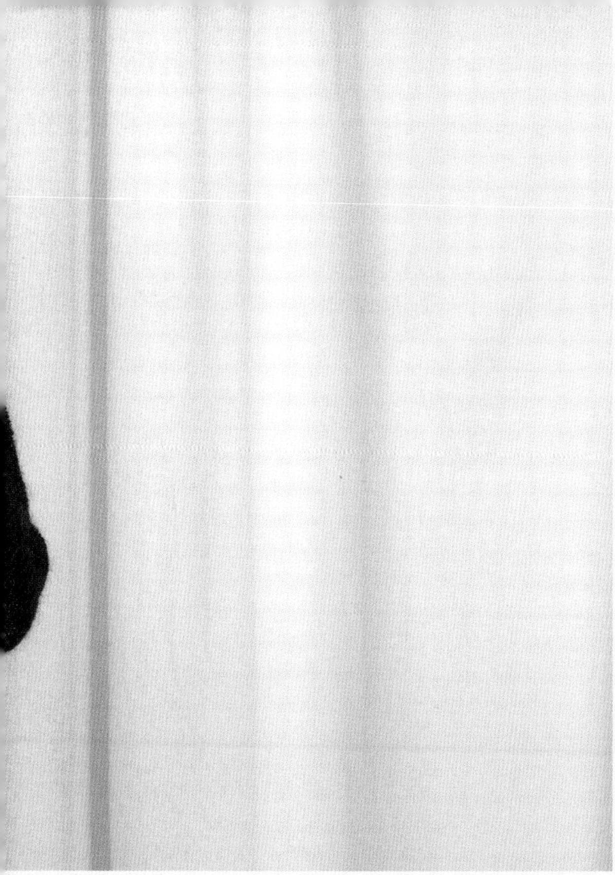

herausstricken = 90 M. 4 Reihen glatt rechts stricken, dann die M stilllegen. Von links aus den Arm-Randm ebenfalls 46 M aufnehmen, in der Rückreihe verdoppeln wie beschrieben und 4 Reihen glatt rechts stricken. Beide Nadeln parallel halten und * 1 M der vorderen und 1 M der hinteren Nadel rechts zusammenstricken, 1 Umschlag, ab * stets wiederholen, enden mit 2 M rechts zusammenstricken = 179 M.

Mit Nadel 5 mm im Tunnelpatent weiterarbeiten:

1. Reihe (Rückreihe): * 1 M mit dem Faden vor der Arbeit links abheben, 1 M rechts, ab * wiederholen, 1 M mit dem Faden vor der Arbeit links abheben.

2. Reihe (Hinreihe): * 1 M rechts, 1 M mit dem Faden vor der Arbeit links abheben, ab * wiederholen, enden mit 1 M rechts.

Diese beiden Reihen insgesamt 4x stricken und noch einmal die 1. Reihe wiederholen, dann die M wie folgt abketten: 2 M rechts zusammenstricken, * die entstandene M wieder auf die linke Nadel heben, diese M mit der folgenden M rechts zusammenstricken, ab * stets wiederholen, bis nur noch 1 M übrig ist. Den Faden abschneiden und durch die letzte M ziehen.

Fertigstellen

Die Arm- und Seitennähte schließen. Dabei an der Außenseite der Ärmel die Öffnung für den Lauftunnel offenlassen. Die untere Kante im Bruch nach innen umlegen und von innen festnähen.

Für den **vorderen Schlitz** einen Laufknoten mit einem ca. 120 cm langen Fadenende knoten und damit aus den Schlitzkanten von rechts 2x 32 M herausstricken, dabei an der linken Ausschnittseite beginnen und an der rechten Seite enden. Am Anfang (= an der linken Seite) 4 M mit dem Fadenende auf dem Knäuel neu anschlingen und einen I-Cord-Rand stricken: mit einer Nadel des Nadelspiels 4 mm * 3 M rechts stricken, die 4. M mit der folgenden M aus den aufgenommenen Schlitz-M rechts verschränkt zusammenstricken, nicht wenden, sondern die M wieder auf die linke Nadel heben; ab * stets wiederholen, bis alle M abgekettet sind. Dann die restlichen 4 M abketten.

Aus dem **Halsausschnitt** mit Rundstricknadel 5 mm zweifädig 96 (96/100/100) M aufnehmen, dabei mit jeweils 2 M aus dem I-Cord-Schlitzrand beginnen und enden, dann die M stilllegen. 4 M auf einer Nadel des Nadelspiels zweifädig anschlagen und eine I-Cord von ca. 40 cm Länge anfertigen: * 4 M rechts stricken, nicht wenden, sondern die M wieder auf die linke Nadel heben; ab * stets wiederholen. Dann die M mit den aufgenommenen M aus dem Ausschnitt verbinden wie beim vorderen Schlitz beschrieben. Mit den letzten 4 M ebenfalls eine I-Cord als 2. Bindeband von 40 cm Länge arbeiten. Die letzten 4 M abketten.

2 Bindebänder für die Ärmel von jeweils ca. 90 cm Länge und 1 Bindeband für den Lauftunnel an der unteren Kante ca. 120 (130/140/150) cm als I-Cord anfertigen. Die Bänder einziehen.

TECHNIKEN

Italienischer Maschenanschlag

Mit diesem Anschlag lässt sich eine elastische, runde Anschlagkante arbeiten, die nahtlos in ein 1/2-Rippenbündchen übergeht.

Den Faden wie gewohnt um die linke Hand und dann über den Daumen legen. Das Fadenende hängt über dem Daumen und muss, wie bei allen anderen Anschlägen, etwa 3x so lang sein, wie das Strickstück breit sein soll.

Das Fadenende zwischen Mittel- und Ringfinger festhalten. Den Anschlag und die folgenden 2 oder 4 Übergangsreihen mit gleicher oder einer halben Nadelstärke mehr arbeiten, als für das Bündchen vorgesehen ist, damit er schön elastisch ausfällt.

Hinweis: Zur besseren Übersichtlichkeit der einzelnen Arbeitsgänge sind Daumen- und Zeigefingerfaden in den Zeichnungen und in dem gestrickten Beispiel unterschiedlich gefärbt.

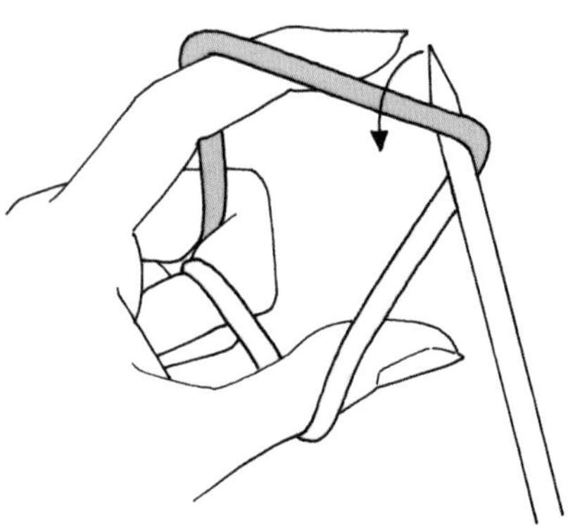

1 Die Nadelspitze von links nach rechts unter dem Faden durchführen und einmal gegen den Uhrzeigersinn in Pfeilrichtung drehen, ...

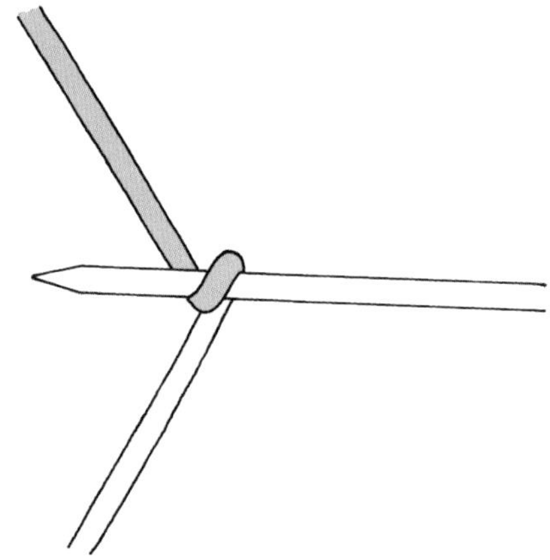

2 ... sodass eine Schlinge auf der Nadel entsteht. Diese erste Schlinge mit dem rechten Daumen festhalten.

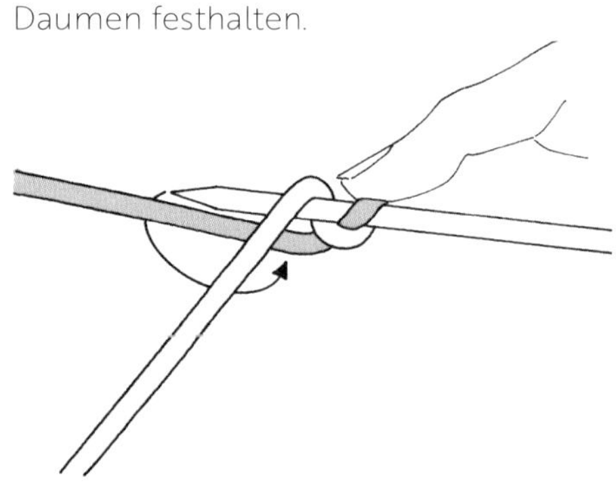

3 Nun die Nadel unter dem Daumenfaden hindurchführen, den Zeigefingerfaden von oben nach unten fassen und unter dem Daumenfaden hinweg nach vorne ziehen.

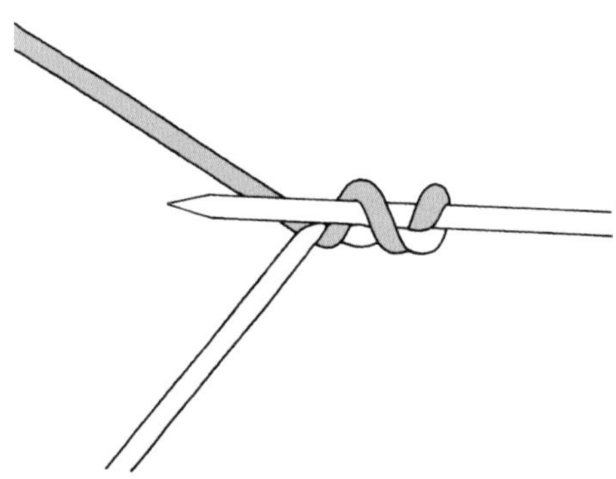

4 Der Daumenfaden liegt jetzt hinter der ersten (rechten) M und der Nadel.

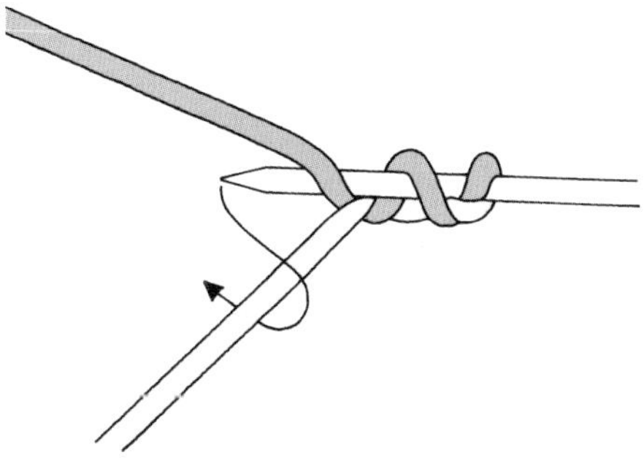

5 Nun die Nadel von hinten nach vorn unter dem Zeigefingerfaden hindurchführen, den Daumenfaden von oben nach unten fassen und unter dem Zeigefingerfaden nach hinten durchziehen.

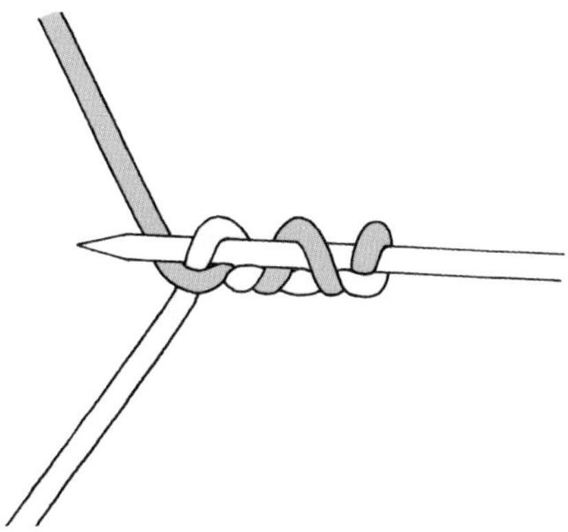

6 Der Zeigefingerfaden liegt jetzt vor der (linken) M und der Nadel. Die linken M liegen falsch herum auf der Nadel und werden in der 1. Hinreihe verschränkt abgestrickt.

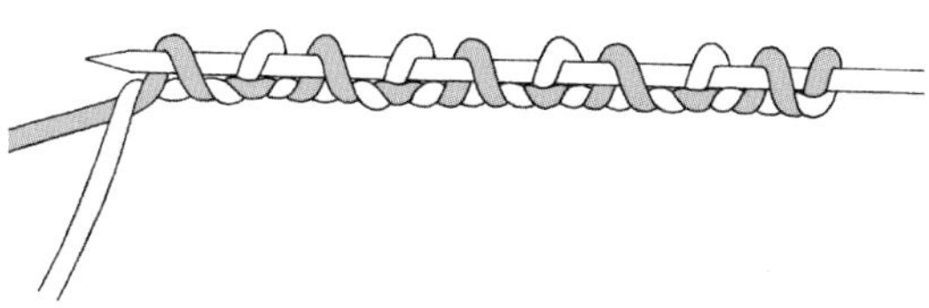

7 Die Arbeitsgänge 3 bis 6 stets wieder holen. Wenn die erforderliche Anzahl an M angeschlagen ist, die Arbeit wenden.

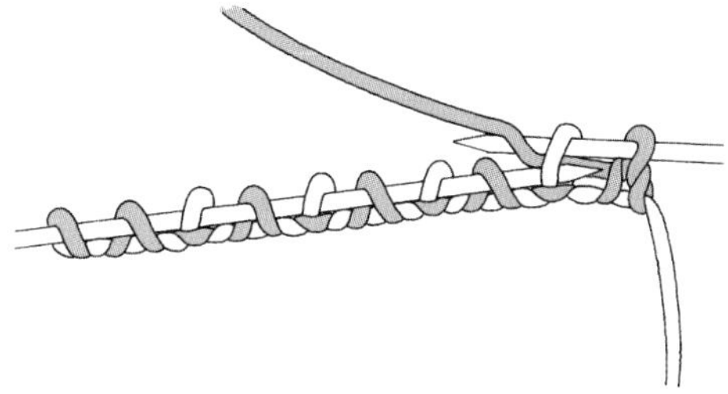

8 Nun folgt die 1. Übergangsreihe: Die 1. M als Randm arbeiten. Nun in alle folgenden M, die verschränkt auf der Nadel liegen, hinten von rechts nach links einstechen und abstricken ...

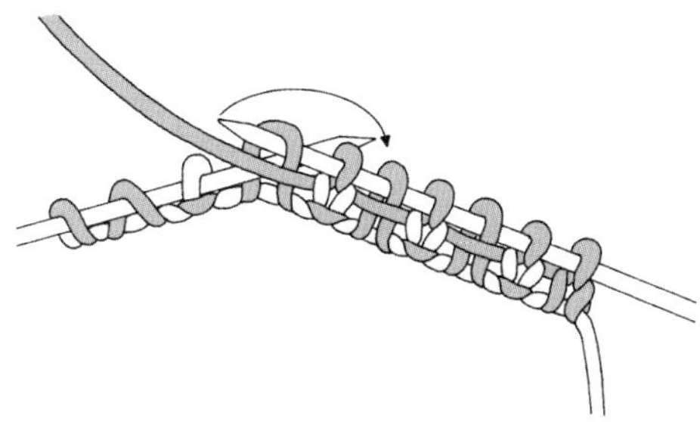

9 ... und alle folgenden M, die wie üblich auf der Nadel liegen, mit dem Faden vor der Arbeit wie zum Linksstricken abheben. Auf diese Weise alle M der 1. Übergangsreihe arbeiten.

In den 3 folgenden Übergangsreihen alle rechten M rechts stricken, alle linken M wie zum Linksstricken abheben. Nach diesen 4 Übergangsreihen gegebenenfalls mit einer halben Nadelstärke weniger im Bündchenmuster weiterarbeiten.

Hinweis: Sollen bei einem Modell nur 2 statt 4 Übergangsreihen gearbeitet werden, wird dies gesondert erwähnt. Man arbeitet dann die 1. und 2. Übergangsreihe wie beschrieben und lässt die 3. und 4. Übergangsreihe aus.

TECHNIKEN

Zunahmen

Werden Maschen aus dem verschränkten Querfaden zugenommen, neigt sich die Basisschlinge nach rechts oder links, je nachdem, wie man den Querfaden aufnimmt. Da sich die Neigung der Basisschlingen mit ins Maschenbild einfügt, wenn die Zunahmen an immer derselben Stelle gearbeitet werden, lassen sich damit z. B. Raglanlinien besonders schön gestalten.

Rechtsgeneigte Zunahmen

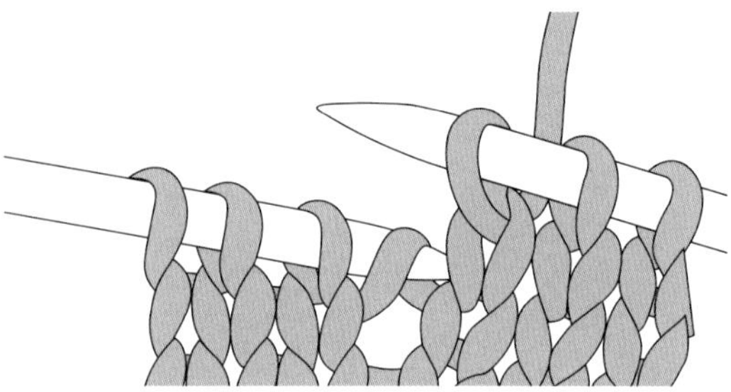

Den Querfaden zwischen 2 M von hinten nach vorne aufnehmen.

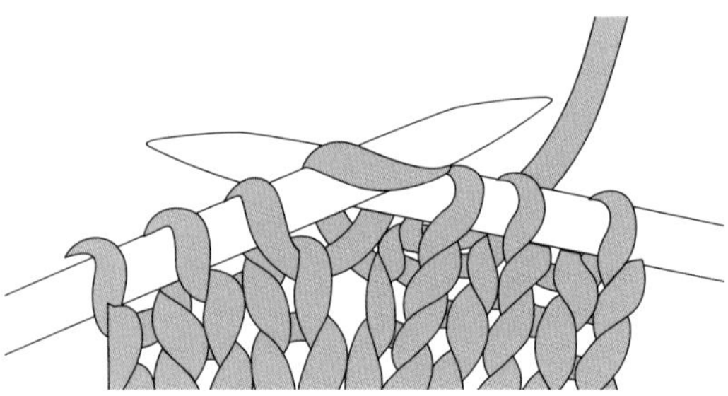

Um 1 **rechte Masche rechtsgeneigt** zuzunehmen, den aufgenommenen Querfaden rechts stricken.

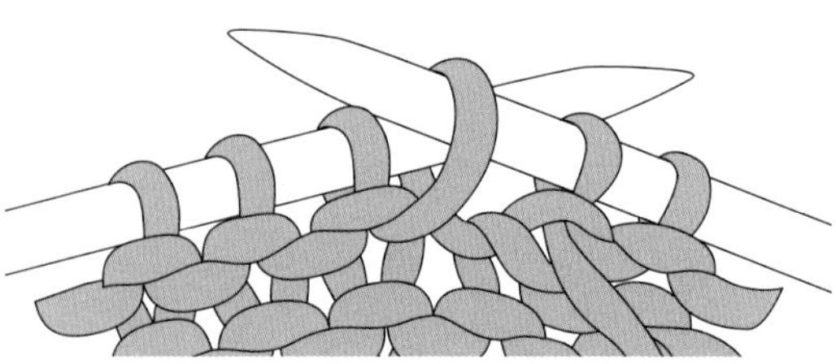

Um 1 **linke Masche rechtsgeneigt** zuzunehmen, den aufgenommenen Querfaden links stricken.

Linksgeneigte Zunahmen

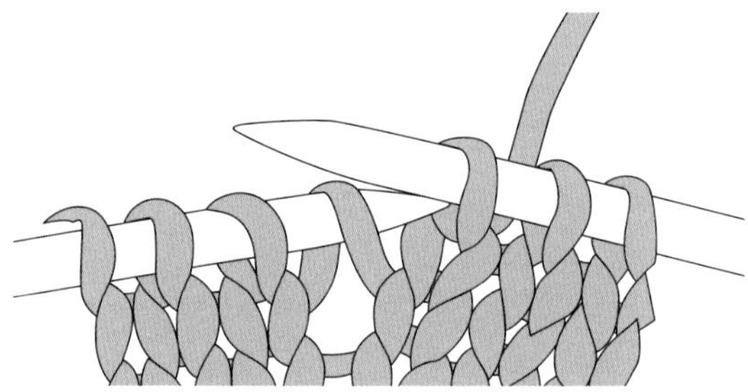

Den Querfaden zwischen 2 M von vorne nach hinten aufnehmen.

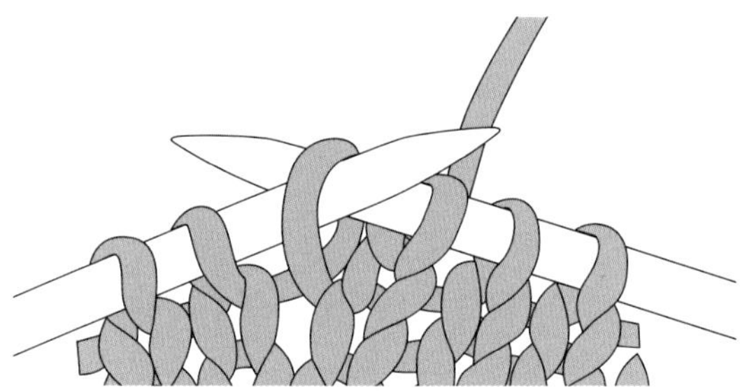

Um 1 **rechte Masche linksgeneigt** zuzunehmen, den aufgenommenen Querfaden vorne rechts verschränkt stricken.

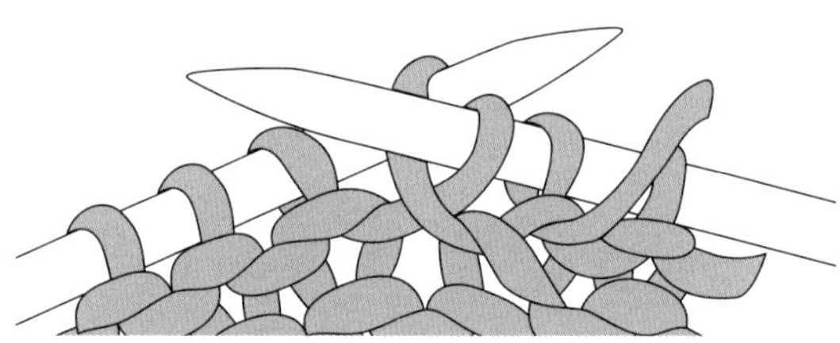

Um 1 **linke Masche linksgeneigt** zuzunehmen, den aufgenommenen Querfaden hinten links verschränkt stricken.

Abnahmen

Auch bei den Abnahmen lassen sich im Maschenbild Neigungen erkennen, je nachdem, wie man sie arbeitet.

2 Maschen rechts zusammenstricken

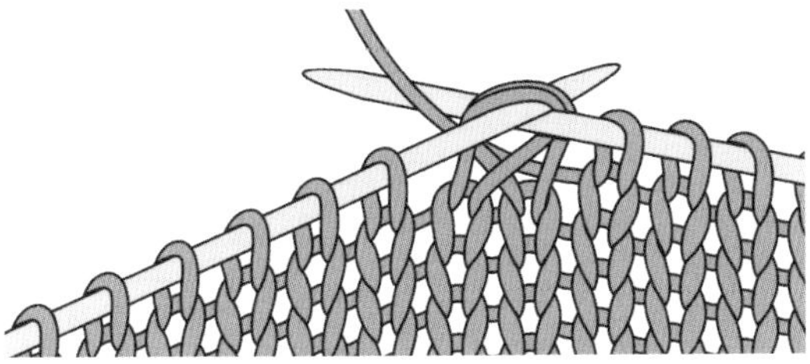

Der Faden liegt hinter der Arbeit. Mit der rechten Nadel von links nach rechts wie zum Rechtsstricken in die beiden Maschen zugleich einstechen.

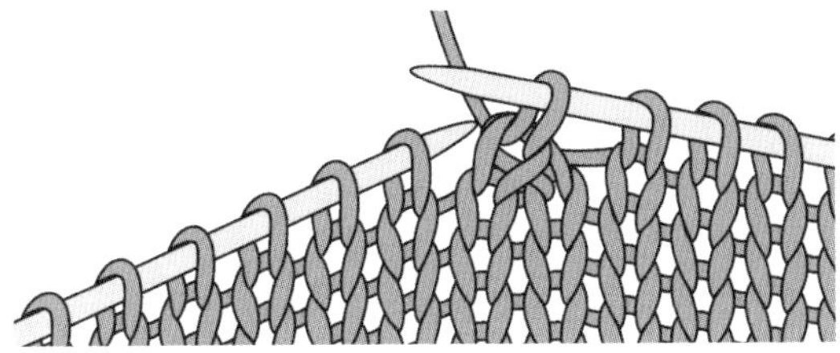

Den Faden holen und nach vorn durch beide Maschen ziehen. Die Maschen von der linken Nadel gleiten lassen. Die Abnahmemasche neigt sich im Maschenbild nach rechts.

2 Maschen überzogen rechts zusammenstricken (Überzug)

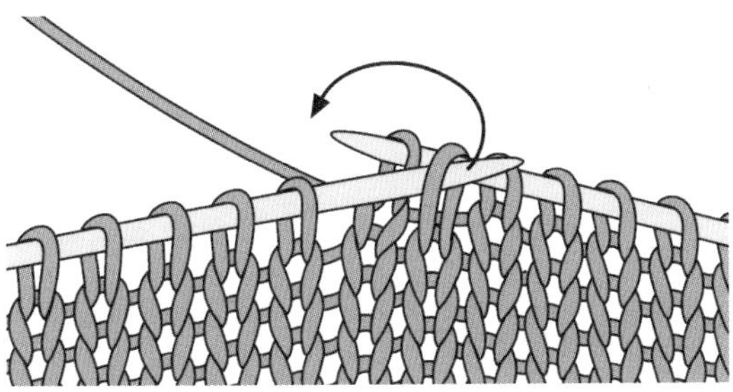

1 Masche wie zum Rechtsstricken abheben. Die folgende Masche rechts stricken. Die abgehobene Masche darüber ziehen.

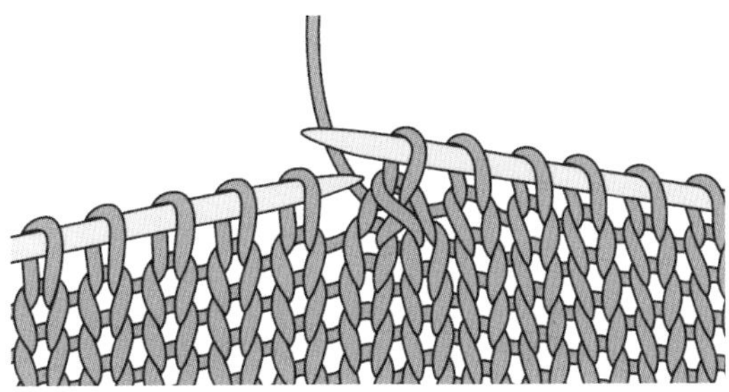

Die Abnahmemasche neigt sich im Maschenbild nach links.

3 Maschen mit aufliegender Mittelmasche rechts zusammenstricken

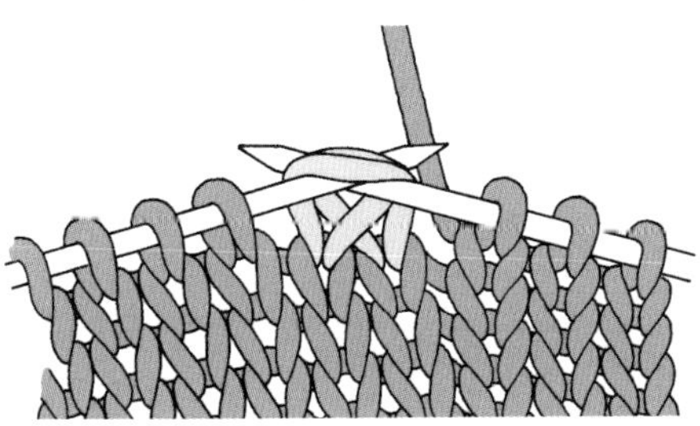

2 Maschen wie zum Rechtsstricken zusammen abheben.

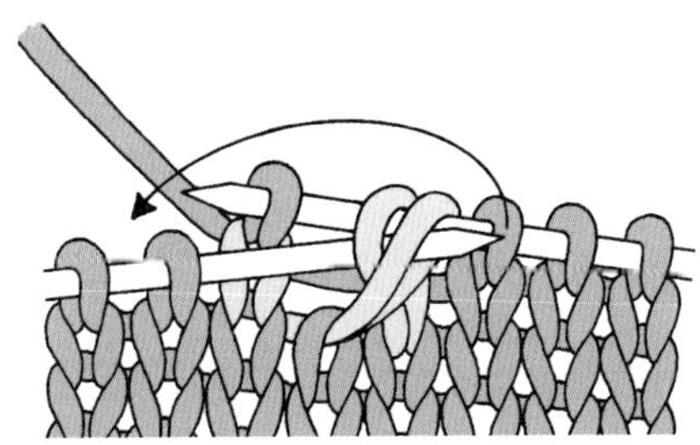

Die nächste Masche rechts stricken und beide abgehobenen Maschen darüberziehen. Die Abnahmemasche dieser doppelten Abnahme weist keine Neigung auf.

TECHNIKEN

Maschenstich

Im Maschenstich lassen sich 2 Reihen offener Maschen so miteinander verbinden, dass sich die Naht als weitere rechte Maschenreihe ins Gestrickte einfügt. Eine solche Naht ist optisch kaum noch zu erkennen und bietet den Vorteil, dass keine überstehenden Nahtenden auf der Innenseite liegen.

Auf beiden Nadeln benötigt man dazu die gleiche Anzahl an Maschen. Gearbeitet wird mit einer stumpfen Wollnadel und einem Faden des Strickgarns, der etwa 3x so lang ist wie die zu schließende Länge.

Die zu verbindenden Teile können sowohl auf 2 parallel gehaltenen Stricknadeln als auch flach auf dem Tisch liegend verbunden werden. Die Nadelspitzen zeigen beide nach rechts. Nach und nach werden die offenen Maschen von den beiden Stricknadeln in Strickrichtung von rechts nach links verbunden.

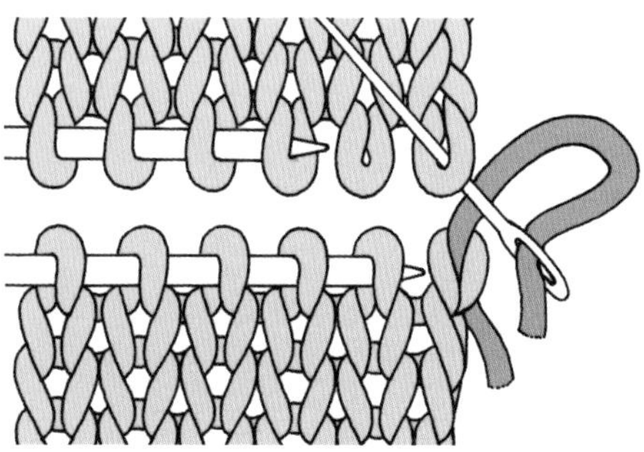

Beginn: Von hinten nach vorne in die untere Randm einstechen, dann von hinten nach vorne in die obere Randm einstechen und den Faden bis auf ein letztes Fadenende zum Vernähen durchziehen.

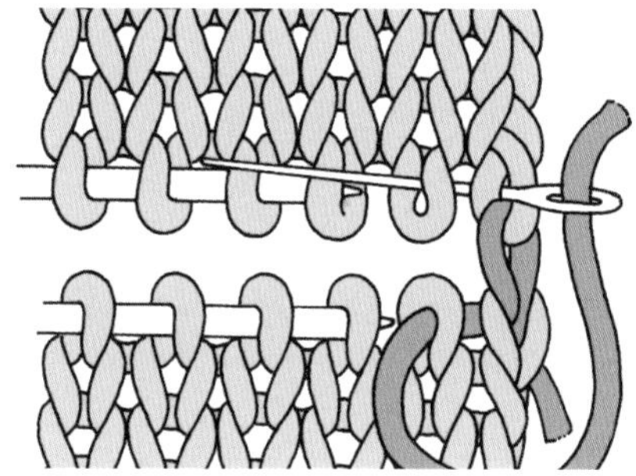

*** In der unteren R von vorne nach hinten in die M einstechen, die zuvor bereits einmal abgenäht wurde, von hinten nach vorne in die nächste M einstechen und den Faden durchziehen.

Dasselbe in der oberen R wiederholen: von vorne nach hinten in die M einstechen, die zuvor bereits einmal abgenäht wurde, von hinten nach vorne in die nächste M einstechen und den Faden durchziehen.

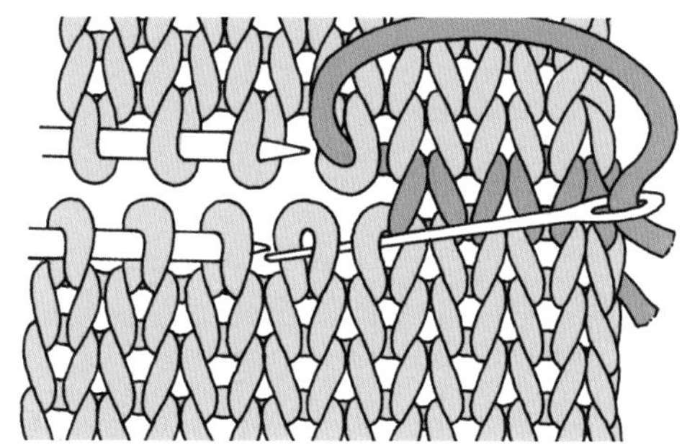

Die Arbeitsschritte ab *** fortlaufend wiederholen, dabei den Faden stets so fest anziehen, dass er sich genau ins Maschenbild einfügt. Auf diese Weise alle M miteinander verbinden.

Schluss: Noch einmal von vorne nach hinten in die untere Randm einstechen, dann von vorne nach hinten in die obere Randm, den Faden durchziehen und beide Fadenenden vernähen.

Aufschlingen

Sollen mehrere Maschen an einer Seite des Strickstückes angeschlagen werden, geht das nur am Reihenende, ohne den Faden dazu abschneiden zu müssen.

Für die neu aufzuschlingende M den Faden um den Daumen legen ...

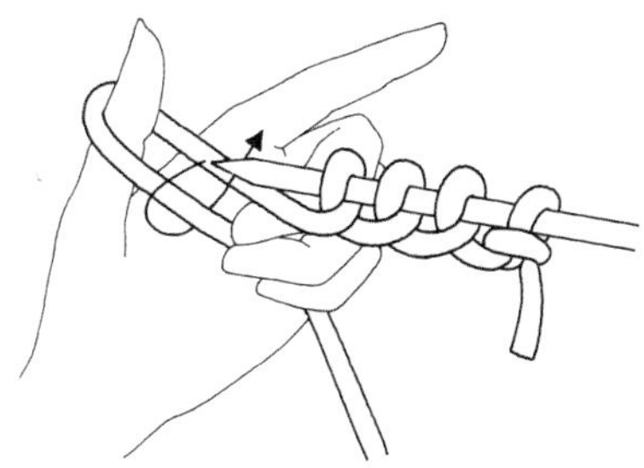

... und den vorderen Faden von unten auf die Nadel heben.

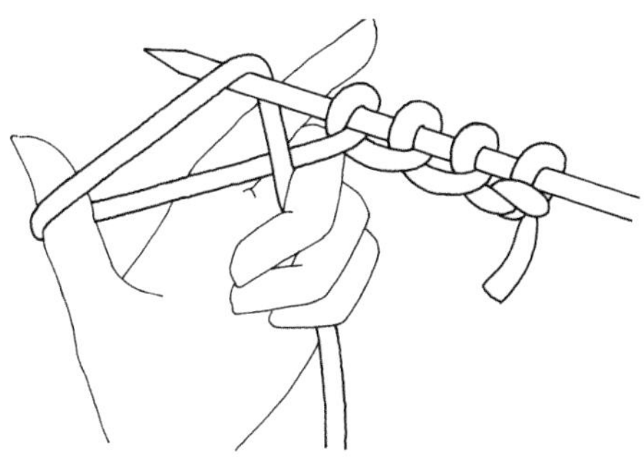

Die Schlinge mit dem Daumen leicht festziehen und die 3 Arbeitsschritte wiederholen, bis die gewünschte Zahl an M auf der Nadel liegt.

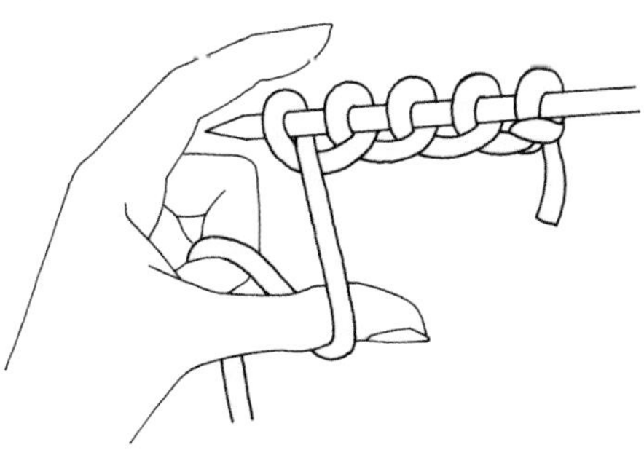

ABKÜRZUNGEN

M	Masche(n)
Randm	Randmasche(n)
Blendenm	Blendenmasche(n)
Doppelm	Doppelmasche(n)
Raglanm	Raglanmasche(n)
MM	Maschenmarkierer

1 MM setzen

Einen geschlossenen Maschenmarkierer auf die rechte Nadel hängen. Wird der Markierer beim Stricken wieder erreicht, wird dieser einfach von der linken auf die rechte Nadel gehoben. Der Markierer wandert auf diese Weise von Reihe zu Reihe oder von Runde zu Runde mit und markiert in jeder Reihe/Runde dieselbe Stelle z. B. für Zu- oder Abnahmen oder Raglanlinien. Der Markierer wird dabei nicht eingestrickt und kann jederzeit wieder entfernt werden.

*** ..., ab * noch 3x wiederholen**

Die ab dem * beschriebenen Maschen noch 3-mal wiederholen.

[...] 4x arbeiten

Die Maschen innerhalb der eckigen Klammern insgesamt 4-mal stricken.

(siehe Seite xy)

Seitenverweise zu dem betreffenden Kapitel im Technikteil werden in runden Klammern angegeben.

DANKE!

Mein herzlicher Dank geht an alle Strickerinnen, die erneut so tatkräftig, freudig und zuverlässig geholfen haben, dieses Projekt zu realisieren: Christine Dietz, Birgit Gack, Antje Gref, Ingrid Meyer, Catrin Schünnemann, Marret Zachert.

Bedanken möchte ich mich auch von Herzen für die Unterstützung der Garnfirmen, die ihre wunderbaren Qualitätsgarne großzügig zur Verfügung gestellt haben: Buttinette, Lana Grossa, Lang Yarns, Schulana.

Ohne Ihrer aller Unterstützung wäre jedes Design nur halb so schön!

Von Herzen möchte ich mich bei Helgrid van Impelen und dem Christophorus Verlag bedanken, die mir dieses sehr spannende und außergewöhnliche Buchprojekt anvertraut haben.

Ein großes Dankeschön an Stephanie van der Linden für das Projektmanagement und Lektorat, die sich in jede mitunter knifflige Konstruktion hineingedacht und Anleitungen und Schnitte mit größter Genauigkeit und begeistertem Engagement glattgezogen hat und für alle Fragen und Zweifel immer ein offenes Ohr hatte, an Andreas Kersten für das anspruchsvolle, moderne Layout und an Janne Graf für ihre inspirierenden Texte über die Farbe „Schwarz".

Ganz vielen lieben Dank auch an Nina Kuhn für das tolle Fotoshooting und die ästhetischen Fotos, für ihre Passion und den schönen Austausch.

Großen Dank für die konstruktive, angenehme Zusammenarbeit aller Beteiligten, die mit großem Einsatz daran gearbeitet haben, dass aus meinen Ideen ein Buch und aus den Visionen ein großes Ganzes geworden ist.

FOTOS

Alle Fotos der Strickmodelle von Nina Kuhn www.ninakuhn.de

Alle anderen Fotos und Illustrationen:

Seite 2–3: Nisathon Studio/Shutterstock 1929107132 **Seite 12:** Claudia Laermann privat **Seite 14–15:** Ani Susilawati/Shutterstock 1909956823 **Seite 46–47:** maxa0109/Shutterstock 2223204873 **Seite 48:** Pierre Teyssot/Shutterstock 1515566270; FashionStock.com/Shutterstock 1370471201; FashionStock.com/Shutterstock 1308021394; FashionStock.com/Shutterstock 1335842255 **Seite 68–69:** Bokeh Blur Background/Shutterstock 304446350 **Seite 86–87:** Nadya Korobkova/Shutterstock 768153187 **Seite 89:** German Vizulis/Shutterstock 2082587770 **Seite 104:** ShurikAK/Shutterstock 725927380 **Seite 106–107:** gnepphoto/Shutterstock 1278228784 **Seite 124–125:** Talkhagata/ 1487820128 **Seite 127:** Jack Mitchell: Andy Warhol mit Dackel Archie, Wikimedia gemeinfrei; Lucian Milasan/Shutterstock 225835603; Johnny Cash (1970), Wikimedia CC BY-SA 4.0 (gemeinfrei); Marlene Dietrich in „Der blaue Engel" über Wikipdia (no author disclosure), gemeinfrei **Seite 140–141:** nnattalli/Shutterstock 1939434676 **Seite 142:** Namning/Shutterstock 297134525 **Seite 156–157:** Creative Lab/Shutterstock 1692115165 **Seite 182–187:** Christian-Verlag

IMPRESSUM

Autorin: Claudia Laermann
Illustration Seite 7: Claudia Laermann
Redaktion: Helgrid van Impelen
Lektorat und Projektmanagement:
Stephanie van der Linden
Texte zum Thema Schwarz: Janne Graf
Korrektorat: Mareike Weber
Umschlaggestaltung und Layout:
Andreas Kersten
Repro: LUDWIG:media
Herstellung: Julia Hegele
Printed in Poland by CGS Printing

★★★★★

Sind Sie mit diesem Titel zufrieden? Dann würden wir uns über Ihre Weiterempfehlung freuen. Erzählen Sie es im Freundeskreis, berichten Sie Ihrem Buchhändler oder bewerten Sie beim Onlinekauf. Und wenn Sie Kritik, Korrekturen oder Aktualisierungen haben, freuen wir uns über Ihre Nachricht an Christophorus Verlag, Postfach 40 02 09, D-80702 München oder per E-Mail an lektorat@verlagshaus.de.

Unser komplettes Programm finden Sie unter

www.christophorus-verlag.de

Herstellerverzeichnis:
Dieses Buch wurde freundlicherweise unterstützt durch Materialien von:
Buttinette, www.buttinette.com
Lana Grossa, www.lana-grossa.de
Lang Yarns, www.langyarns.com
Schulana, www.schulana.de

Die Deutsche Nationalbibliothek verzeichnet diese Publikation in der Deutschen Nationalbibliografie; detaillierte bibliografische Daten sind im Internet über www.dnb.de abrufbar.

ISBN 978-3-8410-6758-6

Kreativ-Service

Sie haben Fragen zu den Büchern und Materialien? Wir beraten Sie gern rund um alle Kreativthemen. Rufen Sie uns einfach an! Wir interessieren uns auch für Ihre eigenen Ideen und Anregungen. Sie erreichen uns per E-Mail kreativ-service@c-verlag.de oder unter der Telefonnummer 0049-89-1306 99 577.

Besuchen Sie uns im Internet: www.christophorus-verlag.de & www.selbstgemacht.de